Hans-R. Fluck / Michaela Blaha (Hrsg.)

Amtsdeutsch a. D.?

Europäische Wege zu einer
modernen Verwaltungssprache

Stauffenburg
Verlag

Bibliografische Information der Deutschen Nationalbibliothek

Die Deutsche Bibliothek verzeichnet diese Publikation in der Deutschen Nationalbibliografie; detaillierte bibliografische Daten sind im Internet über <http://dnb.ddb.de> abrufbar.

Die Tagung „Amtsdeutsch a. D.? – Europäische Wege zu einer modernen Verwaltungssprache" und die Veröffentlichung dieses Tagungsbandes wurden finanziell gefördert von der Initiative „Pro Geisteswissenschaften", die gemeinsam von der VolkswagenStiftung, der Fritz Thyssen Stiftung, der ZEIT-Stiftung Ebelin und Gerd Bucerius und dem Stifterverband für die Deutsche Wissenschaft getragen wird.

© 2010 · Stauffenburg Verlag Brigitte Narr GmbH
Postfach 25 25 · D-72015 Tübingen
www.stauffenburg.de

Das Werk einschließlich aller seiner Teile ist urheberrechtlich geschützt.
Jede Verwertung außerhalb der engen Grenzen des Urheberrechtsgesetzes
ist ohne Zustimmung des Verlages unzulässig und strafbar.
Das gilt insbesondere für Vervielfältigungen, Übersetzungen,
Mikroverfilmungen und die Einspeicherung und Verarbeitung
in elektronischen Systemen.

Gedruckt auf säurefreiem und alterungsbeständigem Werkdruckpapier.

Printed in Germany

ISSN 1438-1478
ISBN 978-3-86057-228-3

Inhaltsverzeichnis

Vorwort   7

I. Verwaltungssprache in Europa: zur Einführung
Hans-R. Fluck / Michaela Blaha   11

II. Grußworte zur Tagung
Hans Allefeld
(Kommunale Gemeinschaftsstelle für Verwaltungsmanagement)   23

Prof. Dr. Monika Schmitz-Emans
(Ruhr-Universität Bochum, Germanistisches Institut)   29

Dr. Ottilie Scholz
(Oberbürgermeisterin von Bochum)   33

Dr. Heinz-Rudi Spiegel
(Stifterverband für die Deutsche Wissenschaft)   35

Dr. Reinhard Timmer
(Ministerialdirektor, Bundesministerium des Innern)   37

III. Beiträge zu einzelnen europäischen Ländern und Regionen

Deutschland
Helmut Ebert: Verständlichkeit und Vertrauen – die kommunikative Seite
der Rechts- und Verwaltungssprache   45

Michaela Blaha: Amtsdeutsch a. D.? – Auf dem Weg
zu einer verständlichen Verwaltungssprache   59

Nurşen Şahin: Verständliche Verwaltungstexte –
eine juristische Unmöglichkeit?   65

Ole Schröder: Amtsdeutsch a. D.: Bitte auch in Gesetzen!   73

Südtirol
Annette Lenz Liebl: Initiativen des Amtes für Sprachangelegenheiten
der Autonomen Provinz Bozen-Südtirol zur Modernisierung
der Verwaltungssprache   79

Österreich
Johannes Rund: HELP – die Drehscheibe zwischen Behörde und BürgerInnen   85

Schweiz

Alfred Zangger: Behörden-Bürger-Kommunikation in der Schweiz 91

Italien

Michele A. Cortelazzo: Der italienische Weg zu einer verständlichen
und bürgernahen Verwaltungssprache 103

Niederlande

Ulrich Huser: Project of Comprehensive Forms 113

England

Sarah Carr: Administrative language in the UK: 18 months in Pikestaff features 121

Schweden

Eva Olovsson: Decades of promoting plain language in administration –
the Swedish model 133

Polen

Marek Dudek, Piotr Iwan: Ansätze zu Untersuchungen
der Verwaltungssprache in Polen 139

IV. Überblick und Ausblick

Hans-R. Fluck: Schwer verständliche Verwaltungssprache –
ein europäisches Problem und Ansätze zu seiner Lösung in den Ländern
Belgien, Frankreich, Italien, Österreich, Polen und Spanien 149

Autorenverzeichnis **165**

Vorwort

Verwaltungen stehen heute mehr denn je im Dienst der Bürgerinnen und Bürger. Das bedeutet auch eine Veränderung der Sprache. Sie soll einfach, verständlich und respektvoll sein, sich der Alltagssprache annähern. Pierre Encrevé, Vizepräsident des französischen Komitees für die Vereinfachung der Verwaltungssprache, hat es im Jahr 2002 so formuliert: „Les administrations doivent parler la même langue que les citoyens, celle que l'Etat enseigne dans ses écoles" (Die Verwaltungen müssen die gleiche Sprache wie die Bürger sprechen, eine Sprache, wie sie der Staat in seinen Schulen vermittelt).

Damit wird ein Ziel vorgegeben, das seit langer Zeit immer wieder propagiert, doch erst in der jüngsten Zeit energisch und wirkungsvoll angegangen wird. Denn auf Grund ihrer langen Tradition erweisen sich Verwaltungen und Verwaltungssprache als besonders „therapieresistent". Und so sind Verwaltungsmodernisierung und Bürgernähe für viele immer noch Reiz- oder Fremdwörter und Verwaltungstexte als Kommunikationsmittel zwischen Bürgerschaft und Verwaltung noch immer nicht so effizient und verständlich, wie sie es sein könnten.

Aus Einzelforderungen aber hat sich ein Trend entwickelt, der europaweit zu beobachten ist: das gemeinsame Bemühen von Angewandter Sprachwissenschaft, Politik, Verwaltung und Recht um eine zeitgemäße, adressatenorientierte und verständliche Sprache. Die Tagung „Amtsdeutsch a. D.? – Europäische Wege zu einer modernen Amtssprache" (13. bis 14. August 2008) der Arbeitsgruppe IDEMA (Internet-Dienst für eine moderne Amtssprache) des Germanistischen Instituts der Ruhr-Universität Bochum hatte sich deshalb zum Ziel gesetzt, bisher begangene und mögliche Wege in Europa vorzustellen und zu diskutieren. Und so kamen erstmals Referentinnen und Referenten aus Politik, Verwaltung und Wissenschaft zusammen, um über ihre Erfahrungen zu berichten.

Bei den mehr als 100 Teilnehmern aus Verwaltung, Wissenschaft und Öffentlichkeit stieß das Tagungsthema auf hohes Interesse. Dieses große Interesse spiegeln auch die zahlreichen Berichte von über 30 Medienvertretern – auch von überregionalen Medien wie dem ZDF oder der Süddeutschen Zeitung – wider. Sie dokumentieren, dass dem Thema Bürger-Verwaltungs-Kommunikation in Europa eine hohe öffentliche Bedeutung zukommt. Die Berichte zeigen auch, dass das Bochumer IDEMA-Team in Deutschland mit seinen Arbeiten für eine verständlichere Amtssprache gemeinsam mit den teilnehmenden Kooperationspartnern auf dem richtigen Weg ist.

Neben den Referenten diskutierten auf dem Podium auch weitere Gäste mit: Prof. Dr. Peter Heinrich, ehemaliger Rektor der Fachhochschule für öffentliche Verwaltung Berlin, Dr. Rainer Hüttenhain, Vorsitzender Richter am Verwaltungsgericht Düsseldorf a. D. sowie Dr. Hermann Wilhelm, Dozent an der Fachhochschule für öffentliche Verwaltung NRW.

In den Referaten und Diskussionen zeigte sich, dass es viele Initiativen in Europa gibt, die sich gegenseitig befruchten können. Eine moderne und verständlichere Sprache in den Verwaltungsinstitutionen Europas ist nicht nur wünschenswert, sondern auch möglich – dies war das einhellige Fazit der Tagung. Entscheidend für den Erfolg solcher Initiativen ist in jedem Fall der Dialog zwischen Sprachwissenschaftlern, Verwaltungsfachleuten und Experten aus Recht und anderen Fachgebieten.

Der Tagungsband „Amtsdeutsch a. D.? – Europäische Wege zu einer modernen Amtssprache" will diesen Dialog national wie länderübergreifend unterstützen und voranbringen. Er präsentiert dazu Lösungsansätze für die verwaltungssprachliche Praxis in verschiedenen Ländern und bietet so die Möglichkeit, die mit ihnen verknüpften Konzepte miteinander zu vergleichen.

„Amtsdeutsch a. D." ist in Österreich markenrechtlich für Produkte und Dienstleistungen der Stadt Linz geschützt. Sie hat in den Jahren 2001 und 2002 unter diesem Namen ein viel beachtetes Projekt zur Verbesserung der Bürger-Verwaltungs-Kommunikation durchgeführt. Für die Verbreitung dieses Sammelbandes auch in Österreich hat die Stadt Linz uns freundlicherweise die Nutzung ihres Markenrechts gestattet; dafür danken wir.

Unser herzlicher Dank gilt den Autorinnen und Autoren für ihre Grußworte und Beiträge. Zu danken haben wir auch Julia Brosig, Ines Holz und Ute Verwimp, die das Manuskript lektoriert und in Form gebracht haben. Dank gebührt auch der Verlagsleiterin Frau Brigitte Narr für die unkomplizierte Zusammenarbeit. Nicht zuletzt danken wir der Initiative „Pro Geisteswissenschaften" (Fritz Thyssen Stiftung, Stifterverband für die Deutsche Wissenschaft, ZEIT-Stiftung E. und G. Bucerius und VolkswagenStiftung), die Tagung und Drucklegung dieses Bandes finanziell gefördert hat.

Bochum, im Januar 2010

Hans-R. Fluck   Michaela Blaha

I. Verwaltungssprache in Europa: zur Einführung

Verwaltungssprache in Europa: zur Einführung

Hans-R. Fluck / Michaela Blaha

Europäische Wege zu einer modernen Amtssprache?

In Deutschland gaben 86 Prozent der Befragten in einer im Jahr 2008 durchgeführten Meinungsumfrage an, dass sie beim Lesen und Verstehen amtlicher und juristischer Texte auf Schwierigkeiten stoßen.[1] Es besteht also ein weitgehendes Unbehagen an der Gestaltung verwaltungs- und rechtssprachlicher Texte in der Bevölkerung, und das nicht nur in Deutschland. Diese Situation hat dazu geführt, dass in Politik, Verwaltung, Wissenschaft und Öffentlichkeit heute europaweit zunehmend darüber nachgedacht wird, wie juristische und verwaltungssprachliche Texte adressatengerecht formuliert werden können. Eine solche Adressatenorientierung erfordert, entsprechend den europäischen Verfassungsgeboten, in erster Linie transparente und allgemeinverständliche Texte, die zugleich korrekt, höflich und respektvoll[2] sein sollten.

Welche Möglichkeiten und Perspektiven für einen Textwandel länderübergreifend vorhanden sind, wurde auf der Tagung „Amtsdeutsch a. D.? – Europäische Wege zu einer modernen Amtssprache" (13. bis 14. August 2008) erstmals auf breiter Basis diskutiert. Auf Einladung der Arbeitsgruppe IDEMA (Internet-Dienst für eine moderne Amtssprache) des Germanistischen Instituts der Ruhr-Universität Bochum kamen Autoren aus verschiedenen europäischen Ländern in Bochum zusammen, die sich mit dem Thema seit längerem beschäftigt haben. Sie präsentierten Analysen zur Struktur der Bürger-Verwaltungs-Kommunikation und zeigten Lösungswege für die verwaltungssprachliche Praxis; alle Beiträge wurden lebhaft diskutiert.

Diese nationalen Lösungen, so ein erstes Ergebnis der Tagung, stimmen in vielem überein und können sich gegenseitig befruchten. Ein zweites wichtiges Ergebnis ist die Einsicht, dass Verbesserungen der Bürger-Verwaltungs-Kommunikation in einem modernen Staat nur im interdisziplinären Dialog zwischen Wissenschaft, Verwaltung, Politik und Öffentlichkeit gelingen. Als drittes Resultat ist festzuhalten, dass aus der Vielzahl nationaler Einzellösungen ein europäisches Netzwerk hervorgehen sollte, das den Erfahrungs- und Gedankenaustausch befördert und zugleich die Bedeutung der Optimierung von Verwaltungskommunikation und Verwaltungssprache für Institutionen und Öffentlichkeit darstellt.

Die Beiträge dieses Sammelbandes stammen von ausgewiesenen Experten aus Wissenschaft und Praxis – Sprach- und Kulturwissenschaftlern, Juristen, Verwaltungsfachleuten und Politikern. Diese Interdisziplinarität kommt auch in den einzelnen Texten zum Ausdruck, die zwar eine jeweils spezifische Sichtweise haben, aber doch ein gemeinsames Vorgehen zur Erreichung einer besseren Verständlichkeit in der Bürger-Verwaltungs-Kommunikation nahelegen.

---

[1] Die Umfrage „Wie denken die Deutschen über die Rechts- und Verwaltungssprache?" wurde von der Gesellschaft für deutsche Sprache in Auftrag gegeben und vom Institut für Demoskopie in Allensbach durchgeführt.
[2] Zur Höflichkeit in der Verwaltungssprache vgl. u. a. Secchi (2002) und Castellón Alcalá (2001).

Die Tagungsbeiträge wurden ergänzt um Situationsbeschreibungen aus Italien, den Niederlanden, Polen und der Schweiz. Die Autoren dieser Länder konnten aus verschiedensten Gründen nicht an der Tagung teilnehmen; sie hatten jedoch versprochen, später einen Beitrag für diesen Band zu liefern. Durch diese Zusammenarbeit ergibt sich insgesamt ein facettenreicher Einblick in die gegenwärtige Situation der Verwaltungssprache in Europa und in aktuelle Projekte rund um die Bürger-Verwaltungs-Kommunikation.

Kritik an der Verwaltungssprache in Europa und ihre Folgen

Es ist die Sprache der Kanzleien[3], die in weiten Teilen Europas am Anfang der Verwaltungssprache stand. Geprägt durch das Lateinische und die Rechtsprache, war die Kanzleisprache hochkomplex, äußerst fachlich, stark formalisiert und weit entfernt von der Alltagssprache. Ihr besonderer Stil äußerte sich unter anderem in langen Sätzen, einer Vielzahl von Fachausdrücken und zahlreichen Floskeln, die überall Verwaltungstexte als spezifische Texte kennzeichnen. Einzelkritik an diesem wenig volkstümlichen Stil, der erhebliche Verstehensbarrieren mit sich brachte, findet sich schon früh. Verstärkt gerät der Verwaltungsstil dann in der Zeit der Aufklärung in die Kritik, wo man ihm Arroganz, Weitschweifigkeit und vor allem Unverständlichkeit vorwarf.[4]

Diese Kritik setzte sich im 19. Jahrhundert fort, wo die neue Bürgerlichkeit zunehmend auch sprachliche Eigenheiten wie die Häufung von Nominalisierungen oder Attribuierungen monierte, dazu den übertriebenen Fremdwortgebrauch und den Einsatz der Rechtsterminologie.[5]

Schon J. Chr. Adelung[6] hat bemerkt, dass viele der angeführten Mängel des Kanzleistils im Deutschen mit denen anderer Nationen vergleichbar sind.

Dieses Wissen um die Gemeinsamkeiten des Amts-, Kanzlei- oder Verwaltungsstils ist aber in Europa eine Zeit lang unbeachtet geblieben und erst in unserer Zeit wieder aktiviert worden, seit Verwaltungsmodernisierung und Bürgernähe zu europäischen Schlagwörtern geworden sind. Zwar hatte die Soziologie mit Max Weber schon früher darauf hingewiesen, dass zum System Verwaltung Sprache unmittelbar dazugehöre[7], doch fehlte es weitestgehend an Beschreibungen der Verwaltungssprache. Solche Beschreibungen erscheinen in größerer Zahl erst in der zweiten Hälfte des 20. Jahrhunderts[8], in dem sich gegen Ende auch erste länderübergreifende Optimierungsansätze herausbilden,[9] so im deutschsprachigen, frankophonen und anglophonen Raum.

Kommunikation ist heute überall in Europa zu einem wichtigen Thema geworden. Dies hängt auch mit dem Transparenzgebot zusammen, das für Verwaltungs- und andere Texte von europäischen Gerichten aufgestellt und von den Bürgern zunehmend eingefordert wird.[10] Schließlich hat auch die Vergrößerung der EU dazu geführt, dass sprachliche Aspekte des Systems Verwaltung mehr und mehr beachtet und thematisiert werden.

---

[3] Zur Erforschung der Kanzleisprachen der verschiedenen Länder siehe Meier / Ziegler (2003) und (2009).
[4] Siehe z. B. zur Entwicklung dieser Kritik in Deutschland Knoop (1998) und Fluck (2010).
[5] Vgl. zu dieser Kritik am Gebrauch von Fremdwörtern und Fachterminologie im 19. / 20. Jahrhundert Fluck (2007).
[6] Vgl.: Adelung (1785), Teil 2, § 11.
[7] Vgl.: Weber (1972, 122 ff.).
[8] Frühe Beispiele sind die Arbeiten von Robert (1948), Wagner (1972) und Calvo Ramos (1980).
[9] Vgl. Fluck (2006).
[10] Vgl. Eichhoff-Cyrus / Antos (2008).

Inzwischen versucht man auf vielen Wegen, dem Problem unverständlicher, unhöflicher und rückwärtsgewandter Verwaltungssprache zu begegnen, auch wenn es daran grundsätzliche Kritik gibt.[11] Die Beiträge aus den verschiedenen Ländern zeigen detailliert, welche Ansätze es gibt und welche Ziele gesetzt werden. Die Ansätze unterscheiden sich zwar, die Zielsetzung aber ist überall gleich, wie die länderspezifischen Slogans deutlich machen. Alle sagen sie im Kern, dass eine klare und verständliche Sprache die Bürger-Verwaltungs-Kommunikation erleichtert, mehr Zufriedenheit bei den Bürgerinnen und Bürgern schafft und erst eine demokratische Partizipation aller am Staatswesen ermöglicht.

Verwaltungssprache darf nicht länger Geheim- oder Herrschaftssprache bleiben, sie muss „kundenfreundlicher" werden, Strategien hierfür setzen bereits bei einfachen Dingen wie der Betreffzeile von Verwaltungsschreiben oder ihrer Gliederung[12] an. Sicher geht es nicht im Handumdrehen, bis Gesetzgeber und Verwaltung, wie es vor über hundert Jahren Rudolf von Ihering[13] formuliert hat, so „denken wie ein Philosoph und reden wie ein Bauer". Wichtig aber ist in ganz Europa die Einsicht, dass die Kommunikation mit den Bürgerinnen und Bürgern sachlich, verständlich und höflich sein muss und es nicht genügt, moderne Dienstleistungen nur technisch perfektioniert und effizient anzubieten.

Europäische Gemeinsamkeiten und Unterschiede

Die Grußworte zur Tagung machen deutlich, dass die Bürger-Verwaltungs-Kommunikation ein wichtiges aktuelles Thema in der Öffentlichkeit darstellt und recht unterschiedliche Assoziationen auslösen kann: linguistische, literarische, politische, juristische … Sie verdeutlichen aber auch, dass die im Tagungsthema enthaltene Zielvorstellung als notwendig, realistisch und förderungswürdig gesehen wird, um die Sprache in diesem Bereich so bürgernah und verständlich wie möglich zu gestalten. Dass dabei Bürgernähe und Verständlichkeit für alle eine Idealvorstellung ist und bleiben wird, tut dem Lösungswillen und der Sache der Textoptimierung keinen Abbruch, relativiert aber die weitgesteckten Ziele.

Es geht also in erster Linie nicht darum, Kognitionsprozesse zu analysieren oder neue Verstehensmodelle zu entwickeln, sondern in Verbindung mit Theorie und Praxis konkrete Kommunikationsstrukturen zu beschreiben und verschiedene Möglichkeiten zu ihrer Optimierung darzustellen. Kurz: Es geht um „einfache" Sprache, „barrierefreie" Kommunikation, um das Bürgerrecht auf Verständlichkeit, um Verwaltungshandeln und das Demokratiegebot, um den Abbau von Verstehensschwierigkeiten …

Deutschland

Ein Plädoyer für verständliche Verwaltungssprache liefert der Beitrag von Hans Allefeld (KGSt – Spitzenverband der deutschen Kommunen) *Verständlich? Selbstverständlich! Wie Kommunen verständlich kommunizieren können.* Allefeld demonstriert an zahlrei-

---

[11] Diese Kritik sieht das Ziel der Allgemeinverständlichkeit von Verwaltungs- und Rechtstexten als irreal an und besagt mehr oder weniger, dass solche Texte ohne (juristische) Fachterminologie und „Amtshabitus" nicht auskommen können. Vgl. dazu u. a. Felder (2008), Fish (2004), Schendera (2004).
[12] Vgl. Blaha (2008).
[13] Rudolf von Ihering, 1818–1892, deutscher Jurist.

chen Beispielen Vorteile verständlicher und Nachteile unverständlicher Texte. Dabei macht er deutlich, dass Verständlichkeit als eine Bringschuld der Textproduzenten anzusehen ist. Verständliche Schreiben sparen zudem Zeit und Kosten, ein nicht unwesentliches Argument für die Notwendigkeit von Textoptimierung. Zudem gibt er aus der Erfahrung eines Praktikers Ratschläge, wie Verständlichkeit erreicht werden kann.

Im Mittelpunkt des Beitrags von Helmut Ebert (*Die kommunikative Seite der Rechts- und Verwaltungssprache*) stehen die Begriffe Verständlichkeit und Vertrauen, die eine zentrale Rolle in der Bürger-Verwaltungs-Kommunikation spielen. Verständlichkeit ist ein relationaler Begriff[14], Vertrauen ein mehr emotionaler und sozialer. Ebert problematisiert und diskutiert diese Begriffe mit Blick auf Modernisierungsbestrebungen und Projektbeschreibungen. Dabei zeigt er, wie der Sprachstil zu einer Orientierungsgröße aus Fiktionen und Konstruktionen wird, die dem Einzelnen oft nicht bewusst werden. Trotz aller Kritik aber wird deutlich, dass Verwaltungsfachleute und Bürgerschaft gut daran tun, aufeinander zuzugehen und alle verfügbaren, wenn auch unvollkommenen Mittel zur Überwindung der Verstehensbarriere und des Misstrauens zu nutzen.

Ole Schröder (MdB) zeigt in seinem Beitrag *Amtsdeutsch a. D.: Bitte auch in Gesetzen!*, dass es nicht genügt, nur Verwaltungstexte verständlicher zu gestalten, sondern dass auch die zugrundeliegenden Gesetzestexte dringend einer Überarbeitung bedürfen. Wie schwierig das ist, veranschaulicht seine Darstellung der bisherigen Bemühungen um eine verständliche Gesetzessprache.[15] Einen neuen und erfolgsversprechenden Ansatz auf diesem Gebiet stellt das Modellprojekt des Deutschen Bundestags „Verständliche Gesetzessprache" dar, das sich an Schweizer Erfahrungen orientiert. Die bisherigen Ergebnisse zeigen, dass die sprachliche Qualität der Gesetzestexte durchaus zu verbessern ist und damit auch die Akzeptanz der Inhalte zunimmt. Daher sei eine Sprachberatung zu institutionalisieren, nicht nur in Bezug auf die Gesetzgebung des Deutschen Bundestags, sondern auch auf Ebene der Europäischen Union.

Michaela Blaha (IDEMA / Ruhr-Universität Bochum) skizziert in ihrem Beitrag *Amtsdeutsch a. D. – auf dem Weg zu einer verständlichen Verwaltungssprache*, wie aus einem in Deutschland einzigartigen Projekt zwischen der Stadt Bochum und der Ruhr-Universität IDEMA – Internet-Dienst für eine moderne Amtssprache – entstand. Mitglieder des Netzwerks können eine Datenbank mit bereits verständlich formulierten Mustertexten nutzen oder mit einem elektronischen Wörterbuch ihre Texte selbst überarbeiten. Schulungen zur verständlichen Textgestaltung runden das Angebot von IDEMA ab. Mittlerweile beteiligen sich 21 Kommunalverwaltungen sowie die gesamte Bundesverwaltung am IDEMA-Netzwerk, und IDEMA wächst weiter – mit dem Potenzial, sich zu einem gesamteuropäischen Netzwerk für verständliche Sprache in der Verwaltung zu entwickeln.

Dass Verwaltungstexte durch eine Überarbeitung nicht nur auf sprachlicher Ebene, sondern auch auf juristischer Ebene präziser werden, zeigt Nurşen Şahin (IDEMA / Ruhr-Universität Bochum) in ihrem Aufsatz *Verständliche Verwaltungstexte: eine juristische Unmöglichkeit?* Manche Verwaltungen fürchten, dass Verwaltungstexte durch eine sprachliche Überarbeitung an Rechtssicherheit verlieren. Anhand von Beispielen aus der Praxis zeigt Şahin, dass es oft nur sprachlicher Umformulierungen oder einfacher Strategien bedarf, um einen Text verständlicher und serviceorientierter zu gestalten. Der rechtliche Gehalt eines Schreibens wird dabei in den seltensten Fällen berührt. Und

---

[14] Siehe z. B. Lerch (2008).
[15] Dazu ausführlich Lerch (2004).

manchmal werden durch die Bearbeitung sogar Fehler im Originaltext aufgedeckt, sodass das Schreiben letztlich an Rechtssicherheit gewinnt.

Österreich

Johannes Rund (Bundeskanzleramt Österreich) stellt die österreichische Initiative für eine verständliche Kommunikation zwischen Verwaltung und Bürgern vor: *HELP – die Drehscheibe zwischen Behörde und BürgerInnen*. Dieser digitale Amtshelfer unterstützt die Bürger zum Beispiel bei Behördengängen durch verständliche, behördenübergreifende Informationen sowie durch ein Begriffslexikon, ein Online-Formular oder Foren. Steigende User-Zahlen zeugen von der Notwendigkeit und vom Erfolg des Projekts. Beim Verfassen bürgerfreundlicher Texte folgt die *HELP*-Redaktion bestimmten Kriterien eines „Wording Guides", aber auch „Leichter Lesen"-Kriterien, denn neben dem Abbau sprachlicher und kognitiver Barrieren ist eine generelle Barrierefreiheit Ziel der *HELP*-Initiative.

Schweiz

Den Sonderfall der viersprachigen Schweiz stellt Alfred Zangger (Bundeskanzlei der Schweiz) vor: *Behörden-Bürger-Kommunikation in der Schweiz*. Zangger macht aber deutlich, dass die Gründe für die Entstehung einer Verwaltungssprache und deren Merkmale denjenigen anderer europäischer Länder doch sehr ähnlich sind. Er gibt einen Überblick über die Ausbildungssituation, erläutert die Aktion „Behördenbriefe" der Schweizerischen Bundeskanzlei und geht auf die Verbindung von Rechts- und Verwaltungssprache ein. In Individualisierung und Konkretisierung sieht er die Grundlagen einer optimierten Bürger-Verwaltungs-Kommunikation. Trotz aller Bemühungen ist diese auch in der Schweiz noch nicht erreicht, könnte aber durch Schulung auf Produzentenseite, vor allem in der Aus- und Weiterbildung der Verwaltungsfachleute, wesentlich vorankommen.

Italien

Den italienischen *Weg zu einer verständlichen und bürgernahen Verwaltungssprache* beschreibt Michele A. Cortelazzo (Universität Padua). Cortelazzo, selbst bei der Verbesserung der Verwaltungssprache in Italien aktiv, zeigt, wie sich die Beschäftigung mit Verwaltungssprache von den Anfängen 1965 bis heute entwickelt und gewandelt hat. Stilfibeln, Redaktionsleitfäden und linguistische Beschreibungen der sprachlichen Situation in der Verwaltung werden dargestellt und bewertet, die Resultate beschrieben. Vorgestellt wird auch das Netzwerk REI (Rete di eccellenza dell'italiano istituzionale)[16], das sich auf eine italienische Initiative hin zusammen mit der Europäischen Union für eine klare und verständliche Behördensprache engagiert.

Einen weiteren Sonderfall neben der Schweiz bildet Südtirol, wo Verwaltungstexte gleichfalls in einem mehrsprachigen Umfeld angesiedelt sind. Annette Lenz Liebl (Autonome Provinz Bozen, Amt für Sprachangelegenheiten) zeigt in diesem Umfeld *Initiativen des Amtes für Sprachangelegenheiten der Autonomen Provinz Bozen-Südtirol zur Modernisierung der Verwaltungssprache*. Dieses Amt beschäftigt elf Übersetzer, Juristen und Verwaltungsfachleute, die mit der Überarbeitung und auch der Übersetzung von

---

[16] http://reterei.eu.

Rechtstexten befasst sind. Diese Gruppe ist auch für Schulungen zuständig, wozu eigene Schulungskonzepte entwickelt worden sind. In der Schulung sieht Lenz Liebl, wie auch die anderen Beiträger, den entscheidenden Schlüssel zur Verwaltungsmodernisierung.

Niederlande
Ulrich Huser (Ministry of the Interior and Kingdom Relations) berichtet von der Arbeit des *Project of Comprehensive Forms* in den Niederlanden. Ziel des Projekts sind leicht verständliche Verwaltungsformulare: Bei der Überarbeitung oder Erstellung von Formularen werden bestimmte Kriterien wie die kommunikative oder organisatorische Funktion berücksichtigt, die logische Abfolge der Fragen, aber auch ein funktionales Design. Es werden Instrumente entwickelt, die dem verkürzten Frage-Antwort-Dialog als Besonderheit des Formulars Rechnung tragen. Doch auch ein Netzwerk derjenigen, die die Formulare in den unterschiedlichen Behörden erstellen, erlaubt vielfältige Verbesserungsprozesse, von Workshops über gegenseitige Supervision, Anwendertests oder theoretische Bewertungen bis hin zu Newsletter und Website. Obwohl die zentrale Formularverwaltung nach wie vor problematisch ist, liegt der Erfolg des Projekts darin, Verwaltungen eine Infrastruktur zu bieten, auf die sie bei der Erstellung von leicht verständlichen Formularen zurückgreifen können.

Großbritannien
Sarah Carr (Plain Language Commission) gibt einen Einblick in die Entwicklung und die aktuelle Praxis der *Plain-Language*-Bewegung[17] Großbritanniens: *Administrative language in the UK: 18 months in Pikestaff features*. Sie demonstriert an mehreren Beispielen aus dem Newsletter der Plain Language Commission *Pikestaff,* wie es in den Bereichen Politik und Verwaltung zu Nichtverstehen und Missverständnissen kommen kann. Die Beispieltexte dienen dazu, die Leser des Newsletters zu unterhalten, über Verbesserungsmöglichkeiten zu informieren und sie als Kunden zu gewinnen, damit sich bei ihnen solche textlichen Missgriffe nicht wiederholen. Insgesamt ist das Produkt *Pikestaff* ein Instrument, um die Forderung nach Klarheit und Transparenz in Texten zu propagieren und zu verbreiten.

Schweden
Schon im Titel ihres Beitrags macht Eva Olovsson (Sprachenrat Schweden) deutlich, dass Schweden die wohl längste Erfahrung im Umgang mit schwer verständlichen Verwaltungstexten hat: *Decades of promoting plain language in administration – the Swedish model*. Denn seit über 40 Jahren kämpfen schwedische Institutionen, allen voran seit 2006 der Sprachenrat, für eine verständliche, klare und bürgerfreundliche Sprache in der Verwaltung. Der Sprachenrat kümmert sich um Sprachpflege und Sprachkultur, wobei die Bemühungen um eine verständliche Sprache an vorderster Stelle stehen.

Dazu dienen unter anderem ein Newsletter, eine jährliche Auszeichnung an Behörden für ihren Einsatz um eine verständliche Sprache – *the Plain Swedish Crystal* –, ein Online-Tester, der Texte auf ihre Verständlichkeit hin analysiert, Gesetzesvorgaben für klare Sprache sowie Empfehlungen und Handbücher für verständliches Schreiben.

---

[17] Grundlegendes zu dieser Bewegung bei Cutts (1996).

Die Ergebnisse all dieser Maßnahmen führten dazu, dass im Rahmen einer Evaluation von Amtstexten jene Merkmale weitgehend verschwunden waren, die als verständnisstörend betrachtet werden: archaischer Wortschatz, Fachterminologie, lange und komplizierte Sätze. Dennoch bleibt für die Zukunft auch in Schweden noch genug Arbeit, die sich auf drei Bereiche konzentriert: Internet-Texte, Gesetzestexte und ihre Übersetzungen, auch im Rahmen der Europäischen Union und weitere Schulungsarbeit auf dem Gebiet verständliches Schreiben.

Polen

Marek Dudek und Piotr Iwan (Schlesische Universität Kattowitz) berichten über *Ansätze zu Untersuchungen der Verwaltungssprache in Polen*. Die Erforschung amtlicher Texte ist in Polen relativ neu und begann intensiver erst in unserem Jahrhundert.[18] Als Merkmale des Amtsstils wurden, übereinstimmend mit anderen europäischen Sprachen, Direktivität, Unpersönlichkeit, Standardisierung und Genauigkeit festgestellt. Genauer erforscht wurden bisher Textsorten der Verwaltung und Rechtstexte. Die Rechtstexte werden in Zusammenarbeit von Sprachwissenschaftlern und Juristen (Jurislinguistik) untersucht; auch gibt es eine Kommission für Rechtssprache bei der Polnischen Akademie der Wissenschaften, die sich unter anderem mit Fragen der Sprachnormierung beschäftigt. Textoptimierungen gibt es bisher noch selten, sie sind aber geplant.

Überblick

Viele Aspekte der auf einzelne Länder bezogenen Beiträge kommen bei Hans-R. Fluck (Ruhr-Universität Bochum) wieder zur Sprache (*Schwer verständliche Verwaltungssprache – ein europäisches Problem und Ansätze zu seiner Lösung in den Ländern Belgien, Frankreich, Italien, Österreich, Polen und Spanien*). Fluck skizziert die Entwicklung in den genannten Ländern und vergleicht Methoden und Ergebnisse der vorhandenen Optimierungsprojekte. Dabei zeigt sich, dass weitaus mehr Gemeinsamkeiten als Unterschiede in den sprachlichen Strukturen, den Problemen des Sprachgebrauchs und im Vorgehen bei der Textoptimierung bestehen. Deshalb wird der Aufbau eines europäischen Netzwerks gefordert, wie es auch in Italien und Schweden angedacht ist.

Fazit

Gemeinsam ist allen Ländern, die in diesem Band vertreten sind, dass sie über eine Verwaltungssprache verfügen, die problembehaftet ist. Viele ihrer Strukturen gleichen sich, da das System Verwaltung hier wie dort grundsätzliche Übereinstimmungen zeigt.[19] Gemeinsam ist diesen Ländern auch die Zielsetzung, Bürger-Verwaltungs-Kommunikation möglichst einfach, klar, verständlich, freundlich und sprachlich korrekt zu gestalten. Die Wege zu einer solchen bürgerfreundlichen Verwaltungssprache müssen auf vielen Ebenen ansetzen: in der Ausbildung und in der Verwaltungspraxis, aber auch auf der Ebene der Gesetzgebung.

Auch wenn diese Zielsetzung mit unterschiedlichem Engagement und unterschiedlichen Instrumenten verfolgt wird, so ist doch zu sehen, dass Fortschritte und positive

---

[18] Vgl. dazu auch den Beitrag von Fluck in diesem Band.
[19] Zum System Verwaltung generell siehe Luhmann (1964).

Resultate zu verzeichnen sind. Vielleicht entwickelt sich in den Verwaltungen einmal eine europäische Sprachkultur, deren Leitlinien Einfachheit und Verständlichkeit sind. Wenn der Sammelband dazu einen Anstoß geben und zu weiterer Beschäftigung mit Verwaltungssprache und zur Reduzierung von Verständnisbarrieren führen könnte, hätte er eine wichtige Aufgabe erfüllt.

Literatur

Adelung, J. Chr. (1785), *Über den deutschen Styl,* Berlin: Voss und Sohn.
Blaha, Michaela (2008), „Moderne Verwaltung – moderne Sprache? Erfahrungen aus Projekten zu verständlicher Sprache in der Verwaltung", in: Eichhoff-Cyrus, K. M. / G. Antos (Hgg.) (2008), *Verständlichkeit als Bürgerrecht? Die Rechts- und Verwaltungssprache in der öffentlichen Diskussion* (Duden Thema Deutsch, Band 9), Mannheim, 284–294.
Calvo Ramos, L. (1980), *Introduccíon al estudio del lenguaje administrative,* Madrid: Editorial Grados.
Castellón Alcalá, H. (2001), „Un aspecto pragmático del lenguaje administrativo: La cortesía", in: *Revista de Investigación Lingüística,* Vol 4, No 2 (2001). http://revistas.um.es/ril/article/view/4891.
Cutts, M. (1996), *The plain english guide. How to write clearly and communicate better.* Oxford / New York: Oxford University Press.
Eichhoff-Cyrus, K. M. / G. Antos (Hgg.) (2008), *Verständlichkeit als Bürgerrecht? Die Rechts- und Verwaltungssprache in der öffentlichen Diskussion* (Duden Thema Deutsch, Band 9), Mannheim.
Felder, E. (2008), „Grenzen der Sprache im Spiegel von Gesetzestext und Rechtsprechung. Das Konzept der juristischen Textarbeit", in: Eichhoff-Cyrus, K. M. / G. Antos (Hgg.), *Verständlichkeit als Bürgerrecht? Die Rechts- und Verwaltungssprache in der öffentlichen Diskussion* (Duden Thema Deutsch, Band 9), Mannheim, 96–116.
Fish, S. (2004), „Recht will formal sein", in: Lerch, K. D. (Hg.), *Recht verstehen. Verständlichkeit, Missverständlichkeit und Unverständlichkeit von Recht* (Sprache des Rechts, Band 1), Berlin / New York: de Gruyter, 85–137.
Fluck, H.-R. (2010), „Die Amtssprache", in: Schindler, T. / C. Sobik (Hgg.), *Das Amt. Alltag, Verwaltung, Öffentlichkeit,* Jahresband, Hessische Vereinigung für Volkskunde e. V. [in Druck].
Fluck, H.-R. (2006), „Probleme bei der Bürger-Verwaltungs-Kommunikation in Deutschland und anderen europäischen Ländern", in: *Estudios Filológicos Alemanes,* Vol 11, 75–86.
Fluck, H.-R. (2007), „Zur Optimierung der Verwaltungssprache – gestern und heute", in: *Estudios Filológicos Alemanes,* Vol 13, 57–70.
Knoop, U. (1998), „Kritik der Institutionensprache am Beispiel der Verwaltungssprache", in: Hoffmann, L. u. a. (Hgg.), *Fachsprachen. Ein internationales Handbuch zur Fachsprachenforschung und Terminologiewissenschaft,* 1. Halbband, Berlin / New York: de Gruyter, 866–874.
Lerch, K. D. (Hg.) (2004), *Recht verstehen. Verständlichkeit, Missverständlichkeit und Unverständlichkeit von Recht* (Sprache des Rechts, Band 1), Berlin / New York: de Gruyter.
Lerch, K. D. (2008), „Ultra posse nemo obligatur. Von der Verständlichkeit und ihren Grenzen", in: Eichhoff-Cyrus, K. M. / G. Antos (Hgg.) (2008), *Verständlichkeit als Bürgerrecht? Die Rechts- und Verwaltungssprache in der öffentlichen Diskussion* (Duden Thema Deutsch, Band 9), Mannheim, 54–80.
Luhmann, N. (1964), *Funktion und Folgen formaler Organisation,* Berlin: Duncker & Humblot.
Meier, J. M. / A. Ziegler (2003), *Kanzleisprachenforschung im 19. und 20. Jahrhundert. Eine Bibliographie* (= Beiträge zur Kanzleisprachenforschung), Band 2, Wien: Praesens.

Meier, J. M. / A. Ziegler (Hgg.) (2009), *Kanzleistil: Entwicklung, Form, Funktion*. Beiträge der 4. Tagung des Arbeitskreises Historische Kanzleisprachenforschung, Wien 24. und 25. November 2006. Wien: Praesens.

Robert, C. (1947, [18]1988), *Le style administrative*, Paris: Albin Michel.

Schendera, Chr. F. (2004), „Verständlichkeit von Rechtstexten. Eine kritische Darstellung der Forschungslage", in: Lerch, K. D. (Hg.) (2004), *Recht verstehen. Verständlichkeit, Missverständlichkeit und Unverständlichkeit von Recht* (Sprache des Rechts, Band 1), Berlin / New York: de Gruyter, 321–374.

Secchi, S. (2002), *Verständlichkeit und Höflichkeit in der deutschen Verwaltungssprache der Gegenwart* [Phil. Diss. Ruhr-Univ. Bochum, abrufbar unter: http://deposit.ddb.de/cgi-bin/dokserv?idn=969941129&dok_var=d1&dok_ext= pdf&filename=969941129.pdf].

Wagner, H. (1972), *Die deutsche Verwaltungssprache der Gegenwart*, Düsseldorf: Pädagogischer Verlag Schwann.

Weber, M. ([5]1972), *Wirtschaft und Gesellschaft. Grundriß der verstehenden Sozialwissenschaft*, Tübingen: Mohr Siebeck.

II. Grußworte zur Tagung

Hans Allefeld
(Kommunale Gemeinschaftsstelle für Verwaltungsmanagement – KGSt)

Verständlich? Selbstverständlich!
Wie Kommunen verständlich kommunizieren können

Herzlichen Glückwunsch zur Auszeichnung als „Ort im Land der Ideen"!
„Ein Vordruck stimmt das Leben heiter, man füllt ihn aus und reicht ihn weiter." Ganz so einfach macht es IDEMA sich nicht. Die Sache ist nachhaltig aufgebaut, wie der Vortrag von Frau Blaha zeigte. Selbstverständlich schreiben wir alle verständlich. Jedenfalls weiß ich immer, was ich meine, wenn ich einen Brief schreibe. Aber: „Was A schreibt, muss B noch lange nicht so lesen und erst recht nicht verstehen."

Neulich erhielt ich eine Nachricht von der Kreisverwaltung, ich möge doch bitte wegen der Entwässerungsanlage anrufen, um einen Entleerungstermin zu vereinbaren.

Entwässerungsanlage? Ich besitze gar keine Entwässerungsanlage. Ich lebe auf einem Bauernhof. Eine Entwässerungsanlage haben wir nicht, Regenwasser wird sichtbar über eine Rinne in der Wiese entsorgt. Das hat der Kreis so verlangt! Es muss ein Irrtum vorliegen. Ich rief an, stellte mich vor und wurde dann freundlich darauf aufmerksam gemacht, dass es sich bei der biologisch arbeitenden Kleinkläranlage um eine Entwässerungsanlage handelt. Selbstverständlich war das verständlich geschrieben, jedenfalls hat der Sachbearbeiter genau gewusst, was er meinte. Ich habe ihn nur nicht verstanden.

Es ist aber nicht Aufgabe der Lesenden herauszufinden, was Schreibende eigentlich meinen, sondern Aufgabe der Schreibenden, sich so auszudrücken, dass Lesende dies verstehen!

Es geht auch kürzer:
Was „A" schreibt, sollte „B" verstehen!

Wir haben ca. zwei bis drei Minuten darüber geredet, herzlich gelacht und einen Termin zur Entleerung der Entwässerungsanlage (Anlage klingt wie ein Industriekomplex!) vereinbart …

Guten Tag, meine Damen und Herren,
mein Name ist Hans Allefeld. Zu Beginn meines beruflichen Werdeganges habe ich neun Jahre in einem Institut gearbeitet, welches sich mit Zeitwirtschaft, Arbeits- und Büroorganisation beschäftigt. Im Augenblick bin ich für die Durchführung von Seminaren und Kongressen bei der KGSt zuständig.

Die KGSt wird ab Herbst dieses Jahres Seminare zum Thema „Textgestaltung" durchführen. Der ursprüngliche Name der KGSt = *Kommunale Gemeinschaftsstelle für Verwaltungsvereinfachung – heute Verwaltungsmanagement* – verpflichtet uns dazu, bestehen doch die Arbeitsergebnisse in der Verwaltung vornehmlich in der Abfolge von geschriebenen Wörtern bzw. Sätzen, die sich in Benutzungsanweisungen für Bäder, Kindergärten, Schulen, Altenheime und sonstige Einrichtungen niederschlagen und von jedermann verstanden werden müssen. Sie finden sich natürlich auch in Bescheiden mit stets ähnlichem Inhalt wieder und dokumentieren sich in Aufforderungen zu bestimmten Maßnahmen. Ohne diese Dinge wäre unsere soziale Gemeinschaft nicht zu steuern. Das

Arbeitsergebnis der Verwaltung dokumentiert sich also in Texten, daher müssen wir uns mit der Textgestaltung auseinandersetzen.

Es ist aber auch eine Form von Höflichkeit und Achtung dem Bürger gegenüber, wenn wir ihm *keine* unverständlichen Texte vor die Augen halten, wenn wir Dritten nicht unsere „Sprachbilder" aufzwingen, sondern „dem Volk aufs Maul schauen", und ganz selbstverständlich verständlich schreiben, dies immer und überall.

Der Atlantik besteht aus Tropfen. Diese Metapher verwende ich gerne, um die Bedeutung der Zeit für die Produktkostenkalkulation und Kostenrechnung deutlich zu machen. Wenn wir die Summe aller geleisteten Arbeitsminuten einer Verwaltung als den „Zeit-Atlantik" ansehen, dann ist jede Minute, die in diesem Zeitsee schwimmt, ein Tropfen. Es stellt sich die Frage, wofür wir diese Tropfen verwenden und wie teuer diese Tropfen sind. Schließlich fallen Zeittropfen nicht von Himmel, sondern müssen bezahlt werden. Bezahlt werden von Steuergeldern, die erst erwirtschaftet werden müssen. Schon aus diesem Grunde haben wir kein Recht, zu viele Tropfen für die Aufklärung unserer Texte zu verwenden. Verwaltungen dürfen keine bremsenden und hemmenden Sprachgebilde zwischen sich und den Bürger schieben.

Wer schreibt, sollte sich bemühen, mit der Sprache Bilder zu malen. Er sollte Sprachbilder benutzen, die die Lesenden verwenden. Das reduziert Rückfragen, macht eine Verwaltung auf stillem Wege bürgerfreundlich und ist ein herausragendes Qualitätsmerkmal für eine professionell arbeitende Verwaltung.

Es stimmt schon nachdenklich, wenn für einen Regelantrag in einem Landkreis, dessen Bearbeitungskosten 18,62 Euro betragen, 47,8 %[1] der Kosten für Beratungsleistungen und Ausfüllhilfen entfallen.

Was kostet eine Arbeitsminute? Addiert man alle Personalkosten einschließlich Beihilfen und Sachkosten einer Kreisverwaltung und dividiert die Summe durch die Anzahl der Anwesenheitsminuten, also der Nettoarbeitsminuten, die nach Abzug von Urlaub, Krankheit, Weiterbildung etc. verbleiben, dann kostet eine Minute rund 60 Cent pro Mitarbeiter. Da in diesen Kosten auch die Personalkosten des Verwaltungsmanagements enthalten sind, wird für die Sachbearbeitung weniger als 60 Cent anzusetzen sein. Gleichwohl dürfte die Telefondiskussion über die begriffliche Klärung, was denn nun eine Entwässerungsanlage ist, den Landkreis bis zwei Euro gekostet haben, eine Zeit nicht gerechnet.

Können Sie mir sagen, wie viel solcher erklärenden Gespräche täglich in deutschen Amtsstuben geführt werden? Wie viel sprachlich begründete bremsende und hemmende Faktoren zwischen der Verwaltung und dem Bürger stehen und wie viel Zeit dies kostet, indem wir Ausfüllhilfen leisten?

Zeitstudien im Sozialbereich zeigen, dass der Anteil für Ausfüllhilfen und Vollständigkeitsprüfungen rund 4 %, in Einzelfällen sogar 12,5 %[2] der Arbeitszeit beträgt – Beratungsleistungen nicht berücksichtigt. Die Einsparungspotenziale sind entsprechend. Transparente Texte helfen also Kosten sparen.

---

[1] Es handelt sich um einen Einzelwert in einer Kommunalverwaltung und nicht um einen KGSt-Wert. Der Wert ist nicht repräsentativ und dient hier als Beispiel. Er kann nicht ungeprüft auf andere Organisationen übertragen werden.

[2] Bei den Werten von 4 % bis 12, 5 % handelt sich nicht um freigegebene KGSt-Werte. Gleichwohl liegen ihnen Zeitaufschreibungen über einen repräsentativen Zeitraum zugrunde. Da die Arbeitsbedingungen, unter denen die Werte entstanden, hier nicht geschildert sind, ist ein Vergleich mit Werten anderer Kommunalverwaltungen zurzeit nicht möglich.

Vermutlich kennen Sie den „Antrag auf Gewährung von Zuwendungen im Vertragsnaturschutz" nicht. Er hat mit Anlagen und Erklärungen einen Umfang von zehn A4-Seiten, in 8-Punkt-Schrift gedruckt. Gemeint ist ein Antrag zur Streuobstwiesenförderung. Hat man diesen gestellt und ist er bewilligt, dann muss man jährlich einen „Antrag auf Auszahlung der Zuwendung im Rahmen des Vertragsnaturschutzes für das Jahr 200X" ausfüllen. Ich fülle diesen Antrag nicht aus, ich fahre ins Amt und lasse mir dabei helfen. Das machen andere aber auch, was wiederum dazu führt, dass Sprechzeiten eingerichtet und Auskünfte am Telefon erteilt werden müssen.

Unverständliche Texte erhöhen den Arbeitsaufwand und verlängern die Prozesse. Es ist aber nicht nur das Schreiben, das Geld kostet, sondern auch das Lesen. Denken wir an die vielen Gewerbebetriebe. Sie haben sich täglich auf ihre Fachaufgabe zu konzentrieren. Der Installateur will installieren, der Bäcker backen, der Händler handeln, der Maler malen. Sie denken in anderen Sprachbildern als die Verwaltung. Sie sprechen nicht von einer Betriebsmittelaufnahme sondern tanken, ihr Auto hat einen Tacho und keinen Geschwindigkeitsmesser.

Die Verwaltung ist gut beraten, wenn sie (nach Luther) dem Volk aufs Maul schaut und den Bürgern nicht mit unverständlichen Texten die Zeit stiehlt! Durch mangelnde Transparenz in den Texten produzieren wir Rückfragen, durch unverständliche Ausfüllanweisungen produzieren wir Schreiben, in denen wir Angaben oder Unterlagen zur Klärung des Sachverhaltes nachfordern. Dadurch wird der Arbeitstag in der Sachbearbeitung „zerrissen", was nicht motivierend wirkt.

Es ist den Sachbearbeiterinnen und Sachbearbeitern kaum möglich, einen Fall in die Hand zu nehmen und von A bis Z zu bearbeiten. Daher auch die Bereitschaft zur Ausfüllhilfe. Damit schafft man bessere Arbeitsbedingungen für den Einzelfall bzw. für sich selbst und verringert die bremsenden und hemmenden Faktoren in der Bearbeitung. Die Bürger – die ihre Verwaltung nicht mehr verstehen – nehmen diese Hilfen gerne an. Die Bearbeitung wird dadurch aber teurer. Das Verwaltungsmanagement bzw. deren Organisatorinnen und Organisatoren sind aufgerufen, diesen Kreislauf zu durchbrechen.

Textgestaltung ist Prozessgestaltung und Qualitätsmanagement zugleich. Würden die Texte verständlicher und die Bedingungsabfragen einfacher, dann würden wir nicht unerhebliche Kosten sparen, könnten effizienter arbeiten und würden zu einer anderen Qualität in der Bearbeitung gelangen. Vermutlich würde sich der gesamte Verwaltungsaufwand deutlich reduzieren.

Alle gewinnen durch verständliche Texte!

Die Verfasser gewinnen, denn ihre Ausfüllanweisungen werden angenommen, Rückfragen unterbleiben.

Die Vorgesetzten gewinnen, denn sie wenden weniger Zeit für das „Korrekturlesen" und gegebenenfalls für die Bearbeitung von Beschwerden auf.

Die Empfänger gewinnen, denn sie benötigen weniger Zeit für das Lesen, Verstehen und Ausfüllen.

Die Verwaltung
– gewinnt an Prestige,
– wirkt, ist bürgerfreundlicher und
– spart Kosten.

Alle gewinnen:
- weniger Aufwand, mehr Effizienz in der Bearbeitung,
- weniger Kosten in der Verwaltung und in den Betrieben,
- weniger Missverständnisse und Reibungsverluste,
- weniger Entmündigung und Behördenverdrossenheit.

Textgestaltung ist nicht schwer, wir machen es uns nur schwer. Ich zeige Ihnen gleich einen Text aus einer älteren Bedienungsanleitung. Es handelt sich also nicht um einen Behördentext und selbstverständlich schreiben wir schon lange nicht mehr so. Der Satz zeigt aber recht deutlich, wie man Texte nicht schreiben sollte. Ich verlese *aus einer Bedienungsanleitung:*

> Zur Erzielung einer optimalen Bedienersicherheit beim verfahrenstechnischen Ablauf einer positionsorientierten Datenerfassung ist ein programmgesteuertes Bedienerführungssystem erforderlich, durch das ein automatischer Ablauf aller notwendigen Zeilen und Positionssprünge zur jeweils nächsten Schreibmarke nach Vollzug einer vollständigen Eintragung durch Auslösung einer entsprechenden Funktionstaste gewährleistet ist.

Worum geht es? Was ist der Sinngegenstand dieser 42 Wörter? Selbstverständlich geht es verständlich, es sind nur wenige Regeln zu beachten. Die Kunst besteht im Wesentlichen im Weglassen von unnötigen Wörtern und in der Verwendung einfacher Wörter:

1. Sinngegenstand an den Anfang
Fallen Sie mit der Tür ins Haus, kommen Sie sofort zur Sache, schon der Titel sollte für sich sprechen. Was fange ich mit der Bezeichnung „Antrag auf Gewährung von Zuwendungen im Vertragsnaturschutz" an? Es geht um die Förderung einer Streuobstwiese.

2. Keine künstlichen Hauptwörter
Erzielung = erzielen, Bearbeitung = bearbeiten. Wir substantivieren viel zu viel. Substantivierungen machen Sätze länger und unanschaulich. Lassen wir das. Beschreiben wir nur konkrete Dinge mit einem Hauptwort. Ist Leitung ein Draht oder eine Tätigkeit? Eine Tätigkeit – dann heißt es *leiten*.

3. Kurze Sätze
Verwenden wir nur 12 bis 18 Wörter in einem Satz. Wer kann schon 42 Wörter in einem Satz behalten? Ich nicht, und das ist nicht altersbedingt, sondern gehirnbiologisch zu sehen. Schachtelsätze müssen oft mehrfach gelesen werden, um sie zu verstehen, auch dann, wenn die Muttersprache Deutsch ist. Wir müssen uns nicht wie Poeten ausdrücken. Wir produzieren Arbeitstexte. Sachlich nüchtern und freundlich im Ton.

4. Im Aktiv schreiben
Die aktive Schreibweise ist immer die kürzere. In der Kürze liegt die Würze!

5. Wenig Abkürzungen und Fremdwörter (Anglizismen)
Wir müssen von außen nach innen denken und uns fragen, was der Bürger wohl unter dieser Abkürzung versteht, die wir vielleicht täglich nutzen. Geradezu schrecklich finde ich die ständige Verwendung von Anglizismen. Wie viele Menschen sprechen wirklich gut Englisch? Was tun wir unseren Mitbürgern mit Abkürzungen und Fremdwörtern an? Lassen wir das oder wollen wir bewusst Distanz schaffen?

6. Keine Auswahltexte, Wortbrüche und „der/die Eigentümer/-in"

Das Gleichstellungsgesetz hat uns eine Sache beschert, die nicht leicht, aber lösbar ist. Anstelle von Teilnehmerinnen und Teilnehmern kann man auch von den *Teilnehmenden* sprechen. Die Teilnehmerliste wird dann zur Teilnahmeliste. Es geht doch. Der Internet-Dienst für eine moderne Amtssprache – IDEMA – zeigt, wie es geht. Die meisten Verwaltungen kämpfen mit denselben oder ähnlichen „sprachlichen Stolpersteinen". Die IDEMA-Datenbank enthält Mustertexte aus verschiedenen Fachbereichen, Textbausteine und einzelne Alternativformulierungen von Kommunen. Schauen wir doch dort einmal rein. Das Rad wurde schon erfunden.

7. Gleiche Bezeichnungen für gleiche Inhalte

Mitarbeiter/-in, Beschäftigte, Angestellte, Personen. In der Schule habe ich gelernt, dass in zwei aufeinanderfolgenden Sätzen nicht dasselbe Wort verwendet werden sollte. Das gilt nicht für Arbeitstexte. Ein Begriff für eine Sache, das langweilt nicht, es hilft, Texte schneller zu verstehen.

Ich erspare uns allen die weitere Aufzählung der zwölf Gebote der Textgestaltung. Diese werden in den KGSt-Seminaren vermittelt und geübt. Denn selbstverständlich geht es verständlich. Der 42-Wörter-Satz könnte auch so lauten:

> Der Cursor springt automatisch zur nächsten Schreibmarke, wenn Sie die Taste X betätigen.

Was aber passiert, wenn ich dies nicht schreibe? Nichts, man würde es bei der Bedienung des Programms ohnehin feststellen. Der Satz ist überflüssig.

Ich möchte nicht behaupten, dass die Schriftstücke der Kommunalverwaltung alle unverständlich, nicht lesbar oder gar überflüssig sind. Nein, im Gegenteil. In den letzten Jahren hat sich schon viel verändert. Zum Guten! Was nicht heißt, dass wir nicht weiter daran arbeiten müssen. Das Thema ist so alt wie die Menschheit. Schon der babylonische König Hammurabi (oder Hammurapi) schrieb um 1750 v. Chr. folgende Regeln:

> Für das, was du niederzulegen hast, gilt:
> – Es muss zu verstehen sein,
> – es muss in leichter Weise zu erlernen sein,
> – es müssen alle in der gleichen Weise verfahren,
> – nicht jeder muss alles wissen,
> – ein und dasselbe darf nicht an mehreren Stellen geschrieben sein,
> – du musst leicht und sicher die Beschreibung ändern können. Dies beachte bei der Arbeit und säume nicht!

Kommunalverwaltungen können verständlich kommunizieren, wenn sie:

– sich an die wenigen Regeln halten, von denen ich einige beispielhaft nannte,
– die IDEMA-Datenbank nutzen,
– ihre Schriftstücke untereinander austauschen und vergleichen,
– Textgestaltung als Qualitätsmerkmal einer professionell arbeitenden Verwaltung verstehen und
– Mitarbeiterinnen und Mitarbeiter auf entsprechende Seminare oder in entsprechende Textwerkstätten entsenden und als Multiplikatoren einsetzen. Natürlich und mit einem Augenzwinkern gemeint bei der KGSt.

Vielen Dank für Ihre Aufmerksamkeit.

Prof. Dr. Monika Schmitz-Emans
(Ruhr-Universität Bochum, Germanistisches Institut)

Meine sehr geehrten Damen und Herren,

wenige Forschungsfragen und Projekte sind auf so unmittelbar evidente Weise von lebenspraktischer Relevanz wie dieses. In einer Zeit, da die Wissenschaftler und ihre Vorhaben unter verstärktem (ökonomisch bedingten) Rechtfertigungsdruck stehen – teils berechtigt, teils unberechtigt –, ist es eine große Freude und (trotz Fachfremdheit) eine wirkliche Befriedigung, eine Tagung ihren Lauf nehmen zu sehen, die einem so evident gerechtfertigten Erkenntnisinteresse entspricht wie die Ihre.

Ich gratuliere den Veranstaltern und ich freue mich, Sie alle hier begrüßen zu dürfen – im Namen des Germanistischen Instituts der Ruhr-Universität Bochum. Ich bin keine Linguistin, sondern Literaturwissenschaftlerin.

Darum möchte ich zur Begrüßung eine der realistischsten Geschichten in Erinnerung rufen, die es in der deutschen Literatur gibt:

> Vor dem Gesetz steht ein Türhüter. Zu diesem Türhüter kommt ein Mann vom Lande und bittet um Eintritt in das Gesetz. Aber der Türhüter sagt, daß er ihm jetzt den Eintritt nicht gewähren könne. Der Mann überlegt und fragt dann, ob er also später werde eintreten dürfen. „Es ist möglich", sagt der Türhüter, „jetzt aber nicht". Da das Tor zum Gesetz offensteht wie immer und der Türhüter beiseite tritt, bückt sich der Mann, um durch das Tor in das Innere zu sehen. Als der Türhüter das merkt, lacht er und sagt: „Wenn es dich so lockt, versuche es doch, trotz meinem Verbot hineinzugehen. Merke aber: Ich bin mächtig. Und ich bin nur der unterste Türhüter. Von Saal zu Saal stehen aber Türhüter, einer mächtiger als der andere. Schon den Anblick des dritten kann nicht einmal ich mehr vertragen." Solche Schwierigkeiten hat der Mann vom Lande nicht erwartet, das Gesetz soll doch jedem und immer zugänglich sein, denkt er, aber als er jetzt den Türhüter in seinem Pelzmantel genauer ansieht, seine große Spitznase, den langen, dünnen, schwarzen, tartarischen Bart, entschließt er sich doch, lieber zu warten, bis er die Erlaubnis zum Eintritt bekommt. Der Türhüter gibt ihm einen Schemel und läßt ihn seitwärts von der Tür sich niedersetzen. Dort sitzt er Tage und Jahre. Er macht viele Versuche, eingelassen zu werden und ermüdet den Türhüter durch seine Bitten. Der Türhüter stellt öfters kleine Verhöre mit ihm an, fragt ihn nach seiner Heimat aus und nach vielem anderen, es sind aber teilnahmslose Fragen, wie sie große Herren stellen, und zum Schlusse sagt er ihm immer wieder, daß er ihn noch nicht einlassen könne. Der Mann, der sich für seine Reise mit vielem ausgerüstet hat, verwendet alles, und sei es noch so wertvoll, um den Türhüter zu bestechen. Dieser nimmt zwar alles an, aber sagt dabei: „Ich nehme es nur an, damit du nicht glaubst, etwas versäumt zu haben." Während der vielen Jahre beobachtet der Mann den Türhüter fast ununterbrochen. Er vergißt die anderen Türhüter, und dieser erste scheint ihm das einzige Hindernis für den Eintritt in das Gesetz. Er verflucht den unglücklichen Zufall in den ersten Jahren laut, später, als er alt wird, brummt er nur noch vor sich hin. Er wird kindisch, und da er in dem jahrelangen Studium des Türhüters auch die Flöhe in seinem Pelzkragen erkannt hat, bittet er auch die Flöhe, ihm zu helfen und den Türhüter umzustimmen. Schließlich wird sein Augenlicht schwach, und er weiß nicht, ob es um ihn wirklich dunkler wird oder ob ihn nur die Augen täuschen. Wohl aber erkennt er jetzt im Dunkel einen Glanz, der unverlöschlich aus der Türe des Gesetzes bricht. Nun lebt er nicht mehr lange. Vor seinem Tode sammeln sich in seinem Kopfe alle Erfahrungen der ganzen Zeit zu einer Frage, die er bisher an den Türhüter noch nicht gestellt hat. Er winkt ihm zu, da er seinen erstarrenden Körper nicht mehr aufrichten

kann. Der Türhüter muß sich tief zu ihm hinunter neigen, denn die Größenunterschiede haben sich sehr zuungunsten des Mannes verändert. „Was willst du denn jetzt noch wissen?" fragt der Türhüter, „du bist unersättlich." „Alle streben doch nach dem Gesetz", sagt der Mann, „wie kommt es, daß in den vielen Jahren niemand außer mir Einlaß verlangt hat?" Der Türhüter erkennt, daß der Mann schon am Ende ist, und um sein vergehendes Gehör noch zu erreichen, brüllt er ihn an: „Hier konnte niemand sonst Einlaß erhalten, denn dieser Eingang war nur für dich bestimmt. Ich gehe jetzt und schließe ihn."

Einlass in das „Gesetz" zu verlangen und verlangen zu müssen, gehört zu unser aller Alltag, nicht nur in einem theologischen, metaphysischen oder existenziellen Sinn, sondern ganz konkret und oft banal: Wie sind Dinge, die uns angehen, gesetzlich geregelt? Welches Vorgehen oder Verhalten schreibt das Gesetz vor?

Wahrscheinlich hat sich jeder schon einmal wie der Mann vom Lande gefühlt. Die Türhüter, die behaupten, uns nicht einlassen zu können – *noch* nicht einlassen zu können – das sind vielleicht weniger die Beamten und Angestellten in den Behörden, welche das Gesetz und seine Sphäre vertreten: Das sind vielfach nicht einmal Gesichter, die aus einem verflohten Pelzkragen blicken – das sind vielmehr in der Überzahl der Fälle die Texte, die zwischen dem Gesetz und uns stehen, die Briefe und Verordnungen, in denen wir auf das Gesetz hingewiesen werden, in denen uns gesetzliche Vorschriften mitgeteilt werden, uns vielleicht sogar Übertretungen eines Gesetzes vorgeworfen werden.

Die Türhüter, die eine Schwelle zum Gesetz hin markieren sollten und stattdessen den Zugang verhindern, bestehen aus Wörtern, Sätzen, Ausdrucksweisen, die wir nicht verstehen oder vielleicht nur halb und näherungsweise verstehen.

Der Türhüter bei Kafka betont seine Macht und die noch größere Macht derer, die hinter ihm stehen. Der uns unverständliche Text signalisiert ebenfalls, dass noch andere, weitaus unverständlichere Texte (ein ganzes Gesetzeswerk) hinter ihm stehen – und er signalisiert (wie es scheint) auch, dass es keinen Zweck hat, sich auch nur mit dem allerersten Türhüter anzulegen, um an ihm vorbei, um „hinter ihn" zu kommen, um zu erfahren, was „dahinter" steckt.

Die Macht des Türhüters ist seine Unverständlichkeit. Dass die Frage nach der prinzipiellen Verständlichkeit des Gesetzes die zentrale Frage ist, kommt bei Kafka darin zum Ausdruck, dass die Figur, die diese Geschichte erzählt (der Gefängniskaplan) und sein Zuhörer (Josef K.) sich anschließend ausführlich über die Bedeutung und die Auslegbarkeit dieser Geschichte unterhalten – ohne Ergebnis.

„Der Türhüter hat also den Mann getäuscht", sagte K. sofort, von der Geschichte sehr stark angezogen. „Sei nicht übereilt", sagte der Geistliche, „übernimm nicht die fremde Meinung ungeprüft. Ich habe dir die Geschichte im Wortlaut der Schrift erzählt. Von Täuschung steht darin nichts." „Es ist aber klar", sagte K., „und deine erste Deutung war ganz richtig. Der Türhüter hat die erlösende Mitteilung erst dann gemacht, als sie dem Manne nicht mehr helfen konnte." „Er wurde nicht früher gefragt", sagte der Geistliche, „bedenke auch, daß er nur Türhüter war, und als solcher hat er seine Pflicht erfüllt." „Warum glaubst du, daß er seine Pflicht erfüllt hat?", fragte K., „er hat sie nicht erfüllt. Seine Pflicht war es vielleicht, alle Fremden abzuwehren, diesen Mann aber, für den der Eingang bestimmt war, hätte er einlassen müssen." „Du hast nicht genug Achtung vor der Schrift und veränderst die Geschichte", sagte der Geistliche.

Was jetzt folgt, belegt eindrucksvoll Kafkas juristische Ausbildung und seine unübertroffene Raffinesse in dem, was man obsessive Haarspalterei genannt hat.
Dem nachzugehen, ist jetzt nicht die Zeit, ich beschränke mich auf die Erinnerung daran, dass das Gespräch endet, weil Josef K. von Müdigkeit übermannt wird.

Ihnen hingegen wünsche ich einen wachen, produktiven Tag, einen lebhaften und anregenden Dialog und viele neue Einsichten in angewandter Türhüterkunde. Wir alle werden, das ist meine Überzeugung, von Ihrer Arbeit profitieren.

Im Ruhrgebiet ist es üblich, an dieser Stelle „Glück auf!" zu sagen. Ich sage: „Tür auf!"

Dr. Ottilie Scholz
(Oberbürgermeisterin von Bochum)

Sehr geehrter Herr Prof. Kiss,
sehr geehrter Herr Dr. Timmer,
sehr geehrter Herr Knoch,
meine sehr geehrten Damen und Herren,

ich begrüße Sie alle ganz herzlich hier in Bochum, einem Ort im Land der Ideen!
 Im Wettbewerb „Deutschland – Land der Ideen" steht jeder Tag im Jahr für eine Idee und den Ort, aus dem diese Idee kommt. Das Projekt „IDEMA – Internet-Dienst für eine moderne Amtssprache" hat die Jury überzeugt und so ist der heutige 14. August unser Tag!
 Daher gelten mein herzlicher Glückwunsch und mein Dank den Initiatoren des Projektes, Herrn Prof. Fluck von der Ruhr-Universität Bochum und Frau Blaha sowie dem gesamten Projektteam. Ihre Idee und Ihr Engagement für das Projekt IDEMA erfährt mit der gleich erfolgenden offiziellen Verleihung des Preises durch Herrn Knoch von der Deutschen Bank die Anerkennung und Wertschätzung, die sie verdienen.
 Ich freue mich, dass anlässlich der Preisverleihung Menschen zusammengekommen sind, die sich für eine Verwaltungsmodernisierung einsetzen und die an ganz unterschiedlichen Stellen für eine Verbesserung der Kommunikation zwischen Verwaltung auf der einen Seite und Bürgerinnen und Bürgern auf der anderen arbeiten. Somit ist diese Veranstaltung ein wichtiger Schritt, um das Thema moderne Verwaltungssprache verbindlich institutionell zu verankern.
 IDEMA funktioniert als Kooperationsprojekt. Jedes Ergebnis, das bei irgendeinem Projektpartner erzielt wird, steht über eine gemeinsame Datenbank allen zur Verfügung. Somit ist IDEMA mehr als „nur" eine Dienstleistung, die gekauft werden kann. Vielmehr verbindet dieses Projekt die beteiligten Kommunen miteinander, um so ein vielfältiges Netzwerk zu schaffen. Dies verlangt eine aktive Mitarbeit aller Beteiligten und bietet eine ausgezeichnete Plattform zur interkommunalen Zusammenarbeit in diesem wichtigen Bereich der Verwaltungsmodernisierung. Alle an IDEMA beteiligten Kommunen sind daher für mich auch ein bisschen Preisträger.

Meine Damen und Herren, die Bochumer Verwaltung war von Beginn an von den Ideen, die hinter IDEMA stecken, begeistert. Wir haben das Projektteam gerne unterstützt und so konnten wir als erste Kommune bereits Ende 2005 unsere Teilnahme zusagen.
 Für uns ist das Thema Verwaltungssprache nicht neu. Im Rahmen des Veränderungs- und Optimierungsprozesses in unserer Verwaltung haben wir es schon im Jahr 2000 gemeinsam mit der Ruhr-Universität aufgegriffen. Wir können daher auf eine bewährte Tradition der Zusammenarbeit mit Herrn Prof. Fluck und Frau Blaha zurückblicken.
 Auch nach Ende des ersten gemeinsamen Projektes standen wir und die Hochschule weiter in engem Kontakt, um das Thema weiterhin präsent zu halten. So beispielsweise durch permanente Schulungen unserer Mitarbeiterinnen und Mitarbeiter, bei denen die gewonnenen Erkenntnisse im „Verwaltungsalltag" umgesetzt werden.
 Veränderungen brauchen aber Zeit. Vieles bewegt sich – und das muss ehrlicherweise auch offen zugegeben werden – noch in alten eingefahrenen Bahnen. Vieles ist noch

nicht komplett in den Köpfen angelangt. IDEMA bietet hier ein ausgezeichnetes Handwerkszeug, um unser Engagement in der Sache fachlich fundiert weiter fortzusetzen. Nicht zuletzt im Interesse unserer Bürgerinnen und Bürger.

In diesem Sinne wünsche ich Ihrer Tagung einen angenehmen Verlauf, Erkenntnisse, die den Prozess der besseren Verständlichkeit von Amtssprache unterstützen, und Ihnen allen eine schöne Zeit hier in Bochum.

Dr. Heinz-Rudi Spiegel
(Stifterverband für die Deutsche Wissenschaft)

Sehr verehrte Frau Oberbürgermeisterin,
sehr geehrter Herr Professor Kiss,
meine sehr verehrten Damen, sehr geehrte Herren,
lieber Herr Professor Fluck, liebe Frau Blaha,

ein von mir sehr geschätzter Kollege wurde angesichts seines bevorstehenden Ruhestandes einmal gefragt, worauf er sich denn in der vor ihm liegenden Zeit besonders freue. Seine Antwort war kurz und deutlich: „Ich muss keine Grußworte mehr schreiben! Ich muss keine Grußworte mehr hören!" So will ich mich also kurz halten, damit wir alle gemeinsam möglichst rasch zur Sache kommen können, die uns hier zusammengeführt hat.

Das ist zum einen die Auszeichnung, die die Universität Bochum heute in Gestalt ihres Germanistischen Instituts für ihre Forschungen auf dem Felde der Amts- und Verwaltungssprache erhält. Dazu gratuliere ich von Herzen. Als „ehemaliger" Germanist freue ich mich, dass damit auch die gesellschaftliche Leistung dieses Faches gesehen und anerkannt wird. Zugleich wird einmal mehr der hohe Standard dieser Universität in Forschung und Lehre anerkannt. Selbst wenn sich die Ruhr-Universität Bochum nicht „Elite-Universität" nennen kann – sie ist eine Universität von Exzellenz. Dafür meinen Respekt.

Wenn ich hier einige Worte sagen möchte, dann hat dies vor allem drei Gründe: einen institutionellen, einen sachlichen und einen persönlichen.

Die Volkswagenstiftung, die Fritz Thyssen Stiftung, die ZEIT-Stiftung Ebelin und Gerd Bucerius und der Stifterverband sind gemeinsam Träger der Initiative „Pro Geisteswissenschaften". Der Stifterverband hat es dabei übernommen, mit größeren Konferenzen auf die Bedeutung und Leistungsfähigkeit der Geisteswissenschaften in einer breiteren Öffentlichkeit aufmerksam zu machen. In bisher zwei Konferenzen zu „Geistesgegenwart und Geisteszukunft" und „K wie Kleine Fächer" haben wir dafür große Aufmerksamkeit gefunden. Diese großen, auch repräsentativen Formate wollten wir allerdings bewusst durch kleinere, forschungsorientierte Workshops ergänzen. Dabei sollte im Mittelpunkt die Frage stehen: Wie vermitteln sich die Fächer einer allgemeinen Öffentlichkeit und wie wirken sie direkt, konkret und sichtbar in Öffentlichkeit und Gesellschaft? Aber es scheint für die Geisteswissenschaften gar nicht so selbstverständlich zu sein, sich selbst aus dieser Perspektive zu befragen. Mit guten Anträgen waren wir nicht gesegnet. Ihr Antrag und der Ihres Teams, lieber Herr Professor Fluck, liebe Frau Blaha, hat die Initiative „Pro Geisteswissenschaften" sofort überzeugt und wir fördern diese Veranstaltung gern und aus voller Überzeugung.

Ich bin aber auch deshalb sehr gern hierher gekommen, weil eine Sache verhandelt wird, an der sich der Stifterverband und die von ihm treuhänderisch verwalteten Stiftungen durchgängig immer fördernd beteiligt haben.

Vor fast genau 30 Jahren haben wir in Kooperation mit der Deutschen Akademie für Sprache und Dichtung ein Projekt begonnen, das den Titel „Sprachliche Normen in Deutschland" trug. Unter der wissenschaftlichen Leitung von Harald Weinrich und Dolf Sternberger haben wir damals Bilanz gezogen zum öffentlichen Sprachgebrauch in

Schule, Medien und – das Thema heute – in Recht und Verwaltung. Erst jüngst wieder haben wir gemeinsam mit dem Goethe-Institut in Berlin nach langen Vorbereitungen den Kongress über „Die Macht der Sprache" in Berlin veranstaltet und wir sind beteiligt an der Initiative Deutsche Sprache. Stets geht es darum, für einen bewussten und angemessenen Gebrauch von Sprache zu werben. Wir setzen uns – jenseits aller wissenschaftsfördernden Aspekte – im Kern stets für das ein, was man gemeinhin als „Förderung der Sprachkultur" bezeichnet. Wir tun dies in einem Verständnis, das der ehemalige rumänische Kultur- und Außenminister, der Dissident und Engelforscher André Plesu so auf den Punkt gebracht hat:

> Pflegen wir unsere eigene Sprache; schöpfen wir sie aus, halten wir sie lebendig und verwenden wir sie so, dass unser „Sprachengel" – von denen jede Sprache einen eigenen besitzt –, dass unser „Sprachengel" also nicht melancholisch werden muss.

Und mein dritter Grund, hier sein zu wollen, ist ein ganz persönlicher. Darf ich doch wieder einmal eintauchen in die Fachsprachenforschung, die mir als Germanisten immer noch am Herzen liegt. Sie ist auch das verbindende Glied zwischen Ihnen, lieber Herr Professor Fluck, und mir und sie begleitet uns seit Jahrzehnten irgendwie. Eine besondere Größe spielt dabei unser gemeinsamer Freund und Lehrer Dieter Möhn aus Hamburg.

Dieter Möhn hatte es in den 70er Jahren für den Deutschen Akademischen Austauschdienst (DAAD) übernommen – noch lange vor dem allgemeinen Chinaboom –, die deutsche fachsprachliche Ausbildung an der Tongji-Universität in Schanghai zu organisieren. Sie sind ihm dorthin nachgefolgt. Sie haben dort eine überaus erfolgreiche Arbeit geleistet, von deren Ergebnissen gerade jetzt der Stifterverband, andere Stiftungen und viele unserer Mitgliedsunternehmen profitieren. Am Chinesisch-Deutschen Hochschulkolleg (CDHK) an der Tongji-Universität fördern wir eine Reihe deutschsprachiger Studiengänge und Stiftungsprofessuren – insbesondere in den Wirtschafts- und Ingenieurwissenschaften. Der Erfolg dieser Förderungen – die durchaus im deutschen Interesse liegen – wäre nur halb so groß, gäbe es nicht Ihre – und natürlich auch die anderer – fachsprachlichen Vorarbeiten vor Ort. Auch dafür danke ich Ihnen und Ihrem Team. Ich freue mich, dass uns gerade dieser Anlass heute zusammenführt.

Noch einmal meinen herzlichen Glückwunsch zur Auszeichnung, die Sie heute erhalten, und gutes Gelingen für den Workshop, den Sie für die Initiative „Pro Geisteswissenschaften" ausrichten.

Dr. Reinhard Timmer
(Ministerialdirektor des Bundesministeriums des Innern)

Vielen Dank für Ihre Einladung. Zunächst möchte ich dem Projektteam IDEMA zur Auszeichnung im Wettbewerb „Land der Ideen" ganz herzlich gratulieren. Ich habe es gern übernommen, Ihnen ein Grußwort des Bundesministeriums des Innern zu überbringen und einige Anmerkungen zum Tagungsthema aus der Sicht der Bundesverwaltung zu machen.

Das Bundesministerium des Innern ist innerhalb der Bundesregierung verantwortlich für die Verwaltungsorganisation und die Verwaltungsmodernisierung, und es ist in die Gesetzgebung des Bundes maßgeblich eingebunden. Für diese Aufgaben ist die Rechts- und Verwaltungssprache von wesentlicher Bedeutung, da sie sozusagen die Brücke von der Verwaltung zu den Bürgerinnen und Bürgern bildet. Und wenn die Verwaltung sich dem Bürger nicht mehr verständlich machen kann, erübrigen sich alle sonstigen Bemühungen um Verwaltungsmodernisierung.

Deshalb ist der Ruhr-Universität, dem Germanistischen Institut sehr zu danken, dass es sich mit dem Projekt IDEMA und der heutigen Tagung dieses Themas angenommen hat. Es ist erfreulich, dass IDEMA öffentliche Anerkennung gefunden hat und von der Verwaltungspraxis zunehmend genutzt wird. Auch die Bundesregierung, das Bundesministerium des Innern, hat eine Kooperation mit IDEMA vereinbart.

Die öffentliche Verwaltung muss sich heute auf zahlreiche Veränderungen in Wirtschaft und Gesellschaft einstellen. Dazu gehören:

- der rasche technologische Wandel, insbesondere die Entwicklung der Informations- und Kommunikationstechnologie,
- die demographische Entwicklung,
- der wachsende Druck durch den internationalen Wettbewerb der Wirtschaft,
- steigende Erwartungen der Bürgerinnen und Bürger und der Wirtschaft an die Verwaltung und nicht zuletzt
- die Haushaltskonsolidierung, die auch die Verwaltung zu Anpassungen zwingt.

Diese Veränderungen können sich in Bund, Ländern und Kommunen unterschiedlich auswirken und unterschiedlich spürbar sein. Für alle Behörden gilt aber gleichermaßen, dass sie sich selbst und ihre eigene Arbeit immer wieder an die sich ändernden Bedingungen und neuen Herausforderungen anpassen müssen.

Ein Blick auf die Verwaltung zeigt, dass sich die Behörden in den zurückliegenden Jahren auch tatsächlich erheblich verändert haben. Dies gilt nicht nur für die Bundesverwaltung, für die ich hier spreche, sondern dies gilt vielleicht noch mehr für die Kommunal- und Landesverwaltungen. Mehr Bürgernähe, Leistungsstärke und Effizienz sind weithin anerkannte Leitziele der Verwaltungsreform und die Fortschritte sind – wenn auch von Verwaltung zu Verwaltung sicherlich in unterschiedlichem Maße – doch überall unübersehbar. Neben diesen Veränderungen und den insgesamt erfolgreichen Reformbemühungen gibt es aber auch einige Konstanten der Verwaltung, die seit Jahrzehnten Bürgerinnen und Bürger bewegen und vielfach immer wieder verärgern. Zu diesen Konstanten gehört ohne Zweifel die häufig schwer verständliche, mitunter schlicht unverständliche Sprache der Verwaltung. Dabei ist die Verwaltungssprache auch Folge der Gesetzgebung und einer Rechtsordnung, die zunehmend unübersichtlich und in manchen

Bereichen unverständlicher geworden ist. Wir müssen daher bei der Gesetzgebung ansetzen, wenn wir die Verwaltungssprache verständlicher machen wollen.

Nicht nur der Normalbürger tut sich mit der Rechts- und Verwaltungssprache oft schwer. Auch Fachleute in Politik, Wirtschaft und Verwaltung selbst verstehen heute nach eigenem Bekunden viele Gesetzestexte nicht mehr.

Die Rechts- und Verwaltungssprache wird vom Bürger häufig als Juristensprache oder Juristendeutsch bezeichnet, was allerdings nicht bedeuten kann, dass wir nur den Juristenanteil in der Verwaltung reduzieren müssen, um die Rechts- und Verwaltungssprache verständlicher zu machen. Wir sollten die Rechts- und Verwaltungssprache jedoch nicht den Juristen allein überlassen. Es ist daher sehr zu begrüßen, dass sich Germanisten und Sprachwissenschaftler vermehrt dieses Themas annehmen. Und ein verstärkter Einsatz von Sprachwissenschaftlern und anderen Fachrichtungen neben den Juristen würde der Verwaltung sicher guttun. Daneben muss die Rechts- und Verwaltungssprache mehr als bisher fester Bestandteil der Fortbildung, sozusagen Pflichtfach für Mitarbeiterinnen und Mitarbeiter der Verwaltung werden.

Die hohe Komplexität und Unübersichtlichkeit unseres Rechts wird gern auf die immer komplexer werdende Wirklichkeit zurückgeführt, der man nicht mit einfachen Regeln gerecht werden könne. Als weiterer Grund gilt die Neigung, alles noch genauer zu regeln, Risiken möglichst auszuschließen, jedem Einzelfall gerecht zu werden, Ermessensspielräume der Verwaltung immer mehr einzuschränken und Verwaltungsentscheidungen gerichtlich überprüfbar zu machen. Dieser Regelungsperfektionismus führt dann zu einer Erkenntnis, die wir schon bei den alten Römern finden: Summa ius, summa iniuria.

Die wachsende Regelungsdichte engt zugleich den Bewegungsspielraum der Bürgerinnen und Bürger ein, die Widerspruchsfreiheit der Regelungen nimmt erfahrungsgemäß ab, der Überblick geht verloren, die Gerichte werden zunehmend beschäftigt und zwangsläufig leidet auch der Rechtsgehorsam in der Bevölkerung.

Am Ende bekommt eine Demokratie, in der die Gesetze nicht mehr verständlich und deren Folgen nicht mehr durchschaubar sind, ein Legitimitätsproblem. Bei manchen unserer Gesetze – ich denke zum Beispiel an das Steuerrecht – wächst die Sorge, dass die mangelnde Verständlichkeit auch verfassungsrechtlich bedenklich werden könnte. Denn es gilt das Gebot der Normenklarheit.

Schwer verständliche und komplizierte Gesetzesformulierungen führen im Übrigen zu hohen Verwaltungskosten im Gesetzesvollzug, aber auch zu höheren Kosten bei allen anderen Gesetzesanwendern.

Wir brauchen also eine grundsätzliche Neuorientierung mit dem Ziel einer besseren Rechtsetzung.

Herr Bundesminister Dr. Schäuble hat diese Zusammenhänge im Mai 2007 in einer Grundsatzrede deutlich gemacht und ein Gesamtkonzept für bessere Rechtsetzung vorgeschlagen, das eine Vielzahl von Einzelmaßnahmen umfassen soll. Die Verbesserung der Rechts- und Verwaltungssprache ist dabei ein wichtiges und unverzichtbares Element.

Was ist zu tun?

Zunächst einmal ist festzustellen, dass es nicht an rechtlichen Vorschriften für bessere Rechtsetzung und eine verständliche Rechtsprache fehlt. Bei unserem Regelungsperfektionismus wäre es ja auch verwunderlich, wenn wir nicht auch für die Rechtsetzung selbst rechtliche Vorschriften geschaffen hätten.

Die gemeinsame Geschäftsordnung der Bundesministerien, die GGO, enthält klare Vorschriften zur Vorbereitung von Gesetzesvorlagen der Bundesregierung. So sind etwa in der Gesetzesbegründung die Gesetzesfolgen, das heißt, die wesentlichen Auswirkungen des jeweiligen Gesetzesvorhabens, darzustellen. Dazu gehören die beabsichtigten Wirkungen und die unbeabsichtigten Nebenwirkungen, die Auswirkungen auf die öffentlichen Haushalte von Bund, Ländern und Kommunen, ferner die Kosten für die Wirtschaft, die Auswirkungen auf Einzelpreise, das Preisniveau sowie die Auswirkungen auf Verbraucherinnen und Verbraucher.

Die GGO schreibt ferner vor, dass „Gesetzentwürfe sprachlich richtig und möglichst für jedermann verständlich gefasst sein müssen". Ich wiederhole: „Gesetzentwürfe müssen möglichst für jedermann verständlich gefasst sein."

Die GGO verlangt auch eine rechtssystematische und rechtsförmliche Prüfung durch das Bundesministerium der Justiz. Diese Prüfung umfasst die Prüfung auf sprachliche Richtigkeit und Verständlichkeit. Außerdem sind Gesetzentwürfe grundsätzlich auch dem Redaktionsstab der Gesellschaft für deutsche Sprache beim Deutschen Bundestag zur Prüfung auf ihre sprachliche Richtigkeit und Verständlichkeit zuzuleiten.

Schon diese wenigen Beispiele zeigen, dass die weithin beklagten Mängel der Gesetzgebung jedenfalls nicht auf fehlende Vorschriften zurückzuführen sind. Ursache ist vielmehr die häufig unzureichende Beachtung dieser Vorschriften in der Praxis.

Um dies zu ändern, hat die Bundesregierung der Großen Koalition eine Reihe von Maßnahmen eingeleitet:

Nach dem Programm „Bürokratieabbau und bessere Rechtsetzung" vom April 2006 werden bereits seit Herbst 2006 Bürokratiekosten von Rechtsvorschriften nach dem international bewährten Standardkostenmodell erfasst. Bürokratiekosten in diesem Sinne sind Kosten, die natürlichen oder juristischen Personen durch Informationspflichten des Bundes- und des Europarechts entstehen. Dazu gehören Verpflichtungen der Wirtschaft, der Bürgerinnen und Bürger sowie der Verwaltung selbst, Anträge, Formulare, Statistikbögen auszufüllen oder Nachweise und Dokumentationen zu führen.

Die Bundesministerien haben inzwischen die Identifizierung von rund 10.500 Informationspflichten der Wirtschaft und die Messung der daraus resultierenden Bürokratiekosten in Euro und Cent weitgehend abgeschlossen.

Die Bundesregierung hat dazu ein konkretes Abbauziel beschlossen, nämlich diese Bürokratiekosten bis 2011 um 25 % (bis 2009 bereits um 12,5 %) zu verringern.

Der Bürokratieabbau erfolgt überwiegend nicht durch Abschaffung der Informationspflichten, sondern dadurch, dass diese Informationspflichten zum Beispiel auf elektronischem Wege schneller und effizienter erfüllt werden oder dass sie vielleicht in einer verständlicheren Sprache formuliert werden. Der Staatssekretärsausschuss Bürokratieabbau hat bereits 270 Vereinfachungsmaßnahmen aufgezeigt und ein Entlastungspotenzial von 4,4 Milliarden Euro pro Jahr für die Wirtschaft ausgewiesen.

Neben dem Bürokratieabbau im Rechtsbestand müssen die Bürokratiekosten für neue Gesetzesvorhaben nach der gleichen Methode ermittelt und ausgewiesen werden. Mit dem Gesetz zur Einsetzung des Nationalen Normenkontrollrats (NKR) ist ein unabhängiges Gremium als kritischer Wächter über das Verfahren geschaffen worden. Der NKR hat die Aufgabe, die von der Bundesregierung vorgelegten Gesetzentwürfe ex ante auf ihre Bürokratiekostenbelastung zu prüfen und dazu Stellung zu nehmen. Auf diese Weise konnte die Belastung der Unternehmen trotz neu eingeführter Informationspflichten im Saldo seit Dezember 2006 um eine Milliarde Euro verringert werden. Im Ergebnis hat die Standardkostenmethode schon heute – und das ist das Entscheidende – zu einem Bewusstseinswandel in der Gesetzgebungspraxis geführt: Bei jedem neuen Gesetzesvorhaben wird jetzt ganz konkret über die Zahl der Betroffenen, über ihren Zeit- und Kostenaufwand zur Bewältigung der Informationspflichten diskutiert und auch darüber, wie man diese Belastungen so gering wie möglich halten kann. Dadurch ist ein neues Kostenbewusstsein entstanden und darüber hinaus ist eine neue Sensibilität für weitere Gesetzesfolgen spürbar. Damit sind wir auf dem Weg zu besserer Rechtsetzung ein Stück weit vorangekommen.

Ferner hat die Bundesregierung im Rahmen ihres Modernisierungsprogramms „Zukunftsorientierte Verwaltung durch Innovationen" in diesem Jahr zwei Projekte in Angriff genommen:

- erstens das Projekt „Bürgerfreundliche Verwaltungssprache" und
- zweitens das Projekt „Verständliche Gesetze".

Beide Projekte sind Bestandteil des Umsetzungsplans 2008 zu dem Regierungsprogramm.

Das Projekt „Bürgerfreundliche Verwaltungssprache"

Das Projekt „Bürgerfreundliche Verwaltungssprache" wird vom Bundesministerium des Innern in Kooperation mit IDEMA durchgeführt. IDEMA unterstützt die Bundesverwaltung bei der Verbesserung der Kommunikation mit Bürgerinnen und Bürgern, insbesondere durch sprachliche Überarbeitung von Verwaltungstexten, Bescheiden, Merkblättern usw. und durch Einstellung der Texte in eine Datenbank, auf die alle teilnehmenden Behörden zugreifen können. IDEMA hat inzwischen mehr als 100 Texte aus der Bundesverwaltung zur Bearbeitung übernommen.

Das Projekt „Verständliche Gesetze"

Das Projekt „Verständliche Gesetze" wird vom Bundesministerium der Justiz in Kooperation mit der Gesellschaft für deutsche Sprache durchgeführt, übrigens auf Anregung von Abgeordneten des Deutschen Bundestages.

Dabei unterstützen Sprachwissenschaftlerinnen der Gesellschaft für deutsche Sprache vier ausgewählte Gesetzgebungsvorhaben der Bundesregierung, indem die zuständigen Arbeitseinheiten des Ministeriums die Sprachwissenschaftlerinnen in die Formulierungsarbeit einbinden.

Das Projekt wird – so ist zu hoffen – auch neue Erkenntnisse dazu liefern, ob und wie die Verständlichkeit von Gesetzen durch Einbindung von Sprachwissenschaftlern verbessert werden kann. Ein erster Zwischenbericht liegt vor. Das Projekt soll über das Jahresende 2008 hinaus um ein weiteres Jahr verlängert werden.

Die bisherige, in der GGO grundsätzlich vorgeschriebene Sprachverständlichkeitsprüfung durch den Redaktionsstab der Gesellschaft für deutsche Sprache beim Deutschen Bundestag ist aus mindestens drei Gründen unzureichend:

- Die Prüfung war nicht verbindlich vorgeschrieben; vielfach haben die Ressorts von den Möglichkeiten keinen Gebrauch gemacht;
- beim Redaktionsstab stand auch zu wenig Personal zur Verfügung;
- der Redaktionsstab wird in der Regel erst nach Erarbeitung eines Gesetzentwurfs eingeschaltet; die Sprachverständlichkeitsprüfung findet damit zu spät und vor allem getrennt von der konzeptionellen Erarbeitung des jeweiligen Gesetzentwurfs statt.

Es spricht einiges dafür, die Sprachverständlichkeitsprüfung begleitend zur Gesetzeserarbeitung durchzuführen, das heißt Integration von Zielfestlegung, Folgenabschätzung und Verständlichkeitsprüfung von Gesetzentwürfen.

Dabei ist noch zu prüfen, ob eine zentrale ressortübergreifende Organisationseinheit für die Prüfung der Folgen und der sprachlichen Verständlichkeit eines Gesetzentwurfs eine zweckmäßige Lösung wäre. Angesichts der herausragenden politischen Bedeutung der Gesetzgebungsarbeit würde das jeweils federführende Ressort eine ressortfremde Prüfstelle erfahrungsgemäß erst relativ spät einbeziehen, um sich nicht in die Karten schauen zu lassen.

Man sollte daher noch sehr gründlich darüber nachdenken, ob die notwendigen fachlichen Kompetenzen und Ressourcen für die Sprachverständlichkeitsprüfung zentral im Kompetenzzentrum eines Ressorts oder gar im Bundeskanzleramt angesiedelt werden sollten oder dezentral in den einzelnen Gesetzgebungsressorts.

Ich gehe davon aus, dass uns die Tagung heute und morgen weiterführende Erkenntnisse und Anregungen auf dem Weg zu einer verständlicheren Rechts- und Verwaltungssprache liefern wird. Interessant werden vor allem auch die Erfahrungen unserer europäischen Nachbarländer sein, über die morgen berichtet wird.

Ich wünsche der Tagung einen erfolgreichen Verlauf.

III. Beiträge zu einzelnen europäischen Ländern und Regionen

*Deutschland, Südtirol, Österreich, Schweiz, Italien,
Niederlande, England, Schweden, Polen*

Verständlichkeit und Vertrauen – die kommunikative Seite der Rechts- und Verwaltungssprache

Helmut Ebert

1. Anforderungen und Besonderheiten

Wenn wir uns die Textsorten der Rechts- und Verwaltungssprache anschauen, erkennen wir, dass sich Gesetzestexte wie auch Verwaltungstexte an ein unterschiedliches Publikum wenden. Es gibt Gesetze, die sich an alle Bürger richten, und es gibt Gesetze, die sich an Fachkreise wenden. Zu ersteren gehören beispielsweise das Bürgerliche Gesetzbuch und das Steuer-, Sozial- und Arbeitsrecht. Zu letzteren gehören unter anderem das Arzneimittelgesetz und das Atomgesetz. Damit ist deutlich, dass die Anforderungen an verständliche Rechts- und Verwaltungstexte mit dem Grad an (Vor-)Wissen der Adressaten variieren. Zur Genauigkeit, Zweckmäßigkeit, Legitimität und Informativität kommt die adressatenangemessene Verständlichkeit als Merkmal für Textqualität hinzu. Verstehen erfolgt auf der Basis des Textes *und* auf der Basis von Vorkenntnissen, Strategien, Routinen, Haltungen, Erwartungen (vgl. Nussbaumer: 2004, 288) sowie Interessen (vgl. Busse: 2008, 16). Texteigenschaften sind also nur eine von mehreren Verstehensvoraussetzungen. Auf juristischer Seite werden Gesetze nicht „gelesen", sondern im Rahmen juristischer Textarbeit ausgelegt. Tatbestände und Rechtstexte sind juristische Wissensrahmen, die den Ausgangspunkt liefern, um Sachverhalte der Lebenswelt „zuzubereiten" (Jeand'Heur: 1998, 1292, zit. n. Felder: 2008, 98). Am Anfang der juristischen Auslegungsarbeit bzw. „Textarbeit" (Felder: 2008, 98) steht nicht das Wort, sondern ein Textgeflecht (vgl. Felder: 2008, 98). Der dominante Operationsmodus des Rechts ist das Entscheiden (vgl. Busse: 2004, 8). Gesetzestexte sollen „die Verlässlichkeit und Einheitlichkeit dieser Entscheidungen garantieren helfen" (Busse: 2004, 14) und „semantische Interpretationsspielräume in gewissen Grenzen" eröffnen (ebd., S. 11). Verwaltungsfachleute müssen „vorhandenes Wissen reverbalisieren, auf Gesetze verweisen, sie zitieren und [...] auf den einzelnen Sachverhalt anwenden" (Fluck: 2008, 123). Dies erfolgt nach Peter Heinrich nach dem „Prinzip der Rechenschaftspflicht gegenüber Vorgesetzten" und nach dem „Prinzip der absoluten Bindung an Recht und Gesetz" (vgl. Fluck: ebd.).

2. Modernisierung

Zu nennen sind zahlreiche positive Einzelinitiativen mit sprachwissenschaftlicher Begleitung: Am Pilotprojekt IDEMA („Internet-Dienst für eine moderne Amtssprache") des Bochumer Fachbereichs für Angewandte Linguistik waren 2008 insgesamt 21 Verwaltungen beteiligt (vgl. Blaha: 2008, 286). Ein weiteres Pilotprojekt führt die Gesellschaft für Deutsche Sprache gemeinsam mit dem Bundesjustizministerium durch (vgl. Thieme: 2008, 236 f.). Das Deutsche Forschungsinstitut für öffentliche Verwaltung Speyer ist bereits mit mehreren Projekten, darunter zuletzt ein Nachhaltigkeitsprojekt, in Behörden aller Verwaltungsebenen tätig geworden (vgl. Margies: 2008, 262). Ebert

(2006) leitete ein Projekt zur Modernisierung der Sprache der Stadtverwaltung Arnsberg (Westfalen). Die Sprachmodernisierung war zugleich Teil eines Veränderungsprozesses, der in ein neues Selbstverständnis mündete, das in einem Leitbild dokumentiert wurde (vgl. Konerding / Ebert: 2009).

Alle hier genannten Projekte zeichnen sich durch Empirienähe, aktive Beteiligung der Betroffenen und eine Perspektive aus, die sowohl Texteigenschaften und Textsorten als auch institutionelle Kommunikationsbedingungen und gesellschaftliche Veränderungen in den Blick nimmt. Zu diesen Veränderungen gehören der Wandel zur Dienstleistungsgesellschaft, das gewachsene Selbstbewusstsein sowohl der Bürger als auch der (oft jüngeren) Mitarbeiter in den Verwaltungen und das Aufbrechen des Obrigkeitsstils. Zu den treibenden Kräften gehören auch die teils medial, teils sozial und teils emotional bedingte Annäherung an die gesprochene Sprache, die immer wichtiger werdende Rolle der Bürgerpartizipation und prälegislativen Konsultation (E-Democracy). Das Textsortenspektrum in den kommunalen Verwaltungen hat sich erweitert.[1] Das Demokratiebewusstsein ist über die Jahrzehnte gewachsen, was das Sprachbewusstsein geschärft hat und die Effizienz traditioneller Textsorten wie zum Beispiel die Expertenanhörung hinterfragt. Weitere „Modernisierungstreiber" sind die aus den USA stammende Bewegung der „Barrierefreien Kommunikation" und das im EU-Recht verankerte Transparenzgebot für Klauseln in Kaufverträgen (vgl. Schwintowski: 2008, 156).

Nicht zuletzt dürfte auch von dem Gebot der geschlechtergerechten Kommunikation ein starker Impuls für die Sprachmodernisierung ausgegangen sein. Trotz aller Modernisierungsbemühungen bleiben Defizite. Hierzu gehört in erster Linie, dass die oben genannten Projekte weitgehend Einzelinitiativen sind, deren Vernetzung bzw. Verlagerung auf eine strategische Ebene und institutionelle Verankerung noch aussteht. Hinzu kommt, dass im Deutschen Bundestag „noch immer im Gestus der Grundsätzlichkeit das Pro und Contra diskutiert wird", während die Schweiz zeigt, „wie das Verständlichkeitspostulat in […] die konkrete Gesetzesarbeit integriert" worden ist (Antos: 2008, 15, vgl. Thieme: 2008, 233). Was fehlt, sind ferner eine systematisch betriebene Wirkungsforschung (vgl. Fluck: 2008, 117) einschließlich eines sogenannten „document testings" und die Einschaltung von Resonanzgruppen[2] sowie Kostenrechnungen, die auch unter betriebs- und volkswirtschaftlichen Aspekten Argumente für eine systematische Sprachoptimierung liefern könnten. Der Einsatz von „knowledge tools" (vgl. Schmid: 2008, 247) und Datenbanken (Blaha: 2008, 286) ist ebenfalls erst ansatzweise verwirklicht. Nicht zuletzt bleiben die „Gesetzgebungsgenese" (vgl. Antos: 2008, 13) und die mündliche Kommunikation ausgeblendet, obwohl hier erhebliche Potenziale der Effizienzsteigerung – auch unter demokratierelevanten Aspekten – liegen dürften. Es ist ferner davon auszugehen, dass mit der Europäisierung und Internationalisierung des Rechtes neue Aufgaben auf die (Rechts-)Linguistik zukommen, wenn es stimmt, dass die „Rechtsvergleichung in Europa zur schöpferischen ‚fünften' Auslegungsmethode" wird, die das „geltende, genauer ‚werdende' Recht" verkompliziert (Häberle: 2004, 164). Auf der Seite der juristischen „Textarbeiter" sind die folgenden Hemmnisse für eine Sprach- und Kommunikationsmodernisierung zu konstatieren:

---

[1] Die Entwicklung von Bildungsnetzwerken, Reaktionen auf die demographische Entwicklung, das Management von kommunalen Unternehmen und das neue kommunale Finanzmanagement – all dies sind Trends, die das Aufkommen weiterer Textsorten und die Veränderung bestehender begünstigen.

[2] So geschehen im Rahmen von Klärungs- und Konstruktionsdialogen im Rahmen der Leitbildentwicklung der Stadt Arnsberg (vgl. Konerding / Ebert: 2009).

Viele Juristen unterschätzen die Bedeutung einer verständlichen Sprache für ihre Arbeit (vgl. Zypries: 2008, 52). Schwintowski bezeichnet den juristischen Verständlichkeitsmaßstab für Texte, also die Orientierung am Durchschnittskunden (bei Vertragsgeschäften), als „ein Armutszeugnis der gesamten rechtslinguistischen Verständlichkeitsforschung" (2008, 159). Auf zwei Aspekte sei noch hingewiesen: Die spezifische Leistung rechts- und verwaltungssprachlicher Formen wie zum Beispiel Funktionsverbgefüge oder der viel geschmähte Schachtelsatz sollte nicht in einer Globalkritik untergehen. Auch sollten wir nicht nur fragen, was juristische Textarbeiter mit der Sprache machen, sondern wir sollten auch fragen, was die Rechts- und Verwaltungssprache mit den Textarbeitern und dem politischen System macht.

3. Verständlichkeit

Verständlichkeit ist ein schwieriger, aber kein sinnloser Begriff, so bringt es Nussbaumer (2004, 288) auf den Punkt, der dafür plädiert, die weiterführenden linguistischen Ansätze „zur Explizierung des Verständlichkeits- und Verstehensbegriffs" auch im Recht und in der Verwaltung zur Kenntnis zu nehmen (ebd.). Verständlichkeit ist eine Eigenschaft von Texten in Relation zu den jeweils Verstehenden, wobei Verstehen graduell und Verständlichkeit individuell, sozial und historisch relativ ist (vgl. ebd., 289). Die „Arbeit an der Verständlichkeit von Texten" (Nussbaumer: 2004, 291) ist notwendig und lohnend, sie betrifft das Normierungskonzept, das Textkonzept sowie die einzelne sprachliche Formulierung. Freilich gibt es Grenzen der Verständlichkeitsoptimierung: Auch beim klarsten Text liegt das Gemeinte nicht einfach vor uns.[3] Auch der klarste Text hat eine Geschichte. Auch der klarste Text kann inakzeptabel sein. Zurückzuweisen ist gleichwohl mit Nussbaumer (2004, 286) die Position der „Schwärmer" („Das Gemeinte muss im Gesetz stehen – und zwar einfach und nicht verklausuliert") und die Position der „Skeptiker" („Die Gesetze sind nicht dafür da, vom Volk gelesen und verstanden zu werden"). Fluck (2008, 118 f.) hat die Schwachstellen der Verwaltungssprache zusammengestellt und nachgewiesen, dass die gängigen Textsorten der Verwaltung vor allem mit Blick auf die Kategorien Verständlichkeit, Beziehungsaspekt und Serviceorientierung zu optimieren sind. Gründe für die Schwerverständlichkeit der Rechts- und Verwaltungssprache gibt es viele. Zu den wichtigsten Gründen gehören sicherlich die folgenden:

- Schwierigkeiten der Juristen, sich in die Logik der Bürger hineinzudenken.
- Der als angemessen geltende dunkle Ton als Relikt des von Autokraten geprägten kontinentalen Rechts (vgl. Busse: 2004, 9).
- Zeitdruck und Beschleunigung im Gesetzgebungsverfahren.
- Hang zur Übergenauigkeit und inflationäre Verwendung von Legaldefinitionen (vgl. Nussbaumer: 2008, 313).
- Die Tatsache, dass Regierung und Politik die Auslegungsproblematik den Verwaltungsfachleuten in die Schuhe schieben, obwohl viele Gesetze so komplex sind, dass man sie kaum noch auslegen kann.

---

[3] Artikel 22 des Grundgesetzes lautet: „Die Bundesflagge ist schwarz-rot-gold." Verstehen kann das jeder, aber zeichnen kann die Flagge nach dieser Definition nur, wer sie zuvor schon einmal gesehen hat.

- Ferner wird von den Textproduzenten nicht zur Kenntnis genommen, wie Menschen Texte lesen (vgl. Schwintowski: 2008 165).
- Als außersprachliche Verstehens- und Akzeptanzhemmnisse gelten Imageprobleme („Bürokratendeutsch"), Fehleinschätzungen, Unwissen, Misstrauen und – wie im Fall der Einstellung zum Gesundheitsfonds – eine „klammheimliche Wut" (TNS-Emnid-Geschäftsführer K.-P. Schöppner: 2. April 2009, www.welt.de) der Bevölkerung.

4. Vertrauen

Vertrauen ist eine Tugend, eine Erwartung, Haltung und bewusste Entscheidung, das heißt eine „riskante Vorleistung" (Luhmann: 1989, 23 f.) gegenüber einem Adressaten und dessen Kompetenz (vgl. Hubig / Siemoneit: 2007, 174). Vertrauen hat zu tun mit Fairness, Vertrautheit und Glaubwürdigkeit. Letzere wiederum ist bedingt durch Nachprüfbarkeit, Verständlichkeit, aktives, offenes und konkretes Informieren (Transparenz) einerseits und Konstanz, Konsistenz und Berechenbarkeit des Handelns andererseits. Vertrauen ermöglicht Handeln, reduziert Komplexität und trägt zur Gemeinschaftsbildung bei. Tyler (1992) hat gezeigt, dass es ohne Minimalvertrauen kein funktionsfähiges Rechtssystem gibt. Mit dieser Position stimmt Moravcsik (2003, 183) überein, der Vertrauen für notwendig erachtet, um die „offenbaren Voraussetzungen für verschiedene Gesetze und Institutionen zu schaffen". Zu einer „vollständigen Beschreibung dessen, wie das Recht funktioniert", gehört auch Vertrauen. „Dieses Vertrauen wird jedoch nicht selbst durch Gesetze und Regeln erzeugt, sondern es geht aus einer angemessenen gemeinschaftlichen Dynamik hervor" (ebd.). Die Ansicht, wie sie von den meisten Politologen und Philosophen vertreten wird, wonach „Gesetze und Institutionen nämlich sowohl begrifflich als auch praktisch Vorrang" vor dem Vertrauen genießen sollten, wird von Moravcsik zurückgewiesen. Diese unzutreffende Annahme umschreibt Moravcsik (2003, 180) so:

> Sowie geeignete Gesetze erlassen und Institutionen eingerichtet sind, wird sich die Bevölkerung daran gewöhnen und genauso rasch eine gemeinschaftliche Dynamik entwickeln.

Im Recht machen sich verschiedene Arten von Vertrauen geltend. Der Bürger vertraut nicht nur darauf, dass er das ihn betreffende Recht versteht, er vertraut auch darauf, dass seine Dispositionen beim Übergang vom alten zum neuen Recht Bestand haben und dass der Gesetzgeber den Überblick über die von ihm erlassenen Gesetze hat. Misstrauen oder Vertrauensverluste sind bereits historisch angelegt. So ist das Recht obrigkeitsstaatlich geprägt (vgl. Busse: 2004, 9). Die Abstraktheit des kontinentalen, das heißt des deutschen und französischen Rechtssystems mit seiner Systematik von Sollen-Sätzen setzt mehr auf die Kunst des formalistischen Ableitens und weniger auf Aushandlungen und Selbstverständigung. Vermutlich ist bereits beim Übergang von den germanischen Volksrechten auf das unverständliche kanonische und römische Recht der Eindruck entstanden, dass man Recht kaufen könne. Lück (2004, 30) spricht mit Blick auf die Zeit von 1400 bis 1879 von einer doppelten Unverständlichkeit:

> Die studierten Juristen verstanden die heimischen Rechte nicht oder kaum, weil sie nicht Gegenstand ihrer Ausbildung waren; die Laien verstanden die gelehrten Rechte nicht oder kaum, weil sie keine Ausbildung dafür besaßen.

Schließlich hat sich eine deutsche politisch-administrative Kultur entwickelt, die laut Werner Jann (zit. n. Schmidt: 2007, 477) folgende Merkmale besitzt: Formalisierung, Fragmentierung, Status-quo-Orientierung, Konflikt und Misstrauen.

Gegenwärtig begünstigen vor allem die folgenden Faktoren ein wachsendes Misstrauen in das Recht:

- Der unverständliche Zugriff des Rechts: „Ein Recht, das der Bürger nicht begreift, vermag kein Vertrauensverhältnis zur Rechtsordnung zu schaffen" (Peter Masuch, Präsident des Bundessozialgerichts, Süddeutsche Zeitung, 28. Januar 2008).
- Die nach meinem Dafürhalten zu geringe Beachtung der „Integrationsfunktion von Recht" (Nussbaumer: 2008, 310).
- Die zunehmende Verrechtlichung des (Berufs-)Alltags.
- Versuche, politische Debatten zu juridifizieren (vgl. Wimmer: 2008, 91).
- Der unter dem Einfluss der Rechtsetzung der Europäischen Union wachsende Trend zu immer mehr Legaldefinitionen, das heißt zu Definitionen, die von einem „tiefen Misstrauen in den Alltagssprachverstand" (Nussbaumer: 2008, 313) zeugen.
- Faktoren der Gesetzesgenese wie zum Beispiel Lobbyarbeit (vgl. Antos: 2008, 13).
- Handwerkliche Fehler auf der Ebene der Formulierungen, Überkomplexität und Regelungswut. Als Beispiel sei hier der sogenannte EU-Verfassungsvertrag genannt, der von Franzosen und Niederländern abgelehnt wurde.

Komplexität schreckt ab, weil sie den Menschen überfordert. Es ist grundsätzlich zu erwägen, ob es richtig und klug war, das gesamte Werk „Verfassung" zu nennen und in vollem Umfang (ca. 350 Seiten) zum Gegenstand eines Referendums zu machen. Der Prozess der Europäischen Integration erlitt jedenfalls durch die Ablehnung der EU-Verfassung bei Volksabstimmungen in Frankreich am 29. Mai 2005 und in den Niederlanden am 1. Juni 2005 einen schweren Rückschlag. Ferner sei als Beispiel für Überkomplexität die „Bereinigte Amtliche Sammlung der Schulvorschriften des Landes NRW, 22. Ausgabe, 2007/2008" erwähnt, die einen Umfang von ca. 700 Seiten hat und damit die Frage aufwirft, ob es nicht wesentlich kürzer ginge. Welche Bedeutung Vertrauen für ein Gemeinwesen hat, unterstreicht Putnam, der davon ausgeht, dass „ein positiver Zusammenhang zwischen der Performance eines demokratischen Systems und dem in der Gesellschaft vorhandenen Ausmaß an Sozialkapital besteht" (Putnam: 1993, zit. n. Hubig / Siemoneit: 2007, 179).

Angesichts des schwindenden Vertrauens nicht nur in das Recht, sondern auch in Wirtschaft, Politik, Experten etc. gewinnt die Kategorie des Stils eine neue Qualität. In unübersichtlichen Situationen wird Stil zu einer Orientierungsgröße. Daher seien im Folgenden einige typische sprachlich-stilistische Erscheinungen genannt, die Vertrauensverluste verursachen:

Aktionsprädikate

Sie begegnen uns auffallend häufig in aktuellen Gesetzesbezeichnungen, wobei es stets darum geht, etwas Vorhandenes zu stabilisieren, zu beschleunigen, zu ergänzen oder zu stärken, was Instabilität, Langsamkeit, Lückenhaftigkeit und Schwachheit des Ausgangssachverhaltes impliziert: *Gesetzliche-Krankenversicherung-Wettbewerbsstärkungsgesetz, Finanzmarktstabilisierungsergänzungsgesetz, Pflegeleistungsergänzungsgesetz / Pflege-Weiterentwicklungsgesetz*. Eine Bezeichnung wie *Infrastrukturplanungsbeschleunigungsgesetz* erweckt durch die Diskrepanz zwischen Inhalt und Form Misstrauen.

Fehlende Definition von Grundbegriffen

Obwohl der Gesetzestext der Pflegeversicherung in der Fassung vom 8. Juni 2006 (BGBl. I1530) zahlreiche neue Begriffe hervorgebracht hat wie zum Beispiel *Pflegepflichtversicherung, Pflegezusatzversicherung, Pflegekasse, Pflegeperson, Pflegekraft, Pflegestatistik, Pflegehilfsmittelverzeichnis, Pflegeplan, Pflegevergütung, Pflegeversichertennummer, Pflegeversichertenvertrag, Pflegesatzkommission, Pflegevertrag, Pflegetagebuch, Pflegeeinrichtung, Pflegegeld, Kurzzeitpflege, Nachtpflege, Tagespflege*, um nur einen kleinen Ausschnitt zu nennen, definiert der Gesetzgeber den Grundbegriff der „Pflegebedürftigkeit" nicht (vgl. Arend: 2008, 273).

Missmutige Benennungen

Mini-Job, 1-Euro-Job, erziehungsgeldunschädliche Teilzeitbeschäftigung, Hartz IV, Abwrackprämie. Hier macht sich auch der Einfluss der Mediensprache bemerkbar, denn weder der Ausdruck *1-Euro-Job* noch der Ausdruck *Hartz IV* stehen in den betreffenden Gesetzen.

Politisch motivierte Benennungen

Öko-Steuer, Arbeitgeberanteil, Friedenswahl, Großer Lauschangriff, Solidaritätszuschlag usw. Von einer gestörten Kommunikationsbeziehung zwischen Politik und Öffentlichkeit spricht Leutheusser-Schnarrenberger (2008, 184) und bezieht sich dabei unter anderem auf Umdeutungen von Begriffen durch die Innenminister O. Schily und W. Schäuble. Im ersten Fall geht es um die Umdeutung des Sicherheitsbegriffes weg vom Verständnis „Sicherheit vor dem Staat" hin zum Verständnis „Sicherheit durch den Staat" (vgl. ebd., 190). Im zweiten Fall geht es um die Propagierung eines ausschließlich formellen Begriffs von Rechtsstaatlichkeit, was dem „Rückfall in den Gesetzesstaat, den formellen Rechtsstaat der Weimarer Republik" gleichkommt, in „dem staatliches Handeln zwar an die Gesetze, nicht jedoch an die materielle Wertordnung des Grundgesetzes gebunden ist" (ebd., 194).

Stil der Bevormundung

„Ich habe ... leider festgestellt, dass Sie tatsächlich Ihre Pflichten zur Reinigung der Straßenfront vor Ihrem Grundstück nicht hinreichend erfüllen ... Ich hoffe, dass ich mit meinen Erläuterungen Ihr Verständnis und Ihre Bereitschaft geweckt habe, künftig auch vor Ihrem Grundstück Ihren Beitrag im notwendigen Umfang zu leisten. Schließlich tragen ... ordentlich gereinigte Straßen zu einem positiven Gesamteindruck unserer Stadt bei und dies sollte uns allen ein Anliegen sein." (Quelle: Bescheid einer Stadtverwaltung)

Obrigkeitsstil

„Die Einwendung wirtschaftlicher Nachteile ist unbegründet, da die beabsichtigte Unterschutzstellung nicht in eigentumsrechtlich geschützte Rechtspositionen eingreift. Gemäß dem Beschluss des Bundesverwaltungsgerichtes vom 10.5.1995 spiegeln Ge- und Verbotsregelungen, die sich darin erschöpfen, die vorhandene Nutzung festzuschreiben, lediglich die Sozialgebundenheit des Eigentums wider. Sie sind grundsätzlich entschädi-

gungslos hinzunehmende Inhaltsbestimmungen des Eigentums, die die Sozialbindung konkretisieren." (Quelle: Bescheid einer Kreisverwaltung)

Technokratischer Stil
„Wie auch in der Vergangenheit nehmen wir konstruktive und angemessene Kritik und Anregungen, die im Wissen um die schulischen, entwicklungspsychologischen, curricularen und unterrichtlichen Voraussetzungen und Bedingungen erfolgen, gerne auf und sind in diesem Rahmen selbstverständlich zu einer sachlichen Diskussion von Meinungsverschiedenheiten bereit. Dabei gehen wir davon aus, dass dem Vertrauen, das wir in die Erziehungsleistungen der Eltern setzen, von deren Seite mit entsprechendem Vertrauen in die Kompetenz der von ihnen gewählten Schule begegnet wird." (Quelle: Antwort einer Schulleitung auf Elternkritik)

Stil der Domestikation
„Ich bin bereit, Sie zum ... als ... einzustellen ... Die Arbeitsaufnahme vor Unterzeichnung des Arbeitsvertrages untersage ich hiermit. Bei Nichtbeachtung dieses Verbotes besteht kein Gehaltsanspruch. Mit freundlichen Grüßen." (Quelle: Praxishilfen: 2006)

5. Fiktionen und Konstruktionen

Von der Vertrauensfrage führt ein Weg zur Frage, ob juristischen Textarbeitern, Politikern und Bürgern bewusst ist, mit welchen Fiktionen und geistig-sprachlichen Konstruktionen sie es auf dem Gebiet des Rechts zu tun haben?

Formalismus
Der Gedanke ist der, dass im Falle eines in Form gebrachten Rechts, einer in Form gebrachten Rechtsfrage die Antwort durch „Folgerungsbeziehungen zwischen dieser Form und anderen Formen des Systems gegeben" werden könne (Fish: 2004, 87).

Akzeptanz bedeutet Übereinstimmung
„Mit der Akzeptanz des Rechts wird eine weitgehende Übereinstimmung in der Weltsicht und der Wirklichkeitsinterpretation der Beteiligten unterstellt" (Wimmer: 2008, 83). Diese Unterstellung begegnet uns im rechtspositivistischen Denken.

Theorie der drei Fiktionen
Dieser Theorie entsprechen drei Forderungen, denen man im positivistischen Rechtsdenken begegnet:

> die Fiktion, der Gesetzgeber könne ein perfektes (und damit perfekt verständliches) Gesetz erlassen; die Fiktion, der Richter könne das verständliche Gesetz gesetzestreu anwenden[4], und die Fiktion, der Bürger könne das Gesetz vollständig verstehen (Lassere-Kiesow: 2004, 213).

---

[4] Aufgrund der „Vagheit und Porosität von Gesetzesbegriffen" (Hassemer: 1994, 263, zit. n. Felder: 2008, 99) kann der Richter sich nicht streng an das Gesetz halten.

Das Absolute und einzig Wahre

Es ist eine Konstruktion des deutschen Rechts, dass es sich eher von der Vorstellung des Absoluten und Wahren leiten lässt und weniger Spielraum für den flexiblen Umgang mit Normen hat.

Was Sprache leisten kann

Dass eine sprachliche Formulierung es leisten könne, die Einheitlichkeit von Rechtsentscheidungen in sehr vielen Entscheidungssituationen mit ganz unterschiedlichen Detailmerkmalen zu gewährleisten, entspricht einer Wunschvorstellung (vgl. Busse: 2004, 10).

Verfasser von Rechtstexten sind auch Nutznießer

„Es gibt die Vorstellung, Gesetze könnten durch Ausmerzung sprachlicher Fehler und Verbesserungen in ihrem Stil verständlicher gemacht werden" (Nussbaumer: 2008, 305). Diese Vorstellung greift zu kurz, da sie andere Nutznießer als den Leser übersieht, wie die Verfasser von Rechtstexten selbst (vgl. ebd.). Bevor ein Text Lesern verständlich ist, muss er den Verfassern verständlich sein. Formulieren ist also immer auch ein Prozess der Selbstverständigung.

Recht wird nicht allein durch Worte vermittelt

„Die Vermittlungsproblematik zwischen Recht und Alltag ist [...] in anderem Licht zu sehen: Es handelt sich weniger um ein Problem auf der Wortebene oder der Gesetzesformulierung als vielmehr um Schwierigkeiten aufgrund divergierender Sprachhandlungsmuster beim Prozess der textbasierten Normkonkretisierung in Bezug auf alltagsweltliche und juristische Sachverhalte" (Felder: 2008, 115).

Illusion einer uni-moralistischen Welt

Viele Moralmaßstäbe würden viele Rechte bedeuten (vgl. Fish: 2004, 87). Daher legt das Recht die Illusion einer uni-moralistischen Welt nahe. Wie wir im Rahmen von Integrationsprozessen mit diesem Problem umgehen, wird eine zentrale Frage sein.

Das Recht begründet Vertrauen

Wie wir oben gezeigt haben, ist es genau andersherum. Ohne Minimalvertrauen keine funktionierende Rechtsordnung.

Recht ist das geschriebene Gesetz

Wir übersehen, dass Recht gesprochen wird. Schriftlichkeit ist kein Wesensmerkmal des Rechts (vgl. Lück: 2008, 22).

Inhalt-Form-Problem

„Gesetzesredaktion geht nicht ohne Eingriffe ins Materielle" (Nussbaumer: 2004, 292). Form und Inhalt sind nicht trennbar. Wer Formen verändert, verändert Inhalte. Sprachliche Unschärfen deuten häufig auf inhaltliche Unklarheiten hin (vgl. Lerch: 2008, 77).

Präzision erzwingt Unverständlichkeit

Die Begründung der Unverständlichkeit von Gesetzen für die Laien mit dem Erfordernis von Präzision – das sanktioniert die „Entmündigung der Bürger" (Iluk: 2008, 137).

Fiktion der ausschließlich rechtsetzenden Funktion von Rechtstexten

Gesetzestexte und Verwaltungstexte haben nicht nur rechtsetzende Funktion, sondern auch mitteilende Funktion (vgl. Fluck: 2008, 133) sowie eine Integrationsfunktion (vgl. Nussbaumer: 2008, 310).

Rationalität der Rechtssprache

Die Gesetzessprache müsse allein rational sein, auch dies leuchtet nur auf den ersten Blick ein. Wir übersehen Emotionalität und Kreativität, Symbole und andere rationale und emotionale Konsensquellen des Verfassungsstaates (vgl. Häberle: 2004, 159). „Emotionale Konsensquellen sind kulturanthropologisch ebenso unverzichtbar wie Offenheit, Pluralismus und Toleranz, heute auch Umweltbewusstsein, als Erziehungsziele" (Häberle: 2004, 159 f.). Ohne Kreativität des Sprachsystems und ohne Kreativität von Sprachbenutzern bleiben Gesetze ungenau, unvertraut und ungeliebt: Anschauen (Zugang über Bilder, Gesten des Vertrauens wie Handschlag), Behalten (Sprichwort, Zwillingsformeln, Reim: *Hab und Gut, Schalten und Walten*) Fühlen (Empathie / Sympathie – Antipathie: „Narrenschiff" [S. Brant, 1494]), Entdecken (Wortbildung, pointiertes Sprechen, Aphorismen u. a.), Akzeptieren (z. B. aufgrund von Identifikation mit kollektiven Werten). Ein Beispiel, das einen Wertekern expliziert, das konkret, prägnant und merkbar ist und das auch unter dem Aspekt der Wortbildung („un-an-tast-bar") interessant ist, liefert Artikel 1 des Grundgesetzes: *„Die Würde des Menschen ist unantastbar."*

6. Unser gemeinsames Haus der Sprache

Ein Haus kann über mehrere Zimmer und Stockwerke verfügen. Ganz unterschiedliche Menschen können ein Haus bewohnen, aber es ist doch ein gemeinsames Haus. Es geht die Bewohner im Parterre durchaus etwas an, wer in den oberen Etagen wohnt und was diese machen – und umgekehrt. Um ein gemeinsames Haus der Sprache (Martin Heidegger) zu bauen, sollten die folgenden Empfehlungen beachtet werden:

- Sprachausbildung in die juristische Fachausbildung integrieren.
- Dokumente systematisch testen. Die Erforschung von „Textmerkmalen" intensivieren (vgl. Antos: 2008, 13; Iluk: 2008).
- Textverstehen als Lernprozess begreifen.
- Den Blick auf die ganze Vielfalt funktionsverschiedener Textsorten im Bereich von Recht und Verwaltung richten.
- Den Rechtsanwendern eine andere Haltung zur Sprache vermitteln.
- Ein Bewusstsein für die Bedeutung von Sprache schaffen.
- Die durch das Denken in Falltypen bewirkte Fachblindheit überwinden helfen (vgl. Nussbaumer: 2008, 319).
- Der Weltsicht der natürlichen Sprache mehr Aufmerksamkeit widmen (vgl. Wimmer: 2008, 94).
- Reflexionen über Reichweite von Normen verstärken (vgl. ebd.).

- Kulturanthropologische Aspekte (Häberle: 2004, 159) stärker berücksichtigen und nach Anschließbarkeiten in der Genderforschung suchen.
- Die aus den USA kommende Bewegung „Barrierefreie Kommunikation" als Recht bestimmter Nutzergruppen auf adressatenangemessene Kommunikation aufmerksam verfolgen (vgl. Antos: 2008, 16).
- Intensivierung der Diskussion um die Implikationen des Transparenzgebotes, das in der Rechtswissenschaft Europas die Frage nach den Kriterien für Klarheit und Verständlichkeit aufwirft (vgl. Schwintowski: 2004, 377).
- Ein spielerisches Element wie zum Beispiel einen Wettbewerb um das verständlichste Antwortschreiben auf eine Bürgereingabe einführen (vgl. Ebert: 2008).
- Erkunden, was die Leser erwarten, was und wie sie verstehen.
- Gesetzes- und Verwaltungssprache auf drei Ebenen optimieren: Verständlichkeit, Beziehungsförderung und Serviceorientierung (vgl. Fluck: 2008, 131).
- Rechtslinguistische Kooperationen intensivieren (vgl. Wimmer: 2008, 94).
- Die Bemühungen intensivieren, Verständlichkeit und Textwirkungen zu messen (vgl. Iluk: 2008; Schwintowski: 2008; Schendera: 2004).
- Kosten und Nutzen von Verständlichkeit und Vertrauen berechnen.
- Vor allem: den Vorfeldern mehr Beachtung schenken. Mit Vorfeldern sind gemeint: prälegislative Konsultationsverfahren und die frühen Stadien der Gesetzesformulierung (vgl. Nussbaumer: 2008, 306).

Abschließend wollen wir noch einmal den Geist in Erinnerung rufen, der die Redaktionskommission der schweizerischen Bundesverwaltung und ihre Arbeit an der Gesetzessprache beflügelt:

> Sie (…) lässt nicht locker, bis auch Gesetzestexte Texte werden, das heißt Mittel der Kommunikation, Mittel der Verständigung, der Verständigung der Verfasserinnen und Verfasser mit sich selber über das, was sie sagen wollen, und schließlich Mittel der Verständigung für die vielfältigen Adressatinnen und Adressaten dieser Texte, auch die Bürgerinnen und Bürger. (Nussbaumer: 2008, 321)

Literatur

Antos, G. (2008), „‚Verständlichkeit' als Bürgerrecht? Positionen, Alternativen und das Modell der barrierefreien Kommunikation", in: Eichhoff-Cyrus, K. M. / G. Antos (Hgg.): *Verständlichkeit als Bürgerrecht? Die Rechts- und Verwaltungssprache in der öffentlichen Diskussion*, Mannheim u. a.: Dudenverlag, 9–20.

Arend, S. (2008), „Bandwurmsätze und Wortungetüme. Die soziale Pflegeversicherung und die deutsche Sprache.", in: Eichhoff-Cyrus, K. M. / G. Antos (Hgg.): *Verständlichkeit als Bürgerrecht? Die Rechts- und Verwaltungssprache in der öffentlichen Diskussion*, Mannheim u. a.: Dudenverlag, 268–283.

Beltz, M. (2004), „Mehr Literatur wagen!", in: Lerch, K. (Hg.): *Die Sprache des Rechts*. Bd. 1, Berlin: Walter de Gruyter, 1–6.

Bentele, G. (1992), *Öffentliches Vertrauen. Ein Literaturbericht. Erstellt im Auftrag des Presse- und Informationsamtes der Bundesregierung*. 2 Bde. Berlin: Presseamt der Bundesregierung.

Blaha, M. (2008), „Moderne Verwaltung – moderne Sprache? Erfahrungen aus Projekten zu verständlicher Sprache in der Verwaltung", in: Eichhoff-Cyrus, K. M. / G. Antos (Hgg.): *Verständlichkeit als Bürgerrecht? Die Rechts- und Verwaltungssprache in der öffentlichen Diskussion*, Mannheim u. a.: Dudenverlag, 284–294.

Czerwick, E. (1998), „Verwaltungskommunikation", in: Jarren, O. / U. Sarcinelli / U. Saxer (Hgg.): *Politische Kommunikation in der demokratischen Gesellschaft. Ein Handbuch mit Lexikonteil.* Opladen: Westdeutscher Verlag, 498–515.

Ebert, H. (2006), *Handbuch Bürgerkommunikation. Moderne Schreibkultur in der Verwaltung* (= Reihe Medienpraxis, Bd. 8), 1. Aufl., Berlin: Lit-Verlag.

Ebert, H. (2008), „Bürgernahe Sprache in der kommunalen Rechtspraxis", in: *KommJur. Kommunaljurist – Rechtsberater für Gemeinden, Landkreise, Gemeindeverbände und kommunale Wirtschaftsunternehmen* 5, 170–172.

Ebert, H. (2006), „Europäischer Stil. Über die Sprache der EU-Verfassung und die Notwendigkeit einer demokratischen Kommunikationskultur", in: Bentele, G. / M. Piwinger / G. Schönborn, (Hgg.): *Kommunikationsmanagement* (Losebl. 2001 ff.), Art.-Nr. 7.12, Neuwied: Luchterhand Verlag, 1–22.

Ebert, H. / M. Piwinger (2002), „Vorfeldkommunikation – Ein Plädoyer für einen Paradigmenwechsel, Teil 2: Theorie-Bausteine und Anwendungen", in: Bentele, G. / M. Piwinger / G. Schönborn, (Hgg.): *Kommunikationsmanagement* (Losebl. 2001 ff.), Art.-Nr. 1.15, Neuwied: Luchterhand Verlag, 1–42.

Eichhoff-Cyrus, K. M. / G. Antos (Hgg.) (2008): *Verständlichkeit als Bürgerrecht? Die Rechts- und Verwaltungssprache in der öffentlichen Diskussion* (= Thema Deutsch, Bd. 9), Mannheim, u. a.: Dudenverlag.

Enzensberger, H. M. (2004), „Von den Vorzügen der Unverständlichkeit", in: Lerch, K. (Hg.): *Die Sprache des Rechts.* Bd. 1, Berlin: Walter de Gruyter, 83–84.

Felder, E. (2008), „Grenzen der Sprache im Spiegel von Gesetzestext und Rechtsprechung. Das Konzept der juristischen Textarbeit", in: Eichhoff-Cyrus, K. M. / G. Antos (Hgg.): *Verständlichkeit als Bürgerrecht? Die Rechts- und Verwaltungssprache in der öffentlichen Diskussion*, Mannheim u. a.: Dudenverlag, 96–116.

Fish, S. (2004), „Recht will formal sein", in: Lerch, K. (Hg.): *Die Sprache des Rechts.* Bd. 1, Berlin: Walter de Gruyter, 85–137.

Fluck, H.-R. (2006), „Probleme bei der Bürger-Verwaltungs-Kommunikation in Deutschland und anderen europäischen Ländern", in: *Estudios Filólogicos Alemanes* 11, 75–86.

Fluck, H.-R. (2008), „Verwaltungssprache unter dem Einfluss der Gesetzessprache", in: Eichhoff-Cyrus, K. M. / G. Antos (Hgg.): *Verständlichkeit als Bürgerrecht? Die Rechts- und Verwaltungssprache in der öffentlichen Diskussion*, Mannheim u. a.: Dudenverlag, 117–135.

Gadamer, H.-G. (1990), *Wahrheit und Methode. Grundzüge einer philosophischen Hermeneutik.* Tübingen: Mohr Siebeck Verlag.

Gössmann, W. (1970), *Glaubwürdigkeit im Sprachgebrauch. Stilkritische und sprachdidaktische Untersuchungen.* München: Hueber Verlag.

Häberle, P. (2004), „Verständnis des Rechts als Problem des Verfassungsstaates", in: Lerch, K. (Hg.): *Die Sprache des Rechts.* Bd. 1, Berlin: Walter de Gruyter, 155–165.

Händel, D. / H.-R. Fluck / M. Förster / M. Blaha (2001), „Bürgernahe Verwaltungstexte: ein Kooperationsprojekt der Stadt Bochum und der Ruhr-Universität zur Textoptimierung", in: *Fachsprache* 3–4, 139–152.

Hattenhauer, H. (1995), „Denkfehler zeigen sich in Stilfehlern. Über Juristen- und Allgemeinsprache", in: *Frankfurter Allgemeine Zeitung* v. 8.12.1995, 17.

Heinrich, P. (2008), „Verwaltungssprache zwingt sich auf, um sich nicht aussetzen zu müssen", in: Treubrodt, D. / D. Kirstein (Hgg.): *Auf dem Weg zur Hochschule für öffentliche Aufgaben – Aufsätze aus der Rechts-, Polizei-, Wirtschafts-, Verwaltungs- und Sozialwissenschaft. Festschrift für H. P. Prümm.* Berlin, 213–231.

Hilgendorf, E. (Hg.) (2005), *Beiträge zur Rechtsvisualisierung.* Berlin: LOGOS Verlag.

Hoffmann, L. (1992), „Wie verständlich können Gesetze sein?", in: Grewendorf, G. (Hg.): *Rechtskultur als Sprachkultur.* Frankfurt a. M.: Suhrkamp Verlag, 236–275.

Holtkamp, L. (2006), „Partizipative Verwaltung – hohe Erwartungen, ernüchternde Ergebnisse", in: Bogumil, J. / W. Jann / F. Nullmeier (Hgg.): *Politik und Verwaltung* (= Polit. Vierteljahresschrift, Sonderheft 37/2006). Wiesbaden: VS Verlag, 185–207.

Hubig, C. / O. Siemoneit (2007), „Vertrauen und Glaubwürdigkeit in der Unternehmenskommunikation", in: Piwinger, M. / A. Zerfass (Hgg.): *Handbuch Unternehmenskommunikation*, Wiesbaden: Gabler Verlag, 172–188.

Iluk, J. (2008), „Verständlichkeit von Verfassungen", in: Eichhoff-Cyrus, K. M. / G. Antos (Hgg.): *Verständlichkeit als Bürgerrecht? Die Rechts- und Verwaltungssprache in der öffentlichen Diskussion*, Mannheim u. a.: Dudenverlag, 136–154.

Jann, W. (1983), *Staatliche Programme und ‚Verwaltungskultur'*, Opladen: VS Verlag.

Jaspersen, A. (1998), *Über die mangelnde Verständlichkeit des Rechts für den Laien*, Diss., Bonn.

Kirchhof, P. (1987), *Die Bestimmtheit und Offenheit der Rechtssprache*, Berlin: Walter de Gruyter Verlag.

Kirchhof, P. (2008), „Justitia spricht deutsch. Die Würde des Menschen in seiner Muttersprache: Fünf Thesen zum gemeinsamen Ursprung von Recht und Rede", in: *Frankfurter Allgemeine Zeitung* v. 16.5.2008, 37.

Klein, W. (2004), „Ein Gemeinwesen, in dem das Volk herrscht, darf nicht von Gesetzen beherrscht werden, die das Volk nicht versteht", in: Lerch, K. (Hg.): *Die Sprache des Rechts*. Bd. 1, Berlin: Walter de Gruyter, 197–204.

Konerding, K.-P. / H. Ebert (2009), „Organizational Change: Creation of Consensus and Prevention of Conflict through Guided Communication and Participation", in: Habscheid, S. / C. Knobloch (Hgg.): *Einigkeitsdiskurse*, Wiesbaden: VS Verlag, 225–240.

Lassere-Kiesow, V. (2004), „Die Theorie der drei Fiktionen. Die Diskussion um die Verständlichkeit des Code civil und des BGB", in: Lerch, K. (Hg.): *Die Sprache des Rechts*. Bd. 1, Berlin: Walter de Gruyter, 213–224.

Lerch, K. D. (2008), „Verständlichkeit und ihre Grenzen", in: Eichhoff-Cyrus, K. M. / G. Antos (Hgg.): *Verständlichkeit als Bürgerrecht? Die Rechts- und Verwaltungssprache in der öffentlichen Diskussion*, Mannheim u. a.: Dudenverlag, 54–80.

Lerch, K. D. (Hg.) (2004), *Die Sprache des Rechts*. Bd.1: Recht verstehen: Verständlichkeit, Missverständlichkeit und Unverständlichkeit von Recht. Berlin: Walter de Gruyter Verlag.

Leutheusser-Schnarrenberger, S. (2008), „Politik und Öffentlichkeit: gestörte Kommunikationsbeziehung. Vom strategischen Gebrauch der Sprache in der Politik", in: Eichhoff-Cyrus, K. M. / G. Antos (Hgg.): *Verständlichkeit als Bürgerrecht? Die Rechts- und Verwaltungssprache in der öffentlichen Diskussion*, Mannheim u. a.: Dudenverlag, 184–195.

Lück, H. (2008), „Von der Unverständlichkeit des Rechts", in: Eichhoff-Cyrus, K. M. / G. Antos (Hgg.): *Verständlichkeit als Bürgerrecht? Die Rechts- und Verwaltungssprache in der öffentlichen Diskussion*, Mannheim u. a.: Dudenverlag, 21–44.

Luhmann, N. (1989), Vertrauen. Stuttgart: UTB Verlag.

Margies, B. (2008), „Warum das Amtsdeutsch so beharrlich ist – und wie man es verändern kann", in: Eichhoff-Cyrus, K. M. / G. Antos (Hgg.): *Verständlichkeit als Bürgerrecht? Die Rechts- und Verwaltungssprache in der öffentlichen Diskussion*, Mannheim u. a.: Dudenverlag, 257–266.

Moravcsik, J. (2003), „Gemeinschaftliche Dynamik und politische Strukturen", in: Moravcsik, J.: *Was Menschen verbindet*. Sankt Augustin: Academia Verlag, 179–202.

Müller, F. (Hg.) (2007), *Politik, (neue) Medien und die Sprache des Rechts*. Berlin: Duncker & Humblot Verlag.

Müller, F. / R. Wimmer (Hgg.) (2001), *Neue Studien zur Rechtslinguistik*. Berlin: Walter de Gruyter Verlag.

Nussbaumer, M. (2004), „Von Schwärmern und Skeptikern und ein Versuch, Realist zu sein. Bilanz und Entwurf des Sprachspiels vom unverständlichen Gesetz", in: Lerch, K. (Hg.): *Die Sprache des Rechts*. Bd. 1, Berlin: Walter de Gruyter, 285–296.

Nussbaumer, M. (2008), „Der Verständlichkeit eine Anwältin! Die Redaktionskommission der schweizerischen Bundesverwaltung und ihre Arbeit an der Gesetzessprache", in: Eichhoff-Cyrus, K. M. / G. Antos (Hgg.): *Verständlichkeit als Bürgerrecht? Die Rechts- und Verwaltungssprache in der öffentlichen Diskussion*, Mannheim u. a.: Dudenverlag, 301–323.

Praxishilfen für die Personalabteilung in der Öffentlichen Verwaltung – Eine Auswahl an Musterschreiben (2006). Hamburg: Dashöfer.
Putnam, R. (1993), *Making Democracy Work*. Princeton: Taylor & Francis Verlag.
Schendera, C. F. (2000), „Die Erforschung der Verständlichkeit von normativen Texten. Eine kritische Darstellung von Modellen, Methoden und Ergebnissen", in: *Zeitschrift für Sprachwissenschaft* 19.1, 1–33.
Schendera, C. F. (2003), „Verständlichkeit von Rechtstexten und ihre Optimierung", in: *Muttersprache* 1, 15–22.
Schendera, C. F. (2004), „Die Verständlichkeit von Rechtstexten. Eine kritische Darstellung der Forschungslage", in: Lerch, K. (Hg.): *Die Sprache des Rechts*. Bd. 1, Berlin: Walter de Gruyter, 321–374.
Schmid, M. (2008), „Ein Blick in die moderne Werkstatt der Gesetzgebung", in: Eichhoff-Cyrus, K. M. / G. Antos (Hgg.): *Verständlichkeit als Bürgerrecht? Die Rechts- und Verwaltungssprache in der öffentlichen Diskussion*, Mannheim u. a.: Dudenverlag, 244–256.
Schmidt, M. G. (2007), *Das politische System Deutschlands*. München: Oldenbourg Wissenschaftsverlag.
Schwintowski, H.-P. (2004), „Sprachwissenschaftliche Kriterien für das Transparenzgebot. Die Bedeutung interdisziplinären Arbeitens von Rechts- und Sprachwissenschaft", in: Lerch, K. (Hg.): *Die Sprache des Rechts*. Bd. 1, Berlin: Walter de Gruyter, 375–386.
Schwintowski, H.-P. (2008), „Verständlichkeit von Rechtstexten am Beispiel von allgemeinen Versicherungsbedingungen", in: Eichhoff-Cyrus, K. M. / G. Antos (Hgg.): *Verständlichkeit als Bürgerrecht? Die Rechts- und Verwaltungssprache in der öffentlichen Diskussion*, Mannheim u. a.: Dudenverlag, 155–170.
Thieme, S. (2008), „Recht verständlich? Recht verstehen? Möglichkeiten und Grenzen einer sprachlichen Optimierung", in: Eichhoff-Cyrus, K. M. / G. Antos (Hgg.): *Verständlichkeit als Bürgerrecht? Die Rechts- und Verwaltungssprache in der öffentlichen Diskussion*, Mannheim u. a.: Dudenverlag, 230–243.
Twining, W. / D. Miers (1991), *How To Do Things With Rules. A Primer of Interpretation*. 3rd edition. London: Cambridge University Press.
Tyler, T. (1992), *Why Do People Obey the Law?* New Haven / CT: Yale University Press.
Vogel, H.-J. / H. Ebert / K.-P. Konerding (2008), „Kommunikation als Schlüssel für ein gemeinsames Europa. Plädoyer für eine effiziente Kommunikation zwischen der EU und den Kommunen", in: *Innovative Verwaltung* 1, 17–20.
Wimmer, R. (2008), „Ontisierung von Konzepten des Rechts", in: Eichhoff-Cyrus, K. M. / G. Antos (Hgg.): *Verständlichkeit als Bürgerrecht? Die Rechts- und Verwaltungssprache in der öffentlichen Diskussion*, Mannheim u. a.: Dudenverlag, 81–95.

Amtsdeutsch a. D.? – Auf dem Weg zu einer verständlichen Verwaltungssprache

Michaela Blaha

Über die heutige Auszeichnung freue ich mich sehr. Denn sie ist eine Anerkennung vieler Jahre Arbeit von vielen Menschen – unserer Arbeit an der Ruhr-Universität Bochum, aber auch der Arbeit der einzelnen Beschäftigten der Kommunalverwaltungen und der Bundesverwaltung, die sich an unserem Netzwerk IDEMA, dem Internet-Dienst für eine moderne Amtssprache, beteiligen. Warum ist uns diese Arbeit so wichtig? Wir befassen uns mit der Sprache in Recht und Verwaltung, weil es eine Sprache ist, die fast jeden Bürger betrifft, die jedoch nur die wenigsten Bürger wirklich verstehen – welch Widerspruch zum demokratischen Teilhabegedanken unserer modernen Gesellschaft. Schön, dass sich hier heute so viele ähnlich denkende Menschen versammelt haben.

Diese Gelegenheit möchte ich nutzen, um all jenen zu danken, die IDEMA möglich gemacht haben – bei kleinem – zeitweise keinem – Budget. Wie das gelang? Mit viel Tatkraft, Kreativität, Optimismus. Mit einem kleinen, aber eingespielten und engagierten Team, das lange Arbeitstage nicht scheut, und dank der Hilfe vieler Unterstützer. Auch erhalten wir viel Zuspruch aus der Öffentlichkeit, in Form von Briefen, E-Mails und Telefonanrufen.

Allen voran danke ich Professor Fluck, der IDEMA von der ersten Skizze bis heute unermüdlich unterstützt hat. Dann dem IDEMA-Team, das unzählige, auch unbezahlte Arbeitsstunden investiert hat, um IDEMA zum Leben zu erwecken und am Leben zu halten. Mein ganz besonderer Dank gilt den IDEMA-Pionieren, das sind die Verwaltungen, die von Anfang an Teil des IDEMA-Netzwerks waren. Denn diese Verwaltungen zeigten sich bereit, in eine Idee zu investieren und sie mitzutragen, deren Umsetzung ein bisschen wie ein Experiment war: Es gab eine Idee von einem Netzwerk, aber es gab noch kein Netzwerk. Es gab eine Idee von einer Datenbank, aber es gab noch keine Datenbank. Und deshalb sagten viele von den 700 größten Kommunen, die wir zur Teilnahme an IDEMA eingeladen haben: „Erst mal abwarten!" Doch wer immer nur abwartet, bewegt nicht viel. Dass wir heute zu einem Ort im Land der Ideen geworden sind, verdanken wir also auch jenen, die von Anfang an genau wie wir an unsere Idee geglaubt und an ihrer Umsetzung mitgewirkt haben.

Danken möchte ich nicht zuletzt all jenen, die IDEMA im Hintergrund unterstützt haben: der Dienstleistungs-Agentur, die IDEMA ebenso wichtig fand wie wir und die deshalb die Datenbank programmiert hat, ohne eine Rechnung zu schreiben. Der Kanzlei, die sich ebenfalls für eine verständliche Sprache in Rechts- und Verwaltungstexten einsetzt und bereit war, uns im Austausch für Sprachberatung juristisch zu beraten. Und vielen anderen Personen, die uns immer wieder Mut gemacht haben, trotz aller – vor allem ökonomischer – Widrigkeiten IDEMA fortzuführen.

1. Wie alles begann – 3 Lektionen über verständliche Sprache in der Verwaltung

Am Anfang (das war vor nunmehr elf Jahren) stand eine Anfrage des Personal- und Organisationsamts der Stadt Bochum an den Fachbereich Angewandte Linguistik, geleitet von Professor Fluck. Die Bochumer Stadtverwaltung hatte festgestellt, dass Amtsbriefe immer wieder zu unnötigen Rückfragen und Beschwerden führen, und wollte hier Abhilfe schaffen.

Mein Examen mit dem Schwerpunkt Fachsprachen-Kommunikation bei Professor Fluck hatte ich soeben absolviert. Schon seit dem ersten Semester hatte ich mich vor allem immer wieder mit der Rechts- und Verwaltungssprache befasst. Das Ansinnen der Stadt Bochum stieß also bei uns auf offene Ohren. Schnell einigten wir uns auf ein Vorgehen. Die Stadt Bochum finanzierte eine halbe Mitarbeiterstelle und zwei studentische Hilfskräfte, der Fachbereich Angewandte Linguistik stellte die notwendige Infrastruktur. Vier Ämter hatten sich freiwillig gemeldet, um gemeinsam mit uns ihre Schreiben unter die Lupe zu nehmen: das Personal- und Organisationsamt, das Rechtsamt, das Sozialamt und das Bauordnungsamt. Diese suchten rund 100 Schreiben aus, die in der Praxis besonders oft zu Nachfragen, Missverständnissen oder Beschwerden führten. Das erste Projekt dieser Art bundesweit – zum ersten Mal erhielten Sprachwissenschaftler die Gelegenheit, eine Vielzahl von Verwaltungstexten zu analysieren. Im Vordergrund standen verschiedene Kriterien, die die Verständlichkeit erwiesenermaßen nachteilig beeinflussen, wie etwa Satzlänge, Gebrauch von Fachwörtern oder Unübersichtlichkeit. Auch den Tonfall der Schreiben nahmen wir kritisch unter die Lupe – und schrieben die Texte anschließend um. Natürlich aus Sicht juristischer Laien, denn für diese sollten die Texte ja verständlich sein.

Lektion 1: Nicht alles, was wünschenswert ist, ist auch machbar

Im persönlichen Gespräch mit den Beschäftigten wurde jede Formulierungsalternative diskutiert. Juristische Schützenhilfe leistete das Rechtsamt. Schnell wurde klar, dass der Teufel oft im Detail steckt und bei jedem Formulierungsversuch vieles zu bedenken ist:

- Ein „Restmüllbehälter" ist nicht dasselbe wie eine „Restmülltonne", denn ein Behälter kann auch ein Container oder ein Sack sein.
- Eine „Fahrerlaubnis" ist etwas anderes als der „Führerschein": Der Führerschein ist das Dokument, das die Fahrerlaubnis nachweist.
- Was in einer Abteilung umsetzbar ist, kann für eine andere Abteilung unzumutbar sein. So ist es zwar serviceorientierter, das Kassenzeichen in der Zahlungsaufforderung noch einmal zu wiederholen – auch wenn es schon (in fast nicht lesbarer Schriftgröße) im Briefkopf zu finden ist. Doch wenn keine Software vorhanden ist, mit der diese Wiederholung automatisiert werden kann, und das Kassenzeichen daher jedes Mal manuell neu eingegeben werden muss, führt dies im Einzelfall zu viel Mehrarbeit, die noch dazu fehleranfällig ist.

Eine wichtige erste Lektion war also: Nicht alles, was wünschenswert ist, ist auch machbar. Und manch schöne Idee bleibt einfach nur eine schöne Idee.

Lektion 2: Vieles ist machbar, allen Unkenrufen zum Trotz

Natürlich haben wir sie auch schon gehört, die Unkenrufe, die da zum Beispiel lauten: „Finger weg von den Verwaltungstexten!" Fast immer, wenn es um verständliche Sprache in Recht und Verwaltung geht, melden sich Personen zu Wort, die einer solchen Sprache skeptisch gegenüberstehen. Der Grund für diese Skepsis ist unserer Erfahrung nach aber selten, dass Verwaltungsbeschäftigte bewusst zwischen dem Bürger und sich eine Barriere aufbauen möchten – auch wenn dies oft vermutet wird. Stattdessen wissen wir aus unzähligen Gesprächen, dass viele Verwaltungsbeschäftigte ihre Texte lieber heute als morgen anders schreiben würden. Doch davon hält die Furcht ab, dass schon eine kleine Änderung einen Text rechtlich und inhaltlich verfälschen würde. Ist diese Furcht begründet? Ja, wenn man Texte einfach „ins Blaue hinein" verändert – ohne über die hierfür erforderlichen Fachkenntnisse zu verfügen:

- Wer aus dem „Besitzer" einen „Eigentümer" macht oder umgekehrt, begibt sich auf Abwege.
- Wer eine Rechtsbehelfsbelehrung dort vergisst, wo sie unbedingt hingehört, löst ungeahnte juristische Konsequenzen aus.
- Auch kann das Wort „unverzüglich" nicht ohne Weiteres durch das vielleicht weniger streng anmutende „sofort" ausgetauscht werden. Und so weiter und so fort.

Das bedeutet im Umkehrschluss: *Mit* dem entsprechenden Fachwissen können Verwaltungstexte ohne Weiteres verändert werden. Manchmal werden sie hierdurch sogar noch präziser und rechtssicherer.[1] Zudem zeigt die Erfahrung, dass die meisten Veränderungen, die erforderlich sind, um einen Text verständlicher zu machen, redaktioneller Art sind und die eigentliche Textaussage nicht verfälschen:

- Aus einer „Bleiwüste" wird ein Text mit Abschnitten und Zwischenüberschriften.
- Aus Passiv („es wird um Rückruf gebeten") wird Aktiv („bitte rufen Sie mich an").
- Die Kernbotschaft rückt vom Ende eines Schreibens an den Anfang.
- Überholte Wörter werden durch zeitgemäße Wörter ersetzt: Aus „Fernsprecher" wird „Telefon", aus „Augengläsern" wird „Brille" und aus „Durchschrift" wird „Kopie".
- Paragraphenketten treten in den Hintergrund: Zuerst wird geprüft, ob sie überhaupt erforderlich sind. Dann werden sie an das Ende eines Satzes oder an das Ende eines Textes verschoben.
- Und, und, und ...

Verwaltungen, die ihre Vermittlerfunktion und den Dienstleistungsgedanken wirklich ernst nehmen, sollten sich also nicht davon abhalten lassen, verständlich zu formulieren. Die notwendigen Fachkenntnisse hierzu lassen sich erlernen, zum Beispiel in Schreibwerkstätten; auch sollte auf bereits verständlich formulierte Mustertexte zurückgegriffen werden, um noch mehr Zeit und Geld zu sparen.

---

[1] Meine Kollegin Nurşen Şahin widmet diesem Thema in diesem Band einen eigenen Beitrag.

Lektion 3: Ein Text ist kein Stuhl.
Verständliche Texte sind ein Gemeinschaftsprodukt.

Nicht alle unsere ersten Entwürfe stießen sofort auf „Gegenliebe". Ja, manchmal ernteten wir auch ein Kopfschütteln. Im Gespräch mit den Beschäftigten wurde aus dem ersten Entwurf ein zweiter und manchmal auch ein dritter Entwurf, bis dann die Freigabe kam und der Text in der Praxis eingesetzt werden konnte. Denn ein verständlicher Text ist kein Stuhl, den man bestellt und der einem dann geliefert wird, sondern ein Produkt, das erst im Dialog zwischen Sprachexperten und Fachverantwortlichen entsteht:

- Das „Nichtwissen" um die fachlichen Details ist eine notwendige Voraussetzung, um in einem Text die Stellen aufzuspüren, die bei dem Adressaten auf Verständnisschwierigkeiten stoßen können. Bei Fehldeutungen ist der Fachverantwortliche gefragt: Gemeinsam mit ihm kann in den meisten Fällen eine Formulierung gefunden werden, die sowohl fachlich korrekt als auch sprachlich verständlich ist.
- Sprache hat auch etwas mit Geschmack zu tun; die Vielfalt von Formulierungsvarianten ist schier unendlich. Was bei der einen Verwaltung auf Zuspruch stößt, wird von einer anderen Verwaltung abgelehnt. Im Gespräch mit dem Fachverantwortlichen kann der Text auch stilistisch angepasst werden, ohne dass darunter die inhaltliche Richtigkeit oder die sprachliche Verständlichkeit leidet.

Das bedeutet im Umkehrschluss: Adressatenorientierte, verständliche Texte gibt es nicht auf „Bestellung". Wer dies erwartet, wird unweigerlich enttäuscht; wer dies verspricht, macht falsche Versprechungen. Wer sich jedoch auf ein interdisziplinäres Miteinander einlässt, erhält Texte, die beim Empfänger wirklich „ankommen".

2. Vom bundesweit ersten Pilotprojekt zum ausgezeichneten Netzwerk

Das zwischen den Jahren 2000 und 2002 durchgeführte Pilotprojekt zur verständlichen Sprache in der Verwaltung mit der Stadt Bochum war das bundesweit erste Projekt dieser Art und in vielerlei Hinsicht ein voller Erfolg. Dies zeigte sich nicht nur darin, dass zahlreiche Texte gemeinsam mit Verwaltungsfachleuten überarbeitet wurden. Auch Bochumer Bürgerinnen und Bürger wurden befragt und hießen die Veränderungen gut. Sämtliche Ergebnisse wurden im Leitfaden „Tipps zum einfachen Schreiben" festgehalten, der seither im ganzen Bundesgebiet und sogar im gesamten deutschsprachigen Raum verwendet wird. Das Projekt mündete in regelmäßigen Schulungen für die Beschäftigten, die bis heute ein fester Bestandteil des Weiterbildungsangebots der Stadt Bochum sind. Nicht zuletzt führten diese Arbeiten zu einer ungeheuren Resonanz in den Medien. Es berichteten unter anderem die Süddeutsche Zeitung, die ZEIT oder der Westdeutsche Rundfunk.

Auch bei anderen Verwaltungen fand das Vorgehen enormen Zuspruch: Zahlreiche Verwaltungen meldeten sich mit dem Wunsch, ebenfalls bei der Überarbeitung ihrer Texte unterstützt zu werden. Doch leider vereinte all diese Verwaltungen eins: Sie hatten kein Geld, um ein solches Projekt zu finanzieren. Auch unsere Universität verfügte über keinerlei Mittel, um die begonnene Arbeit fortzuführen. Zunächst schienen wir also in einer Sackgasse zu stecken. Doch Not macht bekanntlich erfinderisch ... und irgendwann kam mir eine Idee:

Ein Bußgeldbescheid ist ein Bußgeldbescheid ist ein Bußgeldbescheid … Einmal überarbeitet, könnte er auch von anderen Verwaltungen „mitgenutzt" werden, ohne dass diese für die vollständige Überarbeitung noch einmal „zur Kasse gebeten" werden müssten. Beauftragen diese im Gegenzug weitere Texte zur Überarbeitung und erlauben anderen Verwaltungen, ihre Ergebnisse mitzunutzen, entstünde im Laufe der Zeit ein Textpool. Die entstehenden Kosten würden auf viele Schultern verteilt. Aus den während dieser Arbeit gewonnenen Erkenntnissen ließe sich außerdem eine Art „Wörterbuch" entwickeln, in dem man Alternativen für schwer verständliche Formulierungen finden kann. Den Zugang könnte man bequem über das Internet gewährleisten. Zudem böte sich so die Möglichkeit, erstmals in Deutschland eine große Zahl von Verwaltungstexten umfassend zu untersuchen. So wäre allen gedient: den Verwaltungen, den Bürgerinnen und Bürgern, und nicht zuletzt der Forschung. Ein Name für das Vorhaben war schnell gefunden: IDEMA – Internet-Dienst für eine moderne Amtssprache.

Eine gute Idee, wie viele Verwaltungen fanden, denen wir IDEMA vorstellten. Doch wie viele würden sich tatsächlich aktiv an IDEMA beteiligen? Professor Flucks Meinung hierzu war: „Von keiner bis zu Hunderten – alles ist möglich." Die 700 größten Verwaltungen schrieben wir an. Auf einer 15.000 Kilometer langen Rundreise durch Deutschland stellte ich IDEMA zahlreichen Verwaltungen auch persönlich vor. Letztlich meldeten sich zwölf Verwaltungen an und zahlten einen einmaligen Teilnahmebeitrag zwischen 1.000 und 5.000 Euro: unsere IDEMA-Pioniere. Das hierdurch erzielte Budget war viel zu klein für ein großes Projekt. Wir wollten trotzdem loslegen. Und so einigten wir uns mit den Pionieren auf ein „kleines" Projekt: mit einer halben Mitarbeiterstelle für zwei Jahre, mit juristischer Schützenhilfe durch die Verwaltungen selbst. Und machten uns auf die Suche nach weiteren Unterstützern. Wir fanden einen Sponsor für die Entwicklung der Datenbank. Wir einigten uns mit einer Rechtsanwaltskanzlei auf ein Tauschgeschäft in Sachen Beratung. Auch ein paar Studierende und ein Praktikant waren zu unentgeltlicher Arbeit „für die gute Sache" bereit. Und so gingen wir im Sommer 2006 an den Start. Der Anfang war geschafft, nun lag viel Arbeit vor uns. Genauer gesagt, zwei Jahre Arbeiten im Akkord.

– Zum einen gab es die „eigentliche Arbeit" – Texte analysieren, überarbeiten, mit den Verwaltungsfachleuten diskutieren, erneut anpassen und schließlich für die Datenbank aufbereiten. Bewusst machten wir zum Start des Projekts kaum Vorgaben dazu, welche Texte eingereicht werden konnten und wie die beteiligten Verwaltungen die Arbeit vor Ort organisieren sollten. Manch eine Verwaltung reichte gleich 500 Texte ein, andere nur einen oder zwei Texte. Wir sichteten, ordneten und verschafften uns einen ersten Eindruck über den Stand der Verwaltungssprache der Gegenwart.
– Zum anderen gab es auch noch viel „Drumherum", zum Beispiel: die Datenbank programmieren, Interviews und Fernseh-Auftritte wahrnehmen, Fachaufsätze veröffentlichen, IDEMA bei interessierten Verwaltungen sowie auf Messen und Kongressen vorstellen …

Das IDEMA-Netzwerk wuchs stetig. Zum Ende der vorgesehenen Projektlaufzeit – Sommer 2008 – beteiligten sich 21 Kommunalverwaltungen sowie auch die gesamte Bundesverwaltung an IDEMA, koordiniert durch das Bundesministerium des Innern. Somit war endgültig klar, dass IDEMA sich als Pilotprojekt bewährt hatte und es ein Leben „nach dem Pilot" geben musste. Über die Auszeichnung als „Ort im Land der

Ideen" freuen wir uns deshalb ganz besonders, denn sie ist die Anerkennung der engagierten Arbeit zahlreicher Beteiligter sowie einer Idee, die vielen nützt. Und diese Anerkennung ermutigt, weiterzumachen. Wir sind gerade dabei, dies vorzubereiten – und auch hier wartet wieder viel Arbeit auf uns. Insbesondere wird es zukünftig darauf ankommen, IDEMA auf eine betriebswirtschaftlich tragfähige Basis zu stellen. Denn guter Wille allein reicht auf Dauer nicht aus, um etwas zu bewegen – am Ende des Monats müssen auch wir Miete, Mitarbeiter und Dienstleister bezahlen. Die Zukunft von IDEMA hängt also von der Bereitschaft ab, für verständliche Sprache Geld auszugeben – sei es für Weiterbildung, Sprachberatung oder Mustertexte. In Zeiten, in denen die Worte „Wirtschaftskrise" und „Haushaltssperren" in aller Munde sind, darf man gespannt darauf sein, wie ernst Staat und Verwaltung es wirklich mit der verständlichen Sprache meinen.

3. IDEMA – mehr als nur *ein* Ort im „Land der Ideen"

Die Auszeichnung als „Ort im Land der Ideen" ist für uns nicht zuletzt ein Anlass, einmal darüber zu reflektieren, was uns als „Ort" eigentlich ausmacht. Denn seit dem ersten Bochumer Projekt aus den Jahren 2000 bis 2002 hat es in ganz Deutschland immer mal wieder Bemühungen gegeben, bürgernäher zu kommunizieren: in Arnsberg, in Soest, in Dortmund, um nur einige zu nennen. Was unterscheidet uns nun von diesen anderen Orten in Deutschland? Etwas ganz Grundlegendes: Unser Ort – IDEMA – ist mehr als nur *ein* Ort. Hinter IDEMA stehen viele Orte aus der ganzen Bundesrepublik, die sich für eine verständliche Sprache in der Verwaltung starkmachen und die beschlossen haben, dies gemeinsam zu tun. Und diese Zusammenarbeit beruht auf einem bewährten Prinzip: Wer sich mit anderen zusammenschließt, kann schon gewonnene Erkenntnisse nutzen und eigene Erkenntnisse in die Gemeinschaft mit einbringen. So gewinnen am Ende alle.

Und das Netzwerk kann noch weiter gedacht werden, über die Landesgrenzen hinaus. Denn so revolutionär unsere Arbeit in Deutschland erscheinen mag, so alltäglich ist eine verständliche Sprache in manch anderen Ländern, wie etwa in Schweden. Es lohnt sich, sich mit den dort gemachten Erfahrungen auseinanderzusetzen, denn auch dies schafft Synergien und kann manches vielleicht beschleunigen. Und auf der anderen Seite kann auch bereits Bewährtes durch neue Gedanken vielleicht noch ein wenig verbessert werden. Im Rückblick erscheint es erstaunlich, dass es eine solche Tagung bislang noch nicht gegeben hat. Umso wichtiger, sie auch als einen Auftakt zur Gründung eines europäischen Netzwerks zu verstehen, in dem das Voneinander-Lernen über Verwaltungssprache im Mittelpunkt steht. Denn gemeinsam lässt sich der Weg zu einer Verwaltungssprache, die möglichst jeder versteht, besser beschreiten. Ihnen allen wünsche ich daher an diesem auf vielerlei Weise einzigartigen Ort zahlreiche interessante Gespräche, neue Erkenntnisse und auch Bestätigung für Ihr bisheriges Engagement.

Verständliche Verwaltungstexte – eine juristische Unmöglichkeit?

Nurşen Şahin

IDEMA, das ist ein „Ort im Land der Ideen", hinter dem viele Orte stehen – von Bochum in Nordrhein-Westfalen über Oberursel in Hessen bis hin zu Wiesloch in Baden-Württemberg. 21 Kommunen aus ganz Deutschland – auf den ersten Blick erscheint dies nicht viel, angesichts von derzeit insgesamt 12.227 Gemeinden.[1] Warum, so kann man sich fragen, scheuen sich viele Verwaltungen, auf eine verständliche Sprache in ihren Texten zu achten? In den letzten zehn Jahren haben wir Hunderte, wenn nicht Tausende Gespräche mit Verwaltungsvertretern geführt. Hierbei haben wir viel Zuspruch erhalten, sind aber auch auf viele Vorbehalte gestoßen. Als Leiterin der Rechtsabteilung von IDEMA möchte ich in diesem Beitrag auf einen Vorbehalt eingehen, den wir besonders häufig gehört haben: dass eine Überarbeitung vorhandener Verwaltungstexte mit dem Ziel, sie verständlicher zu machen, die Gefahr berge, die Rechtssicherheit der Texte zu gefährden.

Das A und O in der Verwaltung: rechtlich korrekte Texte

Grundsätzlich gilt: Beschäftigte von Verwaltungen müssen dafür Sorge tragen, dass die von ihnen versendeten Schreiben inhaltlich und rechtlich einwandfrei sind – in der Praxis ist oft von „rechtssicheren" oder „gerichtsfesten" Schreiben die Rede. Dies gilt vor allem für Bescheide, an die besonders hohe Anforderungen gestellt sind. Denn sie müssen nicht nur rechtlich unangreifbar sein, sondern dem Adressaten auch die Gründe für die jeweilige Entscheidung und seine rechtlichen Möglichkeiten, dagegen vorzugehen, verständlich erläutern. Ist dies nicht der Fall, kann der Bescheid für rechtswidrig erklärt werden, wie in einem Urteil des Landessozialgerichts Nordrhein-Westfalen vom 24. Mai 2006 geschehen (AZ: L 12 AL 87/05).[2] Somit sind die eingangs geschilderten Vorbehalte grundsätzlich nachvollziehbar.

Wer jedoch glaubt, dass die in der gegenwärtigen Praxis versendeten Schreiben die rechtlichen Anforderungen umfassend erfüllen, befindet sich im Irrtum. Im Jahr 2009 führten wir insgesamt etwa 50 Schreibwerkstätten durch und bearbeiteten in diesem Zusammenhang rund 600 von den Teilnehmern eingereichte Schreiben unter Berücksichtigung sprachlicher, aber auch rechtlicher Aspekte. Neben den für die Verwaltungssprache typischen Auffälligkeiten wie Verweisketten, überlangen Sätzen oder unnötigen Nominalisierungen fielen gerade bei Bescheiden auch immer wieder rechtlich problematische Aspekte auf. Um nur einige zu nennen:

---

[1] Quelle: Gemeindeverzeichnis des Bundesamtes, Stand 31.12.2008, http://www.destatis.de/ jetspeed/ portal/ cms/Sites/destatis/Internet/DE/Content/Statistiken/Regionales/Gemeindeverzeichnis/Administrativ/Aktuell/ 08__Gemeinden__EinwohnergroessenAktuell.psml.

[2] Weitere Beispiele für das bislang wenig beachtete Erfordernis der Verständlichkeit in Texten aus Recht und Verwaltung siehe Blaha / Sahin (2007, 181).

- inhaltlich nicht hinreichend bestimmte Entscheidungen
- fehlende oder unvollständige Ermessenserwägungen
- fehlende notwendige Gesetzesangaben, Bezugnahme auf längst außer Kraft getretene Gesetze
- fehlende oder mangelhafte Rechtsbehelfsbelehrungen
- Vermengung von Nebenstimmungen, selbstständigen und unselbstständigen sowie allgemeinen Hinweisen

Wie kommt es, dass zahlreiche Texte aus der Verwaltungspraxis derartige Mängel aufweisen? Die Gründe hierfür sind mannigfaltig und bislang noch nicht systematisch untersucht worden. Hierzu zählt beispielsweise sicherlich auch Zeitdruck, der etwa dazu führt, dass Gesetzespassagen oder juristische Kommentierungen ohne Rücksicht auf die Besonderheiten des Einzelfalls einfach abgeschrieben werden oder dass auf schon vorhandene – jedoch möglicherweise veraltete oder bereits fehlerhafte – Textbausteine zurückgegriffen wird. Eines jedoch dürfte durch die genannten Beispiele deutlich geworden sein: Die Angst vor der Rechtsunsicherheit ist jedenfalls eines der wichtigsten Argumente *dafür*, Verwaltungstexte überarbeiten zu lassen.

Wer kommuniziert eigentlich mit wem?

Schon vielfach ist festgestellt worden, dass Verständlichkeit keine Qualität eines Textes an sich ist, sondern sich immer erst im Zusammenspiel zwischen Text und Empfänger ergibt – oder auch nicht.[3] Wenn man von „verständlich" oder „unverständlich" spricht, ist daher immer der Empfänger des in Frage stehenden Textes von Bedeutung. Für die Verwaltung lässt sich festhalten: Kommunikation findet mit vielerlei Gruppen von Empfängern statt. So gibt es beispielsweise Kommunikation

- innerhalb der Verwaltung,
- mit anderen Verwaltungen (zum Beispiel übergeordneten Behörden),
- mit Gerichten (etwa bei Klageverfahren).

Bei Kommunikationsprozessen, bei denen die Empfänger selbst dem Rechts- und Verwaltungsbereich zuzurechnen sind, handelt es sich um Fachkommunikation. In dieser kommt es darauf an, sich präzise und ökonomisch zu bestimmten Sachverhalten auszutauschen. Dies wird ermöglicht, indem eine Fachsprache verwendet wird – in unserem Fall die Rechts- und Verwaltungssprache. Im Idealfall sollte die Fachkommunikation in Recht und Verwaltung also kaum Reibungsverluste aufweisen. In Wirklichkeit jedoch gibt es auch innerhalb der Verwaltung durchaus Kommunikationsstörungen, denn die Rechts- und Verwaltungssprache ist oft von weiteren Fachsprachen durchzogen, wie etwa der Sprache des Bauwesens, der Chemie oder der Medizin. In unseren Schreibwerkstätten wird oft berichtet, dass gerade bei fachbereichsübergreifenden Vorgängen Texte aus jeweils anderen Fachbereichen als schwer verständlich aufgefasst werden.

Besonders augenscheinlich sind Kommunikationsstörungen jedoch im Kontakt zwischen Verwaltung und Bürger. Denn die Merkmale, die für Fachsprachen typisch sind –

---

[3] Garbe / Holle / Jesch (2009, 68).

definierte und konventionalisierte Fachwörter, starker Gebrauch von Substantiven, unpersönlicher Stil – führen in der Kommunikation mit Nicht-Fachleuten oft zu Verständnisschwierigkeiten.[4] Hinzu kommen weitere vielfach textsortenspezifische Besonderheiten. So hat die Verwaltung unter anderem die Funktion, geltendes Recht umzusetzen, indem sie beispielsweise bestimmte Handlungen erlaubt, fordert oder verbietet.

Ein Eingriff in bestehende Rechte ist jedoch nur unter bestimmten Voraussetzungen möglich, die von der Verwaltung genau dargelegt werden müssen (Rechtsstaatsprinzip). Hier hat die Verwaltung zudem eine Vermittler-Funktion, denn ihre Aufgabe ist es, nicht nur hinreichend bestimmte Entscheidungen zu treffen, sondern auch, diese für den Adressaten nachvollziehbar zu erläutern. In der Praxis jedoch wird diese Vermittler-Funktion oft nicht ausgeübt. Insbesondere Bescheide geben oft einfach den Original-Wortlaut von Gesetzestexten wieder, stellen auch einfache Sachverhalte in Anlehnung an die Rechts- und Verwaltungssprache übermäßig kompliziert dar und zeichnen sich durch einen teilweise inflationären Gebrauch von Rechtsverweisen aus. Dies gilt jedoch auch für andere Textsorten wie etwa für Informationsschreiben. Die beschriebenen Auffälligkeiten bewirken bei den Empfängern oft zweierlei: zum einen Hilflosigkeit angesichts des unsensiblen Einsatzes der Rechts- und Verwaltungssprache, zum anderen Frustration bis hin zu Wut über den als „obrigkeitlich" empfundenen Tonfall. Es dürfte daher nicht überraschen, dass ich in meiner früheren Praxis als Anwältin für meine Mandanten oft eine „Übersetzungs-Funktion" wahrgenommen und für sie nicht verständliche Amtstexte in eine für sie verständliche Sprache „übersetzt" habe.

Praxisbeispiel 1: Hunde, die bellen, beißen nicht

Hier ein Beispiel[5] für einen Text, der lediglich dazu dient, den Empfänger über einen Sachverhalt zu informieren. Ein Bürger wird angeschrieben, weil Nachbarn sich über Hundegebell beschwert haben. Bevor die Verwaltung als Ordnungsbehörde einschreitet, appelliert sie an den betroffenen Bürger:

---

[4] Zu den typischen Merkmalen von Fachsprachen siehe auch Fluck (1996, 47 ff.).
[5] Alle Praxisbeispiele stammen aus dem Bochumer Textkorpus zur Verwaltungssprache.

Sehr geehrter Herr Meier,

aus Ihrer Nachbarschaft wird Klage darüber geführt, dass Ihr Hund, insbesondere zur Nachtzeit, andauernd laut bellt, wodurch sich Ihre Nachbarschaft vor allem in erheblichem Maße in ihrer Nachtruhe gestört fühlt.

Nach § 117 des Ordnungswidrigkeitengesetzes (OWiG) handelt jemand ordnungswidrig, der ohne berechtigten Anlass Lärm erregt, der geeignet ist, die Allgemeinheit oder die Nachbarschaft erheblich zu belästigen oder die Gesundheit eines anderen zu schädigen.

Die Ordnungswidrigkeit kann mit einer Geldbuße bis 5.000,00 € geahndet werden.

Das Verhalten Ihres Hundes muss Ihnen als Halter zugerechnet werden.

Wir bitten Sie, durch geeignete Maßnahmen Sorge dafür zu tragen, dass Ihr Hund nicht mehr ständig bellt.

Mit freundlichen Grüßen
Im Auftrag

Das Beispiel zeigt, wie auch einfache Sachverhalte unnötig verwaltungsmäßig, ja, gar pseudofachsprachlich dargestellt werden. Aus dem einfachen „sich beschweren" wird „es wird Klage geführt"; der Hinweis darauf, dass das die Nachbarschaft störende Hundegebell eine Ordnungswidrigkeit ist, wird fast wortgetreu aus dem Gesetz übernommen, wie folgende Gegenüberstellung zeigt:

Original-Schreiben	§ 117 Ordnungswidrigkeitengesetz
Nach § 117 des Ordnungswidrigkeitengesetzes (OWiG) handelt jemand ordnungswidrig, der ohne berechtigten Anlass Lärm erregt, der geeignet ist, die Allgemeinheit oder die Nachbarschaft erheblich zu belästigen oder die Gesundheit eines anderen zu schädigen.	Unzulässiger Lärm Ordnungswidrig handelt, wer ohne berechtigten Anlaß oder in einem unzulässigen oder nach den Umständen vermeidbaren Ausmaß Lärm erregt, der geeignet ist, die Allgemeinheit oder die Nachbarschaft erheblich zu belästigen oder die Gesundheit eines anderen zu schädigen.

Auch die anschließenden Sätze sind unnötig „amtlich". Die folgende Fassung zeigt, dass es auch anders geht – verständlich, höflich und serviceorientiert:

Sehr geehrter Herr Meier,

Personen aus Ihrer Nachbarschaft haben sich an uns gewendet, weil sie sich durch das Bellen Ihres Hundes gestört fühlen – vor allem nachts.

Bitte sorgen Sie dafür, dass Ihr Hund nicht mehr ständig bellt. Bedenken Sie: Was Ihr Hund darf oder nicht, bestimmen Sie. Hinweise zur Hundeerziehung finden Sie in Fachbüchern oder im Internet. Auch der Besuch einer Hundeschule ist manchmal empfehlenswert.

Wenn Sie als Halter es zulassen, dass andere Personen durch das Bellen Ihres Hundes erheblich belästigt werden, begehen Sie eine Ordnungswidrigkeit (§ 117 Ordnungswidrigkeitengesetz). Falls wir weiterhin Beschwerden erhalten, können wir ein Ordnungswidrigkeitsverfahren gegen Sie einleiten. Dies kann für Sie zu einer Geldbuße von bis zu 5.000 € führen.

Mit freundlichen Grüßen
im Auftrag

Praxisbeispiel 2: Umgang mit Fachterminologie

Oft heißt es, Verwaltungstexte seien deshalb schwer verständlich, weil sie darauf angewiesen seien, Fachausdrücke zu verwenden, und die könne man nun einmal nicht durch leichter verständliche oder gebräuchlichere Ausdrücke ersetzen. Dies trifft teilweise auch zu:

- „Widerspruch einlegen" ist rechtlich gesehen etwas anderes als „widersprechen".
- „Ein in Verlust geratener Pass" ist nicht unbedingt ein „verlorener Pass", sondern könnte beispielsweise auch gestohlen worden sein.
- „Oberflächenwasser" heißt nicht (immer) „Regen" (manchmal aber doch).

Insbesondere beim Umgang mit Ausdrücken, die der Rechts- und Verwaltungssprache zuzuordnen sind, ist Vorsicht geboten. Wie mit diesen bei der Überarbeitung von Verwaltungstexten umzugehen ist, kann nicht pauschal beantwortet werden – es kommt immer auf den jeweiligen Textzusammenhang an. Anhand von einigen Praxisbeispielen lassen sich jedoch einige Strategien beispielhaft aufzeigen:

Original-Formulierung	Kommentar	Strategie	Konsequenz
Gegen diesen Bescheid können Sie innerhalb eines Monats nach Bekanntgabe Klage erheben.	Hierbei handelt es sich um einen Satz, der in vielen Bescheiden enthalten ist. Der Fachausdruck „nach Bekanntgabe" ist juristisch komplex, eine Erläuterung der Bedeutung wäre zu aufwendig.	Ausdruck ohne weitere Erläuterung belassen.	Im Zweifel muss der Empfänger Rechtsberatung einholen.
Der Widerspruch hat keine aufschiebende Wirkung.	Auch dieser Satz findet sich in vielen Bescheiden. Der Fachausdruck „aufschiebende Wirkung" ist nur für rechtskundige Personen verständlich.	Ausdruck belassen und erklären: *Der Widerspruch hat keine aufschiebende Wirkung. Das heißt, auch wenn Sie Widerspruch einlegen, müssen Sie die Aufforderung zunächst fristgerecht erfüllen.*	Durch die Erläuterung wird der Fachausdruck verständlich.
Wenn Sie Ihr Auto nicht entfernen, werden wir die Ersatzvornahme betreiben.	„Ersatzvornahme betreiben" ist ein abstrakter Rechtsbegriff, der sich rechtsunkundigen Personen nicht erschließen dürfte.	Konkretisieren und den Fachausdruck in Klammern setzen. *Wenn Sie Ihr Auto nicht entfernen, werden wir veranlassen, dass es auf Ihre Kosten entfernt wird (Ersatzvornahme).*	Durch die Konkretisierung wird das Gemeinte verständlich. Da der Fachausdruck dennoch genannt wird, kann sich der Empfänger im Zweifel über die Rechtsgrundlagen informieren.

Die Beispiele zeigen, dass es auch bei Rechtsbegriffen durchaus möglich ist, verständlich zu formulieren. Von entscheidender Bedeutung hierbei ist, dass die beabsichtigte Aussage nicht verfälscht wird und der Empfänger die rechtlichen Grundlagen nachvollziehen kann.

Praxisbeispiel 3: Verständlich und zeitgemäß statt „Amtsdeutsch"

Der weitaus größte Teil der Überarbeitung von Verwaltungstexten berührt den rechtlichen Gehalt eines Schreibens in keiner Weise. Viele Maßnahmen zur Steigerung der Verständlichkeit, Höflichkeit und Service-Orientierung sind rein stilistischer Natur. Sie können bedenkenlos umgesetzt werden – auch ohne juristischen Rat in Anspruch zu nehmen. Auch hierfür einige Beispiele:

Strategie	Original-Beispiel	Alternative
Aktiv statt Passiv	Es entstehen Ihnen bei Inanspruchnahme unserer Hilfe keine Kosten.	Egal, welches unserer Angebote Sie nutzen: Unsere Hilfe ist immer kostenlos.
Anpassung an den aktuellen Sprachgebrauch	Mietzins vom Hundert fernmündlich	Miete Prozent telefonisch
Auf Fachjargon verzichten	entrichten Aktenlage	zahlen vorliegende Informationen

Fazit

Die Überarbeitung von Verwaltungstexten ist wünschenswert – nicht nur aus sprachlicher Sicht, sondern auch und besonders aus rechtlicher Sicht.

„Fach-Chinesisch" ist innerhalb einer Verwaltung und im Kontakt verschiedener Verwaltungen untereinander selbstverständlich legitim. Doch sobald sich eine Behörde an die Öffentlichkeit wendet, ist zum Verständigen eine Vermittlungssprache nötig. Der übermäßige Gebrauch von Fachwörtern, das blinde Zitieren aus Rechtstexten, das Festhalten an überholten Wörtern macht Verwaltungssprache zu einer Sprache, die von vielen Menschen abgelehnt wird, weil sie sie nicht verstehen. Eine solche Sprache ist in unserer demokratisch legitimierten Gesellschaft weder zeitgemäß noch akzeptabel – und dennoch leider weit verbreitet.

Wir von IDEMA arbeiten seit vielen Jahren daran, dies zu ändern. Diese Arbeit hat uns gezeigt: Wer in Sachen verständliche Sprache kompetent und juristisch sensibilisiert ist, weiß, welche juristischen Fallstricke in einem Text enthalten sind und wie sie zu umgehen sind. Er kann den Text so umformulieren, dass der Sinn nicht verändert wird. Wo die Rechtssicherheit potenziell berührt wird, ist die Angst vor der Rechtsunsicherheit zwar verständlich – aber bei interdisziplinärer Zusammenarbeit nicht begründet. Juristen können zwar nicht alles, aber für knifflige Fälle und scheinbar völlig Undurchsichtiges sind sie in jedem Fall die richtigen Ansprechpartner. In der Zusammenarbeit von Sprachwissenschaftlern und Juristen entstehen Texte, die verständlicher sind; unentdeckte inhaltliche Fehler oder Schwachstellen in den Original-Texten werden hierbei aufgedeckt und können „geheilt" werden. So gewinnen am Ende alle: Die Verwaltungen erhalten rechtlich und fachlich korrekte Texte, die Empfänger werden von unverständlichem Amtsdeutsch verschont und die Textüberarbeitenden stehen in Lohn und Brot.

Literatur

Blaha, M. / N. Şahin (2007), „Von Amts wegen unverständlich? Wege aus dem Labyrinth der Rechts- und Verwaltungssprache", in: *Betrifft Justiz,* Nr. 96, 181–184.
Garbe, Chr. / K. Holle / T. Jesch (Hgg. 2008), *Texte lesen. Textverstehen, Lesedidaktik, Lesesozialisation,* Stuttgart: UTB / Schöningh.
Fluck, H.-R. (1996), *Fachsprachen,* Tübingen / Basel: Francke Verlag.

Amtsdeutsch a. D.: Bitte auch in Gesetzen!

Ole Schröder

Auf kommunaler Ebene wird erfolgreich versucht, Verwaltungsschreiben verständlicher zu gestalten. „Amtsdeutsch a. D." ist das Motto. Eine isolierte Betrachtung nur der kommunalen Bemühungen reicht jedoch nicht aus. Denn kommunale Schreiben beziehen sich häufig auf Bundes- und Landesgesetze. Unverständliche Formulierungen in Gesetzen finden sich in den Schreiben der kommunalen Verwaltungen wieder. Diese Erkenntnis war auch der Ausgangspunkt dafür, nicht nur kommunale Initiativen gegen unverständliches Amtsdeutsch auf den Weg zu bringen, sondern das Thema von Grund auf anzugehen und für verständlichere Gesetze auf Bundesebene Sorge zu tragen.

Bisherige Bemühungen für eine verständliche Gesetzessprache

Nach § 42 Absatz 5 der Gemeinsamen Geschäftsordnung der Bundesministerien müssten Gesetzentwürfe eigentlich schon jetzt grundsätzlich für jedermann verständlich gefasst werden. Doch die Gesetzesrealität zeigt eindeutig, dass dieser Vorsatz nicht umgesetzt wird. Die in der Linguistik erarbeiteten Empfehlungen für eine verständliche Rechtssprache werden nicht in ausreichendem Maße umgesetzt. Hierfür fehlt den zuständigen Referenten in den Ministerien häufig das Problembewusstsein.

Das Bundesministerium der Justiz, das auf Bundesebene für die Rechtsförmlichkeitsprüfung zuständig ist, sieht für eine Verständlichkeitsprüfung von Gesetzentwürfen bisher keine Kapazitäten vor. Im Referat „Grundsatzfragen der Rechtsprüfung" wird die Verständlichkeit von Gesetzen – wenn überhaupt – nur nebenbei geprüft.

Eine Sprachberatungsinstanz ist der Redaktionsstab der Gesellschaft für deutsche Sprache (GfdS) beim Deutschen Bundestag. Dieser wurde 1966 ins Leben gerufen, nachdem im Gesetzentwurf zum Raumordnungsgesetz deutliche Formulierungsmängel festgestellt wurden (vgl. Wieners-Horst: 2002). Obwohl der Redaktionsstab der GfdS im Bundestag angesiedelt ist, sind laut Gemeinsamer Geschäftsordnung der Bundesministerien diese grundsätzlich dazu verpflichtet, Gesetzentwürfe dem Redaktionsstab zur sprachlichen Prüfung zuzuleiten. In der Praxis wird eine solche Zuleitung jedoch nur selten und wenn viel zu spät vorgenommen. Es findet nur eine Beteiligung des Redaktionsstabes statt, wenn ein Referentenentwurf schon vollständig erarbeitet ist. Eine die Gesetzgebung von Anfang an begleitende Sprachberatung fehlt bisher.

In der Geschäftsordnung des Bundestages gibt es bisher überhaupt keine Regelung für eine verständliche Sprache in Gesetzen. In der Konsequenz führt dies dazu, dass der Redaktionsstab nur von denjenigen in Anspruch genommen wird, die ohnehin für eine verständliche Gesetzessprache sensibilisiert sind.

Die personelle Ausstattung des Redaktionsstabes des Bundestages würde zudem nicht ausreichen, um alle Gesetzentwürfe einer Verständlichkeitsprüfung zu unterziehen.

Häufig machen die dichten zeitlichen Abläufe im Gesetzgebungsverfahren eine eingehende Sprachberatung und Verständlichkeitsprüfung unmöglich. Die Möglichkeiten sprachlicher Veränderungen werden durch zu späte Einbeziehung des Redaktionsstabes stark begrenzt (vgl. Thieme: 2007, 322).

Als Zwischenfazit können wir daher festhalten: Die bisherigen Bemühungen für eine verständlichere Gesetzessprache auf Bundesebene waren nicht ausreichend – weder auf Seiten der Bundesregierung noch auf Seiten des Bundestages.

Modellprojekt „Verständliche Gesetzessprache"

Daher wurde 2006 im Haushaltsausschuss des Deutschen Bundestages beschlossen, ein Modellprojekt zur „Verständlichkeit von Rechtsvorschriften" auf den Weg zu bringen. Dieses Projekt wurde über zwei Jahre von der GfdS im Bundesministerium der Justiz durchgeführt. Seitens der Projektgruppe wurde an verschiedenen Gesetzestexten mitgearbeitet: am Gesetz zur Neuregelung des Wohngeldrechts, an der Strukturreform des Versorgungsausgleichs, am Jugendarbeitsschutzgesetz sowie am fünften Vermögensbildungsgesetz.

Aus dem sehr erfolgreichen Projekt konnten wichtige Erkenntnisse gewonnen werden. Als ein wesentlicher Erfolgsfaktor wurde ein möglichst frühzeitiger und ständiger Dialog zwischen dem federführenden Fachreferat und den Sprachspezialisten identifiziert. Die zuständigen Referenten in den Fachministerien konnten schnell davon überzeugt werden, dass die Zusammenarbeit mit den Sprachexperten auch für sie deutliche Vorteile bietet. Die sprachliche Qualität der Gesetzentwürfe nahm merklich zu. Damit wird auch deren Akzeptanz in der regierungsinternen Ressortabstimmung und im parlamentarischen Verfahren erhöht.

Institutionalisierung der Sprachberatung auf Bundesebene

Das Modellprojekt im Bundesministerium der Justiz kann nur ein Anfang gewesen sein. Um dauerhaft für eine verständlichere Sprache in Gesetzen und Verordnungen zu sorgen, ist eine institutionalisierte Sprachprüfung im Gesetzgebungsverfahren notwendig. Fritz Schönherr – einer der größten Verfechter einer verständlicheren Rechtssprache – bemerkte schon vor über 20 Jahren:

> Was für jedes Industrieunternehmen – vor allem im Zeitalter der Produkthaftung – selbstverständlich ist, die Qualitätskontrolle, sollte auch für Gesetze gelten; dies umso mehr, als Gesetze meist langlebiger sind als ein Industrieerzeugnis. (Schönherr: 1985, 43)

Eine solche sprachliche Qualitätskontrolle wird nun sowohl innerhalb der Bundesregierung als auch innerhalb des Bundestages institutionalisiert.

Auf Regierungsseite wird zurzeit im Bundesministerium der Justiz ein unabhängiger Redaktionsstab der Bundesregierung aufgebaut. Im Bundeshaushalt 2009 und für die folgenden Jahre wurden hierfür entsprechende Mittel bereitgestellt. Im Ministerium werden zwei Sprachwissenschaftler fest eingestellt. Darüber hinaus wurde der Sprachberatungsauftrag ausgeschrieben und an die Gesellschaft für deutsche Sprache vergeben. Hierüber können voraussichtlich sieben weitere Sprachexperten beschäftigt werden.

Zusammen mit den zwei im Ministerium angestellten Kräften bilden sie den Redaktionsstab der Bundesregierung.

Die Ansiedlung im Justizministerium hat den Vorteil, dass die dort mit dem Modellprojekt gesammelten Erfahrungen direkt umgesetzt werden können. Zudem kann hier eine Verzahnung der Sprachberatung mit der ebenfalls im Justizministerium angesiedelten Rechtsförmlichkeitsprüfung vorgenommen werden (vgl. Schröder / Würdemann: 2008, 332).

Auf Parlamentsseite soll laut Beschluss des Geschäftsordnungsausschusses der schon existierende Redaktionsstab der GfdS beim Bundestag gestärkt werden und in enger Zusammenarbeit mit dem Redaktionsstab der Bundesregierung den parlamentarischen Teil des Gesetzgebungsverfahrens begleiten. Die Geschäftsordnung des Bundestages soll dahingehend geändert werden, dass die gesetzgeberische Arbeit der Parlamentarier sprachlich durch den Redaktionsstab unterstützt wird. Um bei Bedarf Vorschläge unterbreiten zu können, werden dem Redaktionsstab die Gesetzentwürfe dann rechtzeitig zugeleitet. Die das Gesetzgebungsverfahren begleitenden Sprachexperten sollen auf Beschluss des federführenden Ausschusses Empfehlungen unterbreiten. Darüber hinaus wird die Funktion des Redaktionsstabes auch hinsichtlich seiner Beratungsfunktion für Abgeordnete und Mitarbeiter des Bundestages bei sprachlichen Problemen gestärkt.

Zur Umsetzung dieser institutionalisierten Sprachberatung im Bundestag hat der Geschäftsordnungsausschuss beschlossen, die Geschäftsordnung des Bundestages um folgenden Artikel zu ergänzen:

> § 80 a   Überprüfung von Gesetzentwürfen auf sprachliche Richtigkeit und Verständlichkeit
> (1) Eine beim Bundestag eingerichtete oder angesiedelte Stelle soll auf Beschluss des federführenden Ausschusses einen überwiesenen Gesetzentwurf auf sprachliche Richtigkeit und Verständlichkeit prüfen und bei Bedarf Empfehlungen an den federführenden Ausschuss richten. Der federführende Ausschuss kann vor Abschluss seiner Beratungen eines Gesetzentwurfs diese Stelle hinzuziehen und um Prüfung bitten, insbesondere falls die Annahme des Gesetzentwurfs in geänderter Fassung zu erwarten ist.
> (2) Darüber hinaus bietet diese Stelle auch sonst sprachliche Beratungen an.

Hierdurch wird erreicht, dass das Prüfungsverfahren von den Mehrheitsfraktionen gelenkt werden kann. So kann vermieden werden, dass Oppositionsgesetzentwürfe, bei denen keine Aussicht auf Verabschiedung besteht, unnötig Kapazitäten des Redaktionsstabes binden. Zudem können damit besonders eilbedürftige Gesetzesvorhaben der Regierungsfraktionen nicht von der Opposition durch Zuleitung zum Redaktionsstab verzögert werden.

Weitere Schritte

Das Ziel einer verständlicheren Formulierung von Gesetzen ist auf Bundesebene durch die institutionelle Verankerung einer Sprachprüfung von Gesetzentwürfen sowohl im Bundestag als auch innerhalb der Bundesregierung endlich auf die Tagesordnung genommen worden. Es gilt nun, diese Chance zu nutzen und dafür zu sorgen, dass die geschaffenen Kapazitäten im Bereich der Sprachberatung intensiv genutzt werden. Hierzu müssen auch die Erfolge der Arbeit der Redaktionsstäbe deutlich nach innen und außen kommuniziert werden, um weitere Akzeptanz für diese wichtige Aufgabe zu schaffen.

Weitere Schritte auf dem Weg zu einer verständlichen Gesetzessprache müssen folgen. Die Fachreferenten in den Ministerien, die in der Regel den Erstentwurf von Gesetzen erarbeiten, sind für das Thema stärker zu sensibilisieren und linguistisch fortzubilden.

Auf kommunaler Ebene gibt es viele erfolgreiche Beispiele zur Erhöhung der Verständlichkeit von Verwaltungsschreiben wie das IDEMA-Projekt der Ruhr-Universität Bochum (Internet-Dienst für eine moderne Amtssprache) (vgl. Blaha: 2007).

Diese Beispiele sollten auch auf Landesebene verstärkt als Vorbilder herangezogen werden. Die Landesbehörden haben zum einen gegenüber den Bundesbehörden mehr direkten Kontakt zu Bürgerinnen und Bürgern sowie Unternehmen. Zum anderen haben die Länder im Gegensatz zu den Kommunen Gesetzgebungskompetenzen. Auf Landesebene ist es daher besonders geboten, das ganze Spektrum von Gesetzen, Verordnungen und Verwaltungsschreiben in den sprachlichen Verbesserungsprozess zu integrieren.

Eine über den Status quo hinausgehende Institutionalisierung einer Sprachberatung bei der Erarbeitung von Gesetzen und Verordnungen ist auch auf Ebene der Europäischen Union notwendig.[1] Rechtliche Vorgaben der EU gehen in die nationale Gesetzgebung ein. Sind jene schlecht formuliert, hat dies negative Rückwirkungen auf diese.[2] Doch ist eine Institutionalisierung der Sprachberatung und -prüfung mit über 20 Amtssprachen hier schwieriger umsetzbar als im nationalen Gesetzgebungsverfahren und erfordert einen deutlich höheren Aufwand. Gleichzeitig bietet die Mehrsprachigkeit auch die Chance, durch den notwendigen Abgleich der verschiedenen Sprachversionen des Textes diesen sprachlich zu verbessern.

> Diese Feststellung, dass die Abfassung in einer anderen sprachlichen Version nicht nur einem Prinzip der sprachlichen Adäquatheit, der Zweckmäßigkeit, Verständlichkeit folgt, sondern auch nach einem Dekodierungsvorgang eine sprachliche Korrektur der Schlüssigkeit des Ausgangstextes vorzunehmen vermag, ist auch als praktische Chance in der gemeinschaftsrechtlichen Textproduktion wahrzunehmen (Burr / Gallas: 2004, 228).

Um Amtsdeutsch auch in Gesetzen außer Dienst zu setzen, haben wir die ersten Schritte getan. Doch nach wie vor haben wir auf allen Gesetzgebungsebenen einen langen Weg vor uns. Eine verständliche Sprache ist ein wichtiger Beitrag zum Bürokratieabbau und zu mehr Bürgerfreundlichkeit. Der eingeschlagene Weg sollte daher weitergegangen werden!

---

[1] Zu ersten Ansätzen zur Durchsetzung einer verständlichen Sprache auf EU-Ebene vgl. Burr / Gallas: 2004; Asprey: 2003, 21–22.

[2] Besonders stellt sich dieses Problem in Ländern wie Schweden, die hinsichtlich einer verständlichen Rechtssprache weit fortgeschritten sind. Vgl. Asprey: 2003, 23–24: „However, Swedish legislative drafters still face a challenge to their plain language skills. The European Union regulations and directives to be incorporated in Swedish law are often written in an incompatible style. To counter this the Swedish government has created a new position: a language expert to work specifically on EU language issues."

Literatur

Asprey, M. M. (2003), *Plain Language for Lawyers*, 3rd edition; Federation Press; aktualisierte Version von Kapitel 4 unter http://www.federationpress.com.au/pdf/AspreyCh4Exp.pdf

Blaha, M. (2007), „Eine Datenbank für zeitgemäße Behördenschreiben. IDEMA – Internet-Dienst für eine moderne Amtssprache", in: Informationsbüro d-NRW (Hg.), *Verwaltungssprache*, 4–9.

Burr, I. / T. Gallas (2004), „Zur Textproduktion im Gemeinschaftsrecht", in: Müller, F. / I. Burr (Hgg.): *Rechtssprache Europas – Reflexion der Praxis von Sprache und Mehrsprachigkeit im supranationalen Recht*, Berlin: Duncker & Humblot, 195–242.

Schönherr, F. (1985), *Sprache und Recht – Aufsätze und Vorträge*, Barfuß, W. (Hg.), Wien: MANZ'sche.

Schröder, O. / Chr. Würdemann (2008), „Rechtstexte verständlich formulieren – Implementierung einer Sprachanalyse im Gesetzgebungsverfahren", in: Eichhoff-Cyrus, K. M. / G. Antos (Hgg.): *Verständlichkeit als Bürgerrecht? Die Rechts- und Verwaltungssprache in der öffentlichen Diskussion*, Mannheim u. a.: Dudenverlag, 324–335.

Thieme, S. (2007), „Was ist gutes Deutsch in der Rechts- und Verwaltungssprache? Eine Gratwanderung zwischen Fachsprache und Verständlichkeit", in: Burkhardt, A. (Hg.): *Was ist gutes Deutsch? Studien und Meinungen zum gepflegten Sprachgebrauch*, Mannheim, u. a.: Dudenverlag, 322–330.

Wieners-Horst, B. (2002), „Die Arbeit des Redaktionsstabes der Gesellschaft für deutsche Sprache beim Deutschen Bundestag", in: Haß-Zumkehr, U. (Hg.): *Sprache und Recht*, Berlin, New York: de Gruyter, 375–382.

Initiativen des Amtes für Sprachangelegenheiten der Autonomen Provinz Bozen-Südtirol zur Modernisierung der Verwaltungssprache

Annette Lenz Liebl

Südtirol: mehrsprachiges Umfeld als Basis für die Entstaubung der deutschen Amtssprache

Die längst überfällige Modernisierung der Verwaltungssprache ist an und für sich schon kein einfaches Unterfangen – in Südtirol wird sie zusätzlich durch die im Statut der Autonomen Provinz Bozen verankerte Mehrsprachigkeit erschwert, deren Nebeneffekt darin besteht, dass die Qualität der in der Verwaltung verfassten Texte, besonders im Deutschen, oft zu wünschen übrig lässt.

In Südtirol gilt das Recht auf den Gebrauch der Muttersprache, das heißt, dass sich die Bürgerinnen und Bürger in italienischer und deutscher Sprache sowie, beschränkt auf die ladinischen Täler, im ladinischen Idiom an die öffentliche Verwaltung wenden können.

Rechtsvorschriften des Landes Südtirol und Beschlüsse der Landesregierung müssen zweisprachig verfasst und veröffentlicht werden. Bei Fragen der Interpretation ist dabei die italienische Fassung ausschlaggebend.

Da die Textproduktion leider in den seltensten Fällen unter idealen Bedingungen erfolgt (genug Zeit für die Ausarbeitung und übersichtliche Abläufe innerhalb eines geregelten Zeitplans, Übersetzungen durch Fachübersetzer oder geeignetes Fachpersonal, sprachliche Überprüfung durch Fachleute), weisen die Rechts- und Verwaltungstexte der Südtiroler Landesverwaltung verschiedene sprachliche Mängel auf, die sie von einsprachigen Umgebungen unterscheiden: Übersetzungsfehler, Interferenzen unterschiedlicher Art, uneinheitlich verwendete oder unzutreffende Terminologie, Abweichungen im Satzbau usw. Ebenso spiegelt sich in den deutschen Texten oft die traditionell eloquente italienische Rechts- und Amtssprache wider, so dass diese für Deutschsprachige jenseits der Alpen mitunter schwerfällig und ungewohnt klingen. Ein Beispiel dafür sind seitenlange Aneinanderreihungen von Nebensätzen etwa in Beschlüssen, die im Italienischen wegen der Stellung des Verbs zwar nicht besonders bürgerfreundlich, aber doch einigermaßen verständlich klingen, während sich die Leserinnen und Leser der deutschen Version völlig im Satzgewirr verlieren.

Seit einigen Jahren bemüht sich die Südtiroler Landesverwaltung[1] zudem, Texte, die an eine breitere Öffentlichkeit gerichtet sind, geschlechtergerecht zu formulieren. Doch besonders bei Rechtsvorschriften stößt dieser Versuch immer wieder auf Grenzen, wie etwa Abweichungen vom Usus in der italienischen (Rechts-)Sprache, von der sich die deutsche Version nicht zu weit entfernen darf.

Dies zu den Voraussetzungen, von denen die Bemühungen der Landesverwaltung zur Entstaubung der Amtssprache ausgehen.

---

[1] Die Südtiroler Landesverwaltung (ohne Schulen und andere Körperschaften) besteht aus 41 Abteilungen mit insgesamt 231 Ämtern und beschäftigt rund 4.000 Personen.

Amt für Sprachangelegenheiten der Südtiroler Landesverwaltung

Das zur Anwaltschaft des Landes gehörende Amt für Sprachangelegenheiten beschäftigt elf Angestellte (Übersetzer, Juristen und Verwaltungsfachkräfte). Die Hauptaufgaben des Amtes bestehen in der sprachlichen Überarbeitung und – bei Bedarf – in der Übersetzung von Rechts- und anderen Fachtexten sowie in der sprachlichen Beratung des Personals der Landesverwaltung. Je nach Fall vor oder nach der sprachlichen Überarbeitung werden die Rechtsvorschriften aus gesetzgebungstechnischer Sicht vom Rechtsamt der Anwaltschaft des Landes begutachtet.

Ferner befindet sich beim Amt für Sprachangelegenheiten das Sekretariat der Paritätischen Terminologiekommission[2], die für die Normierung einer Südtiroler Rechtsterminologie sorgt.

Initiativen des Amtes zur Verbesserung der Qualität der Texte innerhalb der Verwaltung

Sprachliche Überarbeitung von Rechtsvorschriften

Eine der vorrangigen Aufgaben des Amtes besteht darin, Rechtsvorschriften sowohl im Italienischen als auch im Deutschen sprachlich zu überprüfen. Die Vorschläge, die das Amt liefert, sind allerdings für die verantwortlichen Verfasser *nicht verbindlich*.

Nicht selten werden Rechtsvorschriften erst kurz vor ihrer Verabschiedung sprachlich überprüft, insbesondere auch im Hinblick auf ihre Verständlichkeit und Bürgerfreundlichkeit. Die Texte, die dem Amt für Sprachangelegenheiten vorgelegt werden, haben oft einen langen Entstehungsweg hinter sich. Qualitativ unterscheiden sie sich stark, je nachdem, wie viele Personen an der Ausarbeitung beteiligt waren und wie es um die sprachlichen Fertigkeiten der Verfasser und ihre Sensibilität für die Bedeutung einer klaren, verständlichen Sprache bestellt ist.

Angesichts der meist komplizierten Inhalte und Regelungen, die vermittelt werden sollen, tritt die Klarheit und Verständlichkeit der Sprache bei vielen Rechtsvorschriften und anderen Texten der Verwaltung leider viel zu oft in den Hintergrund.

Dabei wäre es besonders wichtig, bereits in der Ausarbeitungsphase leicht verständliche Aussagen zu formulieren, denn eine spätere Umformulierung, nachdem die oft mühsamen Verhandlungen mit Interessenvertretern bereits abgeschlossen sind, gestaltet sich weitaus schwieriger. So kann etwa die Struktur des Textes im Nachhinein kaum mehr verändert werden und nicht selten lassen sich – auch aus zeitlichen Gründen – nur mehr kleinere „kosmetische" Eingriffe vornehmen.

Bei der sprachlichen Überarbeitung ist der direkte Kontakt zwischen den „Sprachprüfern" und den fachlich Verantwortlichen besonders wichtig. Besonders kommt es darauf an, durch gute Vorschläge zu überzeugen, zu vermitteln, warum die eine oder andere Textpassage von der Allgemeinheit nicht verstanden oder falsch aufgefasst werden könnte oder welche Alternativen es beispielsweise für übertriebenes Fachlatein oder endlose Sätze gibt. Ist die sprachliche Kritik gut überlegt und in diesem Sinne konstruktiv, wird sie meist gerne angenommen, gleich, wie dringend ein Text sein mag oder wie viele Personen an seiner Entstehung beteiligt waren.

---

[2] Näheres dazu unter http://www.provinz.bz.it/anwaltschaft/0302/de/terminologie.htm.

Besonders wichtig in diesem Zusammenhang ist die sprachliche Sensibilität der Verfasserinnen und Verfasser der Rechtsvorschriften; nicht immer sind sich diese der Bedeutung einer verständlichen Verwaltungssprache bewusst und halten „einfach" formulierte Texte für ein Zeichen fehlender Kompetenz.

Um das Bewusstsein für die Bedeutung einer klaren Sprache gezielt zu fördern, bietet die Anwaltschaft der Südtiroler Landesverwaltung seit einigen Jahren in Zusammenarbeit mit dem Amt für Personalentwicklung spezifische Kurse an.

Stil-Handbuch für Verwaltungsangestellte
Bereits seit einem guten Jahrzehnt liegen den öffentlichen Bediensteten in Italien Anleitungen vor, um Texte, die an eine breitere Öffentlichkeit gerichtet sind, bürgerfreundlich zu gestalten. So führte die italienische Verwaltungsreform im Jahr 1997 noch im selben Jahr zur Herausgabe eines Stil-Handbuchs für Verwaltungsangestellte (Fioritto: 1997), während 2002 eine Richtlinie zur Vereinfachung der Verwaltungssprache mit dem Ziel folgte, die Texte der öffentlichen Verwaltung klarer und verständlicher zu gestalten, ohne die Vollständigkeit und Korrektheit der Information zu gefährden.

Umfragen bei den Landesangestellten ergaben jedoch, dass diese Hilfsmittel nur zum Teil bekannt sind und aus unterschiedlichen Gründen kaum benutzt werden.

Die korrekte Umsetzung der Richtlinie, die das Ziel hat, die Sprache bei gleichzeitiger Gewährleistung der Rechtssicherheit parallel in zwei bzw. drei Sprachen zu vereinfachen, scheint angesichts der oft komplizierten Entstehungsgeschichte von Rechtsvorschriften jedoch leider noch in weiter Ferne.

Schulungen

Art der Schulungen
Seit 2004 veranstaltet das Land Südtirol Schulungen zum Thema „Bürgerfreundliche Verwaltungssprache". Die internen Schulungen sind ein gemeinsames Projekt des Amtes für Sprachangelegenheiten (Referentin ist die Direktorin des Amtes, eine Mitarbeiterin oder ein Mitarbeiter) und der Leiterin der Anwaltschaft des Landes. Den Teilnehmenden werden gleichzeitig die sprachlichen *und* die gesetzgebungstechnischen Aspekte bei der Ausarbeitung von Rechtsvorschriften vermittelt, die in der Praxis eng miteinander verwoben sind.

Bislang wurden 25 interne Schulungen in deutscher und in italienischer Sprache veranstaltet, je nach Anfrage konzentriert auf einen Tag mit zwei Modulen (sprachliche Aspekte / bürgerfreundliche Texte gestalten – gesetzgebungstechnische Aspekte) oder – mit mehr Zeit für praktische Übungen – verteilt auf zwei Tage.

Drei Schulungen mit dem Titel „Bürgerfreundliche Verwaltungssprache / Korrektes Formulieren von Beschlussanträgen" wurden ferner für die Europäische Akademie Bozen im Rahmen der „Postuniversitären Fortbildung in technischer Redaktion, Dokumentation und Fachübersetzung" veranstaltet.

Die Schulungen, die sich an unterschiedliche Zielgruppen richten (verschiedene Funktionsebenen und Berufsbilder der Verwaltung), werden zweimal jährlich im Kurskalender der Landesverwaltung veröffentlicht. Ebenso werden auf Anfrage einzelner Ämter oder Abteilungen Schulungen veranstaltet, die auf besondere Anforderungen einzelner Ämter oder Zielgruppen zugeschnitten sind.

So fanden beispielsweise eigene Veranstaltungen zum Thema „Bürgerfreundliche Briefe gestalten" statt, bei denen die Angestellten von Ämtern die Formulare und Textbausteine mitbringen konnten, die ihnen besonders missfielen – beim Kurs wurde dann gemeinsam nach neuen Lösungen gesucht. Durch die Praxisnähe war die Motivation für diese Art von Kursen besonders groß, so dass wegen reger Nachfrage Aufbaukurse zum selben Thema stattfanden.

Um Diskussionen zu erleichtern und den Austausch zwischen Referenten und Teilnehmern zu fördern, werden maximal 15 Personen zu den Schulungen zugelassen.

Aufbau der Schulungen

Nach einer Einführung über die Entwicklung der italienischen Verwaltungssprache seit der italienischen Verwaltungsreform von 1997 und über die verschiedenen Ansätze zur Modernisierung der Verwaltungssprache im deutschen Sprachraum und in Italien werden ausführlich die „Fallen" besprochen, die einem guten, bürgerfreundlichen Text im Weg stehen, von übermäßigen Substantivierungen über unnötige Fremd- und Fachwörter bis hin zu rechthaberischen Formulierungen, die längst nicht mehr zeitgemäß sind. Dazu werden jeweils möglichst praxisnahe Beispiele geliefert. Passende Übungen sollen helfen, das Gelernte direkt umzusetzen, in Einzel- oder Gruppenarbeit. So müssen die Kursbesucher beispielsweise selbst versuchen, besonders schwierige Textpassagen verständlicher zu gestalten, Satzungetüme zu „zerpflücken" oder Briefe und Beschlüsse nach bestimmten Vorgaben auszuarbeiten. Das Ergebnis wird gemeinsam besprochen, sowohl unter einem sprachlichen als auch gesetzgebungstechnischen Aspekt. Der Vortrag der Referenten wird durch Slides veranschaulicht. Die Teilnehmenden erhalten Informationsmaterial, wie etwa eine Kopie der italienischen Richtlinien zur Vereinfachung der Verwaltungssprache oder der legistischen Richtlinien der Südtiroler Landesverwaltung sowie zusammenfassende Übersichten mit den wichtigsten Tipps für verständliches Schreiben. Außerdem werden sie über nützliche Links im Internet informiert.

Evaluation der Schulungen

Um die Qualität der Schulungen zu optimieren, werden die Teilnehmerinnen und Teilnehmer am Ende der Veranstaltung gebeten, in einem Fragebogen festzuhalten, ob sie mit der Organisation, den Referenten, dem Schulungsinhalt und der Praxisnähe zufrieden sind. Die bisherige Auswertung der Fragebögen ergab insgesamt eine sehr positive Bilanz, die ermutigt, diesen Weg weiterzugehen. Ebenso positiv sollte vermerkt werden, dass sich bei den Referentinnen immer wieder Kursteilnehmerinnen und -teilnehmer melden, die versuchen, das Gelernte im Arbeitsalltag umzusetzen und um Bestätigung des einen oder anderen Lösungsversuchs bitten.

Ausblick

Die allgemeine Resonanz der Schulungen ist bislang zwar sehr positiv, doch die Zahl der Führungskräfte, die für eine Teilnahme an den Schulungen zur Modernisierung der Verwaltungssprache gewonnen werden konnten, ist leider eher gering.

Am stärksten vertreten sind Angestellte der mittleren Laufbahnen, die in ihren Ämtern in irgendeiner Form Texte produzieren und als Beweggründe für die Teilnahme eigene negative Erfahrungen mit dem Amtsdeutsch (bzw. *burocratese*, dem Amtsitalienisch) angeben. Diese Zielgruppe ist zweifellos sehr wichtig, da viele der innerhalb der Verwaltung verfassten Texte durch ihre Hand gehen. Verantwortlich für die meisten Schreiben, die sich an die Öffentlichkeit richten, sind jedoch die jeweiligen Vorgesetzen, die bei den bisherigen Schulungen nur geringfügig vertreten waren. Dabei entscheiden gerade sie, ob etwa ein altes Formular einem neuen, bürgerfreundlicheren weichen kann oder nicht, oder ob eine besonders heikle Stelle in einem Gesetz umformuliert werden darf, damit sie verständlicher wird.

Kursteilnehmerinnen und -teilnehmer, welche die bei der Schulung gelernten Aspekte anwenden wollen, klagen zum Teil darüber, dass ihre Innovationsversuche letztendlich daran scheitern, dass der oder die Vorgesetzte nicht die Verantwortung für eine Neuerung übernehmen will.

Nach der bisherigen Erfahrung ist der Ausbau der Schulungstätigkeit, unter besonderer Berücksichtigung der Führungskräfte, der sinnvollste Ansatz, um langfristig ein Umdenken in der Verwaltung in Richtung bürgerfreundliche Sprache zu gewährleisten.

Mit einem oder zwei Tagen Schulung ist natürlich nur ein erster Schritt getan, der denjenigen, die ohnehin schon ein gewisses Interesse an einer bürgerfreundlichen Gestaltung haben, ein paar grundsätzliche Anregungen liefert. Erreicht werden sollten aber *alle,* die innerhalb der Verwaltung Texte für eine breitere Öffentlichkeit schreiben, besonders diejenigen, die dem Thema weniger offen gegenüberstehen und daher für die freiwilligen Kurse schwieriger zu gewinnen sind.

Ein positiver Ansatz besteht daher sicherlich darin, neue Angestellte der Verwaltung zu verpflichten, im Rahmen von Schulungen zur Einführung in die Verwaltungstätigkeit ein Modul über bürgerfreundliches Formulieren zu besuchen.

Zur Vertiefung wären Aufbaukurse, eventuell auch in Form von „Arbeitsbesprechungen" im kleinen Kreis, von Nutzen, die auf den spezifischen Bedarf einzelner Ämter oder Kategorien zugeschnitten sind. Solche Besprechungen lassen sich ohne großen bürokratischen Aufwand organisieren und können ganz gezielt die Bedürfnisse der Teilnehmer berücksichtigen.

Generell wäre es wichtig, dass die Verfasserinnen und Verfasser von Texten begleitet werden, indem sie sich bei Formulierungsfragen an eine zentrale Anlaufstelle wenden könnten. Diesen Auftrag hat institutionell das Amt für Sprachangelegenheiten, seine sprachliche Beratung sollte aber stärker in der *Ausarbeitungsphase* der Texte beansprucht werden, da es – wie schon gesagt – weitaus schwieriger ist, die Texte erst im Nachhinein, kurz vor ihrer Verabschiedung, zu bearbeiten, wenn die Zeit bereits drängt.

Literatur

Bundesverwaltungsamt, Bundesstelle für Büroorganisation und Bürotechnik (2002), *BBB-Arbeitshandbuch „Bürgernahe Verwaltungssprache"*, 4. Auflage, in: http://www.bva.bund.de/cln_108/nn_372242/SharedDocs/Publikationen/Verwaltungsmodernisierung/Buergernahe__Verwaltungssprache__BBB.html?__nnn=true

Fioritto, A. (1997), *Manuale di Stile. Strumenti per semplificare il linguaggio delle amministrazioni pubbliche*, Bologna: Il Mulino.

HELP – die Drehscheibe zwischen Behörde und BürgerInnen

Johannes Rund

Amtsdeutsch anno dazumal

> Von der Steuerbehörde für den 18. bzw. 19. Bezirk Wien/Niederösterreich: Herr Egon Friedell, Chefredakteur der Frankfurter Zeitung. Aufgrund der amtlichen Erhebungen werden Sie aufgrund Ihrer Lohngenüsse als ausschließlicher Verfasser der periodischen Druckschrift „Frankfurter Zeitung" für die Jahre 1926 bis 1929 in die Gruppe 1A der Allgemeinen Erwerbssteuer, respektive 1B der temporären Einkommenssteuer eingereiht.
>
> Die Höhe der voraus zu zahlenden Nachtragssteuer für das der Einkommensstufe über das zweite Semester unmittelbar den dazwischen liegenden Jahren des vorher gehenden dritten Halb-Quartals als zweite Rate der Zuwachsstaffel vorgeschriebenen Katasterumlage jedoch vermehrt um den mit der Steuernovelle vom 3. Jänner 1921 für die nicht unter die für die unter die Befreiung von der direkten Einkommensmehrertragssteuer fallenden vorgesehenen kommunalen Erwerbszuschlag, jedoch abzüglich der bereits für die Versteuerungsperiode vorausgegangenen letzten drei, soweit sie noch in diese Periode fallen schuldigen Vermehrsteuerangeboten bis spätestens zum als Stichtag geltenden 1. Dezember 1926 eingezahlten Beträge errechnet. (Qualtinger: 1999)

Amtsbescheiden dieser Art – der vorliegende Fall ist natürlich ein Extremum, basiert aber durchaus auf den damaligen Usancen – inhaltlich zu folgen, ist für den sogenannten Durchschnittsbürger schier ein Ding der Unmöglichkeit.

Es kann für die heutige Zeit nicht ausgeschlossen werden, dass Schreiben von Behörden noch immer ähnlich unverständlich abgefasst werden. Dies ist umso bedenklicher, als Behörden Dienstleister für Bürgerinnen und Bürger sind. Wenn Kommunikation das gemeinsame Machen von Sinn ist, dann läuft die Amtssprache als eigenes künstliches Idiom dieser Definition zuwider. Die Amtssprache stellt in dieser Form eine Barriere für die Betroffenen dar, was bei diesen Misstrauen gegenüber den Behörden erzeugt und dem Servicegedanken abträglich ist.

Um den Bürgerinnen und Bürgern, die das Internet benutzen – in Österreich sind das zurzeit immerhin mehr als zwei Drittel der Haushalte – eine verständliche Kommunikation mit den Behörden und somit in weiterer Folge eine Erleichterung bei der Durchführung von Amtswegen zu ermöglichen, wurde 1997 *HELP.gv.at* ins Leben gerufen und ins Netz gestellt, damals noch vom Bundesministerium für Finanzen gemeinsam mit der Bundesrechenzentrum GmbH.

Der digitale Amtshelfer www.help.gv.at, der nun vom österreichischen Bundeskanzleramt betrieben wird, ist *die* Anlaufstation für Bürgerinnen und Bürger für alle Behördenwege im Internet. *HELP* ist behördenübergreifend und informiert seine User – ausgehend von über 200 Lebenssituationen, wie etwa Schwangerschaft, Geburt, Heirat oder Wohnen – über Amtswege in Österreich. *HELP* versteht sich als Drehscheibe zwischen Behörden und Bürgern und Bürgerinnen, wobei Transparenz, Übersichtlichkeit, die Konzentration auf das Wesentliche und dadurch vor allem die Verständlichkeit im Vordergrund stehen, das heißt, es wird besonders großer Wert auf gut verständliche Informationen auch bei komplizierten und umfangreichen Themen gelegt.

So erläutert zum Beispiel ein leicht verständliches Begriffslexikon zu verschiedenen Themen die wesentlichen rechtlichen Aspekte. Das **HELP**-Begriffslexikon beinhaltet Begriffe von „a priori" bis „Zweitwohnsitz": Nach wie vor ist es **HELP** ein Anliegen, häufig verwendete Begriffe, Phrasen und Ausdrücke aus der Behördenwelt näherzubringen und so Behördenwege oder das Lesen von behördlichen Schriftstücken zu erleichtern. User-Feedback ist dabei durchaus gewünscht. Viele Begriffe werden auf Grund von Userwünschen in **HELP** aufgenommen.

Darüber hinaus können offene Fragen über ein Online-Formular direkt an Experten aus dem **HELP**-Team gestellt werden. User können pro Lebenslage über die Foren „Fragen und Anregungen" spezifische Fragen stellen. Dieser Service unterstützt einerseits den Bürger, anderseits aber auch die Verwaltung, da viele Anfragen, die sonst direkt an das Amt gestellt werden, über **HELP** bereits beantwortet werden.

Anregungen werden nicht nur rezipiert, sondern finden auch Eingang in die Texte. So werden Adressänderungen von Ämtern, aber auch Modifikationen, die sich auf eine Änderung der Gesetzeslage hin ergeben, eingepflegt.

Somit bildet der Weg zu **HELP** keine Einbahnstraße für die User, sondern entspricht der Definition von Kommunikation per se als dem gegenseitigen Machen von Sinn. Die Anzahl der Anfragen hat sich von 2004 (5.016) bis 2006 (13.013) mehr als verdoppelt – jedoch hat sie sich nunmehr auf ungefähr 1.000 pro Monat eingependelt.

One-Stop-Prinzip

HELP bereitet die Nutzer bestmöglich auf den bevorstehenden Amtsweg vor und verweist sie an die richtige Stelle. Mit der Angabe der notwendigen mitzubringenden Dokumente können bei der Durchführung des Behördenganges unnötige Wege und Leerläufe vermieden werden. So kann der Antragsteller bereits alle notwendigen Unterlagen zum Vorsprechen bei der Behörde mitnehmen. Damit verkürzt sich auch die Bearbeitungszeit des jeweiligen Antrags für den mit der Erledigung betrauten Beamten. Durch die behördenübergreifende Gesamtdarstellung jedes Themas wird *HELP* so zum „One-Stop-Shop". *HELP* bündelt alle notwendigen Informationen und bietet teils auch die elektronische Abwicklung der Verfahren an.

Wenn E-Government auf den drei Säulen Information, Kommunikation und Transaktion fußt, so steht auch die dritte Säule „Transaktion" – also das Durchführen von Online-Amtswegen – auf einem festen sprachlichen Fundament. Alle Online-Formulare von *HELP*, also auch Online-Formulare, die auf oder über *HELP* verlinkt sind, entsprechen Grundsätzen, die in einer Styleguide-Kommission, die von verschiedenen österreichischen Behörden, Erstellern und Anbietern von Online-Formularen festgelegt werden. Dies beinhaltet auch eine Erklärung des Formularzwecks sowie in jedem Formularschritt eine Ausfüllhilfe und verständliche Fehlerhinweise beim Falschausfüllen bzw. Leerbleiben von Formularpflichtfeldern.

Somit wird eine wesentliche Hürde beim Ausfüllen von Formularen genommen, zumal ja vielfach die Angst der Antragsteller vor einem Falschausfüllen bzw. vor dem Nichtverständnis der geforderten Angaben besteht.

Die Schwerpunkte einer *HELP*-Seite liegen wie schon oben kurz angeführt in der Benutzerfreundlichkeit, durch eine verständliche und intuitiv begreifbare Navigation, in der Transparenz der Inhalte und der Übersichtlichkeit der Seiten, der Konzentration auf das Wesentliche und der Verständlichkeit der Texte, unterstützt durch ein Begriffslexikon und Hilfeseiten.

Vom Gesetz zum *HELP*-Text

Die folgende Graphik gibt einen kurzen Überblick über die Genese der *HELP*-Texte, ausgehend vom Gesetzgebungsprozess:

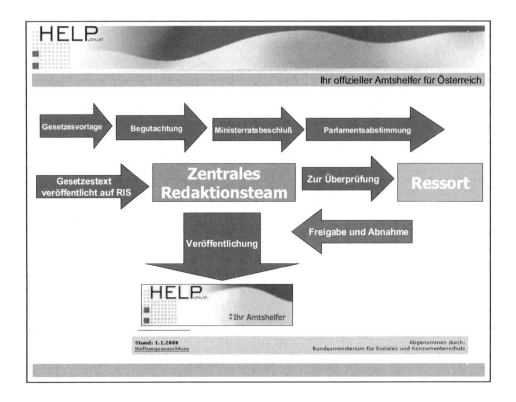

***HELP*-**Texte werden unter anderem auf Grundlage von Gesetzestexten, die in Österreich ausschließlich elektronisch durch das Rechtsinformationssystem RIS (http://www.ris.bka.gv.at/) veröffentlicht werden, erstellt. Da manche Lebenslagen verschiedene Materien bzw. Ressorts betreffen, werden die erstellten Texte auch an die jeweilig zuständigen Ressorts bzw. nach geordneten Stellen zur Überprüfung gesendet, um zu gewährleisten, dass die bürgerfreundlichen „Übersetzungen" auch legistisch entsprechen. Nach Freigabe veröffentlicht die Redaktion die Texte mit Angabe des jeweiligen Datums und des oder der betreffenden Ressorts.

Die Redaktion hält sich bei der Erstellung der Texte an einen in Zusammenarbeit mit der für ***HELP*** verantwortlichen Abteilung im Bundeskanzleramt erstellten „Wording Guide".

Hier ein Auszug daraus:
　　Die ***HELP*-**Texte müssen auf jeden Fall für Laien verständlich und einfach geschrieben sein:
　　– **Schreibstil**
　　　　– Die Texte sollen *neutral und sachlich* formuliert werden, dort wo es Sinn macht, können die Zielgruppen (Bürger, Unternehmer, Senioren, Jugendliche) *direkt angesprochen* werden.

- *Redundanzen sind erlaubt*, wenn sie zum besseren Verständnis des Textes beitragen (z. B. wenn der Portalnutzer direkt auf eine Unterseite eines Themas gelangt und wichtige Informationen auf einer anderen Seite stehen). Wenn möglich, sollte vordergründig verlinkt werden.

Die Grundregeln für das Verfassen bürgerfreundlicher Texte im Internet sind im „Wording Guide" wie folgt festgelegt:

- klare und logische Abfolge der Gedanken (vom Allgemeinen hin zum Detail);
- kurze und keine Schachtelsätze, nur eine Aussage pro Satz;
- Passiv-Konstruktionen vermeiden, aktiv formulieren;
- keine „man"-Konstruktionen;
- Substantivierungen vermeiden;
- keine unnötigen Füllworte ohne Aussage;
- abstrakte Vorgänge durch Beispiele verdeutlichen;
- keine zu starke Orientierung am Gesetzestext bei den Formulierungen;
- Vermeidung von technischen/juristischen Ausdrücken und Abkürzungen (ohne Erläuterung in Langform).

Geschlechterfreundliche Sprache ist auf **HELP** verpflichtend und folgt im Wesentlichen den Empfehlungen des „Leitfadens zur Umsetzung einer neuen Schreib- und Sprachkultur" von 2007, wo unter anderem die Doppelnennung empfohlen wird:

[…] z. B. „Mitarbeiterinnen und Mitarbeiter"
Dies ist die höflichste und eindeutigste Variante der sprachlichen Gleichstellung, wenn im Text beide Geschlechter genannt werden. Führen Sie Frauen zuerst an! Kann vor allem bei direkt an die Mitarbeiterinnen und Mitarbeiter adressierten Schreiben verwendet werden. *Achtung:* die konsequente Doppelnennung kann auch Schwierigkeiten bereiten; sie wird besonders in langen Texten als anstrengend empfunden.

Das **HELP**-Redaktionsteam ist in einem solchen Fall angewiesen, zwecks besserer Verständlichkeit wenn möglich unter anderem geschlechtsneutrale Begriffe zu verwenden.

Barrierefreiheit

Neben dem Abbau sprachlicher und somit kognitiver Barrieren sieht sich **HELP** der Barrierefreiheit generell verpflichtet, um möglichst vielen Menschen Zugang zu ihren Informationen und Services zu ermöglichen, respektive den Menschen mit Behinderungen.

HELP-Texte entsprechen den „Leichter Lesen"-Kriterien; Gebärdensprachvideos auf Startseiten und Hilfeseiten für ausgewählte Kerninhalte erleichtern die Benutzung für Gehörlose und Hörbehinderte; für Screenreader-Benutzer werden Sprachwechsel, Abbreviaturen und Akronyme ausgezeichnet. HELP.gv.at wurde 2006 als eines der besten barrierefreien deutschsprachigen Webangebote mit der „Goldenen BIENE" ausgezeichnet.

HELP für Jugendliche

Jugendliche werden in einem eigenen Bereich von *HELP* in ihrer Sprache (sie werden z. B. geduzt) angesprochen. *HELP* versucht dabei, neue Wege zu gehen, um die Verständlichkeit der Texte bei dieser Gruppe zu überprüfen und diese auf Basis der Test-Resultate und des Feedbacks gegebenenfalls zu modifizieren und zu adaptieren.

Content Syndizierung

Damit andere behördliche aber auch nicht behördliche Institutionen von den leicht verständlichen *HELP*-Texten profitieren können, bietet *HELP* an, zwölf Lebenslagen (z. B. Geburt, Führerschein, Reisepass oder Wahlen) mittels der sogenannten Content Syndizierung in ihre Webseiten zu integrieren. Die Vorteile für die Webseitenanbieter liegen neben der einfachen und raschen Integration in die Webseite darin, dass Design und Aussehen der eigenen Webseite erhalten bleiben und vor allem darin kein redaktioneller und Wartungsaufwand seitens des Seitenbetreibers notwendig ist.

Diesen kostenlosen *HELP*-Service nutzt mittlerweile jede sechste Gemeindeseite (von 2.354) in Österreich.

HELP auf der Überholspur

Die ständig steigenden Nutzerzahlen (über 450.000 Anwendersitzungen mit durchschnittlich über 2,9 Millionen Seitenaufrufen pro Monat) bei einer gleichbleibenden Anzahl von Fragen an das *HELP*-Team sind Indikator dafür, dass *HELP* mit seinen Anstrengungen und Bemühungen *der* verständliche Wegweiser durch den „Behördendschungel", die verschlungenen Wege der „amtsdeutschen" Sprache hin zur beschleunigten Information auf dem Daten-Highway ist.

Literatur

Leitfaden zur Umsetzung einer neuen Schreib- und Sprachkultur, KOMMUNIKATION IM BUNDESKANZLERAMT (2007), 1. Auflage, Stand: März 2007.
Qualtinger, H. (1999), „Brief von Egon Friedell an Anton Kuh", in: Qualtinger, F. (1999), *Qualtinger in Berlin* (CD), Preiser Records.

Behörden-Bürger-Kommunikation in der Schweiz

Alfred Zangger

Die Schweiz – ein Sonderfall?

Was für eine Frage. – Natürlich ist die Schweiz ein Sonderfall! Da ist ihr ureigenes politisches System der direkten Demokratie mit der starken Verbundenheit von Bürgern, Bürgerinnen und Staat. Da ist der Umstand, dass sich in unserem Bundesstaat nie ein Beamtenstand mit seinen typischen Standesmerkmalen herausbilden konnte.[1] Und da ist im deutschsprachigen Teil der Schweiz die Besonderheit, dass Deutsch quasi als „Fremdsprache" erlernt wird, weshalb wir Schweizerinnen und Schweizer ohnehin keine komplexen Sätze drechseln können. Dies alles hat bisher verhindert, dass sich in schweizerischen Amtsstuben eine besondere Verwaltungssprache herausbilden konnte, ein „Amtsdeutsch" mit all seinen negativen Attributen (schwer verständlich, formelhaft, unpersönlich etc.). Und deshalb war und ist die Verwaltungssprache in der Schweiz bürgernah, der Tonfall seit jeher bürgerfreundlich.

Doch halten diese Behauptungen einer Prüfung stand? Stammen nicht Sätze wie „Es wurde eine halbe Übergangsgutschrift für 16 Jahre angerechnet (entspricht der Höhe der halben Erziehungsgutschrift) anhand des Alters und der Beitragsdauer und zum halbierten bisherigen maßgebenden durchschnittlichen Jahreseinkommen addiert" oder „In dieser Hinsicht können keine berücksichtigenswerten Gründe für ein Entgegenkommen geltend gemacht werden" aus Schreiben von Schweizer Behörden an Bürgerinnen und Bürger? Finden sich in Amtsbriefen nicht auch rechtssprachliche Wortungetüme wie „Nichtanhandnahmeverfügung" oder kalt klingende Begriffe wie „Vorabsterben" und „überlebender Ehegatte"? Und weshalb beginnt die Antwort einer Behörde mit dem Satz „Sie haben uns wieder mit einem Schreiben beglückt", einer Formulierung aus dem Giftschrank der Kommunikation?

Dies sind nur einige wenige Beispiele für schwer verständliches „Behördenchinesisch", für gespreizten Amtsstil und für einen verfehlten Tonfall aus einer Reihe von Briefen, die der Schweizerischen Bundeskanzlei[2] im Rahmen ihrer „Aktion Behördenbriefe"[3] zugestellt wurden. Sie zeigen, dass auch in schweizerischen Verwaltungen mitunter ein besonderer Amtsjargon gepflegt wird. Dieser Amtsjargon schlägt sogar auf die gesprochene Sprache durch, sind doch auf Bahnfahrten Lautsprecher-Ansagen zu hören wie: „Infolge Abwartens eines Kreuzungszuges erhält dieser Zug eine Abgangsverspätung von circa 10 Minuten." Offenbar wollen wir Schweizerinnen und Schweizer, wenn wir Hochdeutsch schreiben und sprechen, zuweilen sogar besonders „hoch" tönen.

Die Ursachen für die Ausbildung einer Verwaltungssprache wie auch deren Merkmale unterscheiden sich in der Schweiz nicht grundsätzlich von denjenigen in anderen Län-

---

[1] Eine für diese traditionelle Selbsteinschätzung bezeichnende Begebenheit: 1896 lehnte der Schweizerische Bundesrat (die Landesregierung) eine Vereinheitlichung des Strafprozessrechts unter anderem mit dem Argument ab, dass die Schweiz nicht über einen gleichmäßig ausgebildeten Beamtenstand verfüge.
[2] Die Schweizerische Bundeskanzlei ist die allgemeine Stabsstelle des Bundesrates.
[3] Mehr dazu unter www.bk.admin.ch > Themen > Sprachen > Sprachenpolitik und Mehrsprachigkeit > Verwaltungssprache.

dern Europas. Sie sind allgemein bekannt und sollen hier nicht ausgeführt werden. Zwei Gründe, weshalb Behördenbriefe oft schwer verständlich daherkommen, möchte ich jedoch hervorheben: Die Verwaltungssprache baut wesentlich auf der Gesetzessprache auf. Sie dient dazu, generell-abstrakt formulierte Rechtssätze auf den individuell-konkreten Fall zu übertragen. Ist nun erstens bereits der Rechtssatz umständlich formuliert, so fällt es schwer, seinen Inhalt sowohl präzise wie auch leicht verständlich wiederzugeben. In diesem Fall ist der Hebel an der Gesetzessprache anzusetzen. Zweitens wird die generell-abstrakte Norm manchmal nur unzulänglich auf die konkrete Situation der angeschriebenen Person übertragen; diese erhält beispielsweise Informationen, die für sie unerheblich sind oder Anweisungen, die sie gar nicht befolgen muss. Hier muss der Hebel an der Verwaltungssprache bzw. am Wesen der Behörden-Bürger-Kommunikation angesetzt werden.

Damit ist zugleich angedeutet, dass eine leicht verständliche Verwaltungssprache zwar eine notwendige, nicht aber eine hinreichende Voraussetzung für eine gute Behörden-Bürger-Kommunikation ist. Verständlichkeit ist nur eines von mehreren Elementen – wenn auch ein sehr wichtiges – guter Kommunikation.

Untersuchungen zur Verwaltungssprache und zur Behörden-Bürger-Kommunikation gibt es in der Schweiz meines Wissens erst in geringer Zahl und auch nur zu Teilaspekten. Es ist überdies kaum möglich, einen Überblick darüber zu gewinnen, wo und auf welche Weise die Verständlichkeit der Verwaltungssprache und die Optimierung der Behörden-Bürger-Kommunikation gefördert werden. Koordinierte Anstrengungen dazu sind in der föderalistisch strukturierten Schweiz jedenfalls noch nicht auszumachen. Deshalb kann ich hier nur einige unsystematisch zusammengetragene Hinweise darauf geben, was in der Schweiz in dieser Hinsicht unternommen wird.

Hinsichtlich der Behörden-Bürger-Kommunikation und der Verwaltungssprache ist die Schweiz also kaum ein Sonderfall. Eine schweizerische Besonderheit mag aber dennoch von Interesse sein: ihre Mehrsprachigkeit. Bei einer noch anstehenden gemeinsamen Beschäftigung mit diesen Themen in der deutschen, französischen, italienischen und vielleicht auch in der rätoromanischen Schweiz kann sich zeigen, wie weit in den verschiedenen Sprachkulturen unterschiedliche Codes – beispielsweise was die Höflichkeit betrifft – gebräuchlich sind und zu beachten sind, wie nah oder fern die Verwaltungssprache dem allgemeinen Sprachgebrauch steht.

Berührungspunkte bestehen natürlich auch zwischen der Verwaltungssprache und der politischen Sprache, beispielsweise wenn es darum geht, vor eidgenössischen, kantonalen oder kommunalen Volksabstimmungen zu Sachfragen Überzeugungsarbeit zu leisten. Eine Brücke zum Thema der politischen Sprache und Kommunikation sei hier mit dem Hinweis auf eine einschlägige Tagung mit nachfolgender Publikation geschlagen.[4]

Versuch eines Überblicks

Wo und auf welche Weise werden also in der Schweiz die Verständlichkeit der Verwaltungssprache und eine möglichst reibungslose Behörden-Bürger-Kommunikation gefördert? Die folgenden Ergebnisse meiner Spurensuche sind nach den Stufen des schuli-

---

[4] Politische Sprache und Kommunikation in der Schweiz, Symposium vom 15. bis 16. Mai 2009, Deutsches Seminar, Universität Zürich.

schen und beruflichen Bildungsweges und nach den Ebenen der Gemeinwesen (Gemeinden, Kantone, Bund) geordnet.

Ausbildung in Schulen und Hochschulen

Frei nach der Redensart „Was Hänschen nicht lernt, lernt Hans nimmermehr" ist es oft zu spät, wenn die Bemühungen um eine leicht verständliche Sprache und um eine bürgerorientierte Kommunikation erst bei Verwaltungsangestellten ansetzen, die sich in jahrelanger Arbeit einen Fach-, Rechts- und Verwaltungsjargon angeeignet haben, den manche bei sich bietender Gelegenheit vielleicht ganz gern und etwas selbstgefällig zur Schau stellen.

Umso erfreulicher ist es deshalb, wenn bereits kaufmännische Berufsschulen wie etwa die Handelsschule KV Basel im Sprach- und Korrespondenzunterricht ausdrücklich besonderen Wert auf prägnant formulierte und gut verständliche Geschäftsbriefe und Berichte legen. Auch im schulischen Sprachunterricht werden in manchen Kantonen[5] bereits auf der Sekundarstufe die Jugendlichen für die verschiedenen Aspekte der Kommunikation sensibilisiert, beispielsweise mit dem geläufigen Modell des Kommunikationsquadrats nach Schulz von Thun (auch als „Vier-Stimmen-Modell" bzw. „Vier-Ohren-Modell" bekannt).

Auf Hochschulebene sind Sprach- und Kommunikationskompetenzen selbstverständlich Gegenstand der einschlägigen Fachrichtungen (Sprachwissenschaften, Kommunikations- und Medienwissenschaften, Psychologie etc.), wenn auch oft primär unter analytischem Blickwinkel. Ausgesprochen praxisorientiert richtet hingegen die Angewandte Linguistik das Augenmerk auf Sprache und Kommunikation, und zwar in verschiedenen Anwendungsfeldern (Medien, Unternehmenskommunikation, Behördenkommunikation, politische Kommunikation etc.). Gelehrt wird dieser Studiengang beispielsweise – mit einem breit gefächerten Angebot – an der Zürcher Hochschule für Angewandte Wissenschaften (ZHAW) in Winterthur.[6] Ähnlich ausgerichtet ist auch das Medienausbildungszentrum (MAZ) in Luzern, die (so auch die Eigenwerbung) führende Journalismusschule der deutschen Schweiz.[7] Beide Institute werden hier hervorgehoben, weil sich ihre Lehrkräfte ganz besonders in Kommunikations-Lehrgängen für öffentliche Verwaltungen einsetzen. In anderen Studiengängen auf Hochschulstufe hängt die Wertschätzung guter Kommunikation, namentlich flüssig lesbarer wissenschaftlicher Arbeiten, wiederum sehr stark von den einzelnen Lehrpersonen ab. Vorbildlich sind Anleitungen wie etwa diejenige des Lehrstuhls für Zivilrecht der Universität Freiburg (Schweiz), die die wichtigsten Gliederungs- und Stilregeln für Seminararbeiten veranschaulicht – und auch ihre Beachtung einfordert.

Weiterbildung in Hochschulen und im Beruf

Die Verständlichkeit der Rechts- und Verwaltungssprache sowie die Optimierung der Behördenkommunikation sind auch Themen von Weiterbildungsgängen an Universitäten und Fachhochschulen (etwa an der Hochschule Luzern für Juristinnen und Juristen, die Recht anzuwenden haben) sowie an den beiden Instituten, die gegenwärtig in der Schweiz die Ausbildung zum „Master of Public Administration" anbieten: dem Hochschulinstitut für öffentliche Verwaltung (IDHEAP) in Lausanne und dem Kompetenz-

---

[5] In der Schweiz sind im Wesentlichen die Kantone für das Schulwesen zuständig.
[6] Einstiegsseite www.linguistik.zhaw.ch.
[7] Einstiegsseite www.maz.ch.

zentrum für Public Management der Universität Bern.[8] Beiderorts sind es jedoch in der Regel nicht Mitglieder des Lehrkörpers, sondern externe Sprach- und Kommunikationsfachleute, welche die betreffenden Veranstaltungen durchführen.

Ähnliches gilt für die öffentliche Verwaltung. Hier ist die Weiterbildung in diesen Gebieten – ausgenommen sind die regelmäßig in Murten (Deutsch) und Montreux (Französisch) durchgeführten Seminare zur Gesetzesredaktion[9] – kaum institutionell verankert. Offenbar hängt es meist von der Initiative einzelner Betroffener, von der Unterstützung durch das Personalmanagement und nicht zuletzt vom Stand der Weiterbildungskredite ab, ob Kurse zur Verbesserung der Behörden-Bürger-Kommunikation durchgeführt und entsprechende Hilfsmittel erarbeitet werden.

Kurse und Schreibwerkstätten für Mitarbeiterinnen und Mitarbeiter von Kantons-, Stadt- und Gemeindeverwaltungen fanden beispielsweise in den Kantonen St. Gallen und Zürich, in der Stadt Winterthur, aber auch in kleineren Gemeinden wie dem Rheintaler Städtchen Sargans statt. Auch auf Bundesebene wurden verschiedentlich Kurse und Seminare durchgeführt mit dem Ziel, adressatengerechte Briefe, flüssig lesbare Berichte und rechtlich wie sprachlich einwandfreie Entscheide verfassen zu können, dies sowohl für die gesamte Verwaltung wie auch etwa für das besonders exponierte Bundesamt für Migration oder die Eidgenössische Finanzkontrolle. Allerdings fielen einige dieser Angebote unlängst Verwaltungsreformen und Sparmaßnahmen zum Opfer.

Gemeinsam ist allen Veranstaltungen, dass sie einem Leidensdruck entsprangen: dem Leidensdruck ratloser oder verärgerter Bürgerinnen und Bürger angesichts unverständlicher und unpersönlicher Behördenschreiben, aber auch dem Leidensdruck von Verwaltungsangestellten angesichts der Rückfragen und Beschwerden, die solche Schreiben ausgelöst hatten. Gemeinsam ist den Veranstaltungen auch, dass die Teilnehmenden in der einen oder anderen Form mit „Klassikern" der Kommunikationstheorie – den „Merkmalen der Verständlichkeit" (Langer, Schulz von Thun, Tausch), den „Kommunikationsebenen" (Watzlawick), dem „Kommunikationsquadrat" (Schulz von Thun) oder den „Konversationsmaximen" (Grice) – bekannt und vertraut gemacht wurden und dass sie die Anwendung dieser Grundsätze im Verwaltungsalltag übten. Und gemeinsam ist den Veranstaltungen schließlich auch, dass sie auf eine große Nachfrage stießen und von den Absolventinnen und Absolventen als anregend und gewinnbringend beurteilt wurden. Ihre gemeinsame Zielsetzung hat der Bericht über ein Winterthurer Seminar vortrefflich auf den Punkt gebracht: „Alle Schriftstücke sollten so formuliert sein, dass sie von jenen, für die sie bestimmt sind, sofort verstanden werden."

Aufgrund der zahlreichen gleichartigen Kommunikationsziele wären sicher auch der Vergleich und der Austausch zwischen der Behörden-Bürger-Kommunikation und der Unternehmenskommunikation für beide Seiten interessant und bereichernd. Auch Unternehmen wollen schließlich kundenfreundlich, verständlich und wirksam kommunizieren. Richtlinien von Unternehmen zur schriftlichen Kommunikation mit ihren Kundinnen und Kunden[10] sind jedoch aus nachvollziehbaren Gründen grundsätzlich nicht öffentlich zugänglich. Ein Wissensaustausch kommt jedoch hier und da auf informellen Wegen zustande.

---

[8] Einstiegsseiten www.idheap.ch und www.kpm.unibe.ch.
[9] Einstiegsseiten www.federalism.ch und www.unige.ch/formcont/droit.
[10] Ein nachahmenswertes Beispiel sind die Richtlinien „Briefe, die ankommen" der Versicherung Swiss Life.

Hilfsmittel

Dünn gesät und oft nur schwer greifbar sind Hilfsmittel – Leitfäden, Broschüren oder Merkblätter – zur Behörden-Bürger-Kommunikation. So ist beispielsweise das *Kursbuch Deutsch Muttersprache* (2001), das vielen Bundesangestellten nach wie vor gute Dienste leistet, kaum noch erhältlich. Von den nicht wenigen privaten Kommunikations- und Schreibberaterinnen und -beratern haben erst einzelne den Schritt unternommen, ihr Wissen und ihre Erfahrungen nicht nur den Teilnehmerinnen und Teilnehmern ihrer Kurse, sondern auch der Öffentlichkeit zur Verfügung zu stellen, darunter Ramer (2002) und Ragaz (2009). Bemerkenswert, weil einen besonderen Aspekt der Behörden-Bürger-Kommunikation beleuchtend, ist der Leitfaden „Welschkorn, Türgge, Mais" der St. Galler Kantonsverwaltung. Er widmet sich ganz der Kommunikation mit Menschen aus anderen Ländern und Kulturen, legt das Gewicht auf die möglichen Quellen von Missverständnissen im interkulturellen Dialog und gibt Hinweise darauf, wie solche Missverständnisse vermieden werden können.[11] Dass die gesellschaftliche Integration wesentlich über die Sprache erfolgt und dass die Teilhabe am Gemeinwesen somit an der Sprache der Verwaltung und allgemein an der Kommunikation mit der Behörde ansetzen muss, stellt auch die Ombudsfrau der Stadt Zürich in einem Bericht (2008) zum Thema fest. Sie bemerkt übrigens auch mit Erstaunen, dass die Arbeit an der Verwaltungssprache gegenüber derjenigen an der Rechtssprache weit im Hintertreffen ist, obwohl doch Private im Behördenkontakt primär Verwaltungstexten und eher selten Gesetzestexten begegnen.

Zwischenbilanz

Fazit dieser – es sei wiederholt: lückenhaften – Übersicht ist, dass die einschlägigen Aktivitäten in der Schweiz bisher von der Initiative einzelner Persönlichkeiten (innerhalb wie außerhalb der Behörden) ausgegangen sind, dass die engagierten Personen ihr Wissen und ihre Erfahrungen mangels eines Netzwerks allenfalls informell austauschen und dass die Tätigkeiten zur Verbesserung der Behörden-Bürger-Kommunikation von keiner Stelle koordiniert werden. Positiv zu vermerken ist, dass ungeachtet der fehlenden Institutionalisierung im Allgemeinen theoretisches, mehr aber noch praktisches und konkret anwendbares Wissen und Können in guter Qualität vermittelt werden.

„Aktion Behördenbriefe"

Nicht durch einen besonderen Leidensdruck ausgelöst wurde im Jahr 2003 die „Aktion Behördenbriefe" des Deutschen Sprachdienstes der Schweizerischen Bundeskanzlei. Die Sprachdienste der Bundeskanzlei beschäftigen sich in der Regel nicht mit der Korrespondenz mit Bürgerinnen und Bürgern[12], sondern sind hauptsächlich in der Redaktion von Rechtserlassen und anderen amtlichen Publikationen des Bundes tätig. Ihr unmittelbarer Beitrag zur Behörden-Bürger-Kommunikation beschränkt sich jeweils im Vorfeld eidgenössischer Volksabstimmungen auf die redaktionelle Betreuung der Erläuterungen des Bundesrates zu den Abstimmungsvorlagen, auf das sogenannte „Bundesbüchlein". Daneben sind die Sprachdienste auch in der Sprachberatung tätig. Leitfäden zur Rechtschreibung, zur Schreibung amtlicher Texte des Bundes, zur geschlechtergerechten deut-

---

[11] Zu finden unter: www.enzian.ch/media/buecher_lehrmittel/leitfaden_welschkorn. Siehe zu diesem Thema auch Achermann / Künzli (2009).
[12] Diese Aufgabe erfüllen in erster Linie die Beauftragte für Anfragen aus der Öffentlichkeit, Schweizerische Bundeskanzlei, sowie die Informationsdienste der Departemente und Bundesämter.

schen Sprache sowie zum Abfassen von Botschaften des Bundesrates an die Bundesversammlung sind Ergebnisse dieser Tätigkeit.[13] So war es denn nicht ein brennendes Problem, sondern wie so oft ein Jubiläum – 200 Jahre Bundeskanzlei – das den Deutschen Sprachdienst im Herbst 2003 dazu bewog, gemeinsam mit der Zeitschrift „Beobachter" eine „Aktion Behördenbriefe" zu lancieren. Bürgerinnen und Bürger wurden eingeladen, Behördenbriefe einzusenden, die sie – nicht vom Inhalt, sondern vom kommunikativen Verhalten her – besonders gefreut oder geärgert hatten.

Seither dient ein kleines Korpus von rund 150 Briefen als empirische Grundlage für die Erarbeitung eines Hilfsmittels, das Angestellte von Verwaltungen im Briefverkehr mit Privaten unterstützen soll. Sprachwissenschaftlich ausgewertet wurde das Korpus bisher in zwei Diplomarbeiten an der Zürcher Hochschule für Angewandte Wissenschaften (ZHAW). Gegenstand dieser Arbeiten waren die Responsivität (Wie gehen Mitarbeiterinnen und Mitarbeiter von Verwaltungen auf Schreiben von Bürgerinnen und Bürgern ein?) und die Höflichkeit (Worin besteht Höflichkeit in Behördenbriefen? Wie beeinflusst sie die Behörden-Bürger-Kommunikation?), vergleiche Kolb (2007) und Zürcher (2007). Daneben hat auch der Deutsche Sprachdienst auf pragmatische Weise versucht, die immer wiederkehrenden Kernfragen zur Behörden-Bürger-Kommunikation aus dem Korpus herauszuschälen, vor allem Hauck (2006).

Ein Ergebnis dieser Arbeiten ist die Erkenntnis, dass letztlich drei Fragen den Weg zu einer guten Behörden-Bürger-Kommunikation weisen können: *W*em schreibe ich? *W*as schreibe ich? *W*ie schreibe ich? Durch überlegten Umgang mit diesen Fragen sollen Verwaltungsangestellte in der Lage sein, persönlich, sachgerecht und leicht verständlich zu schreiben. Dieses *WWW* guter Kommunikation wollen die Sprachdienste der Bundeskanzlei in einem zweistufigen Vorgehen propagieren: mit einem Merkblatt, das die wichtigsten Empfehlungen und Hinweise in Griffnähe anbietet und mit einer Internetseite, auf der konkrete Beispiele und Ratschläge zu finden sind und die auch Platz lässt für Weiterentwicklungen.[14]

Interessant wird es sein, im Vergleich zwischen den drei Schweizer Amtssprachen Deutsch, Französisch und Italienisch mehr darüber zu erfahren, wieweit die Verwaltungssprachen in den drei Sprachregionen Gemeinsamkeiten bzw. sprachkulturelle Eigenheiten aufweisen und wieweit sich dies auf die Gestaltung von Merkblatt und Internet-Plattform auswirken wird.

E-Government

Neue Dimensionen der Behörden-Bürger-Kommunikation eröffnet das sogenannte E-Government. Steuererklärungen können online eingereicht werden, bei Abstimmungen kann – vorerst in Pilotversuchen in einzelnen Kantonen – die Stimme elektronisch abgegeben werden. Die Websites des Bundes, der 26 Kantone und der rund 2.700 Gemeinden – und ganz besonders das gemeinsame Schweizer Portal www.ch.ch, „die elektronische Visitenkarte der offiziellen Schweiz" – liefern Informationen über die Schweiz und ihre Gemeinweisen, über den Kontakt mit den Behörden von der Geburt bis zum Todesfall, von der Unternehmensgründung bis zur Betriebseinstellung, von der Abfallentsorgung über die Hundemarke bis zur Miete von Sportanlagen. Hier liegen die kom-

---

[13] Die Leitfäden sind unter www.bk.admin.ch > Dokumentation > Sprachen > Deutschsprachige Dokumente verfügbar.

[14] Das Merkblatt und die Internetseite sind unter www.bk.admin.ch > Dokumentation > Sprachen > Deutschsprachige Dokumente zugänglich.

munikativen Erfordernisse etwas anders als beim Behördenbrief. Es geht nicht um den persönlichen Kontakt und Dialog, sondern um eine möglichst rasche, umfassende und zweckmäßige Information anonymer Personen(gruppen) mit bestimmten Fragestellungen oder Interessen. Personen im In- und Ausland – auch wenn sie ihre Fragen oder Anliegen nur vage umreißen können – sollen zutreffende und verbindliche Auskünfte darüber erhalten, was sie tun können oder müssen und wer auf der Behördenseite ihre Partner sind. Das erste *W* (*Wem?*) des *WWW* der Behördenbriefe wird somit im *WWW* der Behördenportale in gewissem Grad abstrahiert. Umso wichtiger werden die Auswahl, die Gliederung, die leicht verständliche Formulierung und die Verknüpfung der Informationen: das Auslegen der „roten Fäden", die die Informationssuchenden zielsicher durch die Netzwerke der öffentlichen Verwaltung zur richtigen Stelle führen.

Gesetzessprache – Verwaltungssprache
Einleitend wurde die Überzeugung geäußert, dass die Sprache der Behörden stark geprägt ist von der Sprache des Rechts. Zwar trifft es zweifellos zu, dass Bürgerinnen und Bürger viel häufiger mit Verwaltungstexten als mit Rechtstexten in Berührung kommen. Doch in diesen Verwaltungstexten steckt Gesetzessprache, oft viel mehr, als wir auf den ersten Blick erkennen. Offen zutage tritt sie natürlich überall dort, wo – wie im Folgenden nebenbei bemerkt völlig unpersönlich formulierten Behördenbrief – die Rechtsgrundlage einer amtlichen Entscheidung zitiert wird:

> Ein Anspruch auf Prämienverbilligung besteht nur, wenn die vom Regierungsrat festgelegten Richtprämien 9 % des maßgebenden Einkommens übersteigen. Das maßgebende Einkommen setzt sich aus dem steuerbaren Einkommen und einem Fünftel des steuerbaren Vermögens der letzten definitiven Steuerveranlagung zusammen.

Schon etwas schwerer zu erkennen ist die grundlegende Norm, wenn sie, wie im nächsten Beispiel Artikel 2 des Partnerschaftsgesetzes, in leicht veränderter Form den Weg in die Informationsbroschüre für Privatkunden einer Schweizer Bank (nicht einer der größten) findet:

> Im Zivilstandsregister eingetragene Personen gleichen Geschlechts verbinden sich zu einer Lebensgemeinschaft mit gegenseitigen Rechten und Pflichten. Der Personenstand lautet „Eingetragene Partnerschaft".

Und schließlich kaum noch als solches wahrnehmbar ist das Krankenversicherungsrecht, das wahrscheinlich über einen juristischen Kommentar oder über eine Urteilsbegründung in das Mitteilungsblatt einer Krankenkasse gelangt ist:

> Sie [die medizinische Rehabilitation] kann ambulant, in einer Kuranstalt, in einem Pflegeheim oder in einer spezialisierten Rehabilitationsklinik erfolgen.

Neben korrekten Zitierungen von Rechtsnormen sind solche teilweise wohl unbewussten Entlehnungen aus der Gesetzessprache in der Verwaltungssprache (und übrigens auch in der Umgangssprache) sicher verbreitet anzutreffen; auch der einleitend zitierte Satz zur „halben Übergangsgutschrift" ist ein Beispiel dafür. Diese Verbreitung soll hier aber nicht unter urheberrechtlichen Gesichtspunkten betrachtet oder gar beanstandet werden. Vielmehr sollen daraus folgende Forderungen – eine an die Rechtssprache und eine an die Verwaltungssprache – abgeleitet werden:
   Erstens muss die Rechtssprache und ganz besonders die Gesetzessprache so präzise wie nötig und für den Adressatenkreis so leicht verständlich wie möglich formuliert

werden; damit wird sie zu einer soliden Grundlage für die Verwaltungssprache. Zweitens muss in der Verwaltungssprache und ganz besonders im Behördenbrief an eine Bürgerin oder einen Bürger die Übertragung von der generell-abstrakten Norm auf die individuell-konkrete Situation vollzogen werden; Recht darf nicht bloß zitiert werden, sondern seine Umsetzung und seine Auswirkungen müssen den betroffenen Personen so dargelegt werden, dass sie das Vorgehen und seine Folgen verstehen können. Nur durch diese Übertragungsarbeit, durch die Individualisierung und Konkretisierung, kann eine gute Behörden-Bürger-Kommunikation erreicht werden.

Dazu zwei Beispiele, das erste aus der Gesetzessprache, das zweite aus der Verwaltungssprache:

1. Der Entwurf zu einem Satz im sogenannten Freizügigkeitsgesetz – es geht darin im Rahmen der beruflichen Vorsorge um den Wechsel der Vorsorgeeinrichtung (= Pensionskasse) und es handelt sich um den zweiten Absatz eines Artikels – hatte vorerst folgenden Wortlaut:

> Versicherte, welche die Vorsorgeeinrichtung in einem Zeitpunkt verlassen, in dem nach deren Reglement bei Beendigung der Erwerbstätigkeit ein Anspruch auf die Altersleistung entsteht (Art. 13 Abs. 2 BVG), die jedoch das ordentliche reglementarische Rentenalter noch nicht erreicht haben, haben Anspruch auf die Austrittsleistung nach Absatz 1, wenn sie die Erwerbstätigkeit weiterführen oder als arbeitslos gemeldet sind.

Nach der redaktionellen Bereinigung lautet derselbe Satz, hoffentlich von den Versicherten leichter zu verstehen:

> Versicherte können auch eine Austrittsleistung beanspruchen, wenn sie die Vorsorgeeinrichtung zwischen dem frühestmöglichen und dem ordentlichen reglementarischen Rentenalter verlassen und die Erwerbstätigkeit weiterführen oder als arbeitslos gemeldet sind.

2. In einem Schreiben an einen Transportunternehmer führt die Behörde gleich zu Beginn ihr rechtliches Arsenal vor:

> Gemäss Artikel 22 Absatz 1 der Schwerverkehrsabgabeverordnung (SVAV) muss die abgabepflichtige Person der Zollverwaltung die für die Berechnung der Abgabe erforderlichen Angaben innerhalb von 20 Tagen nach Ablauf der Abgabeperiode deklarieren. [...] Unterbleibt die Deklaration, ist sie lückenhaft oder widersprüchlich oder macht die Zollverwaltung Feststellungen, die im Widerspruch zur Deklaration stehen, so nimmt sie die Veranlagung gemäss Artikel 23 Absatz 3 SVAV nach pflichtgemässem Ermessen vor.

Auf den konkreten Anlass bezogen, persönlich und leicht verständlich, erklärend statt drohend und insgesamt adressatengerecht könnte die Aussage etwa so formuliert werden:

> Leider haben Sie uns die Angaben zum Fahrzeug x für die Abgabeperiode y nicht eingereicht. Deshalb haben wir die Schwerverkehrsabgabe nach pflichtgemässem Ermessen selbst veranlagt.

Beispiele für eine schwer verständliche Rechtssprache sind natürlich auch im internationalen Recht bald gefunden. So besteht etwa Artikel 10 Absatz 5 des OECD-Musterabkommens zur Vermeidung der Doppelbesteuerung aus dem eindrücklichen Satz:

> Bezieht eine in einem Vertragsstaat ansässige Gesellschaft Gewinne oder Einkünfte aus dem anderen Vertragsstaat, so darf dieser andere Staat weder die von der Gesellschaft gezahlten Dividenden besteuern, es sei denn, dass diese Dividenden an eine im anderen Staat ansässi-

ge Person gezahlt werden oder dass die Beteiligung, für die die Dividenden gezahlt werden, tatsächlich zu einer im anderen Staat gelegenen Betriebstätte oder festen Einrichtung gehört, noch Gewinne der Gesellschaft einer Steuer für nicht ausgeschüttete Gewinne unterwerfen, selbst wenn die gezahlten Dividenden oder die nicht ausgeschütteten Gewinne ganz oder teilweise aus im anderen Staat erzielten Gewinnen oder Einkünften bestehen.

Aufgrund seiner inhaltlichen Mustergültigkeit findet sich dieser auch nach mehrmaligem Durchlesen kaum zu verstehende Text in den zahlreichen bilateralen Doppelbesteuerungsabkommen der Schweiz wieder. Und hierin zeigt sich die besondere Problematik der Rechtssprache im internationalen Recht. Sie vervielfacht sich: sowohl in multilateralen und bilateralen Abkommen wie auch im innerstaatlichen Recht vieler Länder. Nebenbei bemerkt: Gleiches gilt für das Recht der Europäischen Gemeinschaft.

Somit müssten an die Verständlichkeit der Sprache im internationalen Recht eigentlich besonders hohe Anforderungen gestellt werden. Doch in der Praxis scheint oft gerade das Gegenteil der Fall zu sein, vermutlich aufgrund des folgenden Mechanismus: Ist nach langem und zähem Ringen endlich ein multilateraler Konsens gefunden, so besteht kaum noch die Bereitschaft, an der Sprache zu feilen. Dies zumal, wenn die Befürchtung besteht, dass ein sprachlicher Feinschliff und die dadurch womöglich gewonnene Klarheit die Interpretationsspielräume verändern und das gesamte Regelwerk in Frage stellen könnten.

Wie weiter?

Was zeichnet unseres Erachtens eine gute Behörden-Bürger-Kommunikation aus? Und was ist – mit Blick auf die Schweiz – zu tun, damit sie erreicht wird?

Zunächst einmal reicht es nicht aus, bloß die Verständlichkeit der Verwaltungssprache zu verbessern. Dazu ein einprägsames Beispiel aus der Praxis: Wenn der oben bereits angesprochene Transportunternehmer der Behörde schreibt: „Langsam geht mir Ihre Art auf die Nerven!", so erfüllt diese Aussage alle Anforderungen an die Verständlichkeit. Sie ist einfach, folgerichtig, kurz und prägnant und wirkte zweifelsohne sehr anregend. Ähnliches lässt sich auch über folgenden Satz aus einem realen Behördenbrief sagen: „Im Übrigen teilen wir Ihnen mit, dass Ihr Schreiben einige Bemerkungen enthält, die für das vorliegende Verfahren weder hilfreich noch von Interesse sind."

Neben den Merkmalen der Verständlichkeit sind also stets auch die Maximen guter Kommunikation zu beachten. Dabei soll es keinesfalls um theoretische Höhenflüge gehen, sondern darum, die kommunikativen Grundregeln in der Verwaltungspraxis besonnen anzuwenden. Als Ausgangspunkte wollen wir die oben genannten drei einfachen Fragen vorschlagen: Wem schreibe ich? Was schreibe ich? Wie schreibe ich?

Wer sich *erstens* vor Augen führt, wem er oder sie schreibt, wird die angeschriebene Person in angemessener Haltung und angemessenem Tonfall persönlich ansprechen und so dazu beitragen, dass diese Person die Nachricht wohlwollend aufnimmt und akzeptiert. Wer sich *zweitens* klarmacht, was die Empfängerin, der Empfänger erfahren muss oder will und welche Informationen überflüssig sind oder gar irritieren können, wird erreichen, dass sie oder er das tut oder lässt, was man erwartet. Und wer *drittens* sein Schreiben folgerichtig und übersichtlich aufbaut sowie präzise und klar formuliert, beugt Missverständnissen, Rückfragen, Ärgernissen – und letztlich auch Clichés über die Verwaltung und die Beamten – vor.

Angesichts dieses einfachen Fragenkatalogs drängt sich die Frage auf, ob sich denn die Eigenschaften einer guten Behörden-Bürger-Kommunikation von den allgemeinen Eigenschaften guter Kommunikation unterscheiden. Unsere Antwort lautet: im Grunde genommen nicht.

Umso wichtiger wäre es demnach, dass der Erwerb der entsprechenden Fähigkeiten bereits im Schulunterricht und in der beruflichen Grundbildung beginnen würde, und zwar nicht nur im Sprachunterricht oder in Lektionen zur kaufmännischen Korrespondenz, sondern überall dort, wo Botschaften (im Vortrag, durch Texte, Präsentationen etc.) vermittelt werden.

In der Aus- und Weiterbildung für Verwaltungsfunktionen müssten die kommunikativen Fähigkeiten, jeweils angepasst an die Bedürfnisse und Anforderungen des Aufgabengebiets und der Funktionsstufe, systematisch weiterentwickelt werden.

Der Konjunktiv deutet es an: Hier besteht in der Schweiz Nachholbedarf und hier ist die Schweiz offensichtlich auch gegenüber Deutschland und Österreich im Hintertreffen. Die schulische und berufliche Aus- und Weiterbildung auf dem Gebiet der Kommunikation ist hierzulande noch nicht institutionalisiert. Bislang hängt alles von zwei Faktoren ab, vom Leidensdruck der Beteiligten und von individueller Initiative.

Auf eine längere Tradition zurückblicken kann die Schweiz hingegen im Einsatz für eine Gesetzessprache, die von den Betroffenen einfach und richtig verstanden werden kann. Seit Jahrzehnten nehmen Fachleute der Schweizerischen Bundeskanzlei und des Bundesamtes für Justiz gemeinsam die Entwürfe zu Rechtserlassen unter die Lupe. Mit einer Prüfung aus vier Blickwinkeln – gearbeitet wird bei Gesetzen an der sprachlichen und gesetzesmethodischen Qualität des deutschen und des französischen Textes – soll sichergestellt werden, dass der Erlass den Willen des Gesetzgebers klar und einfach, widerspruchsfrei und lückenlos sowie in allen Amtssprachen übereinstimmend zum Ausdruck bringt (Nussbaumer: 2008). Die Ergebnisse dieses Vorgehens sind offenbar überzeugend genug, dass diese linguistisch-juristische Redaktionsstelle nun auch in Deutschland in ähnlicher Form Nachahmung findet (Der Sprachdienst: 2009).

Eine verständliche Verwaltungssprache und mit ihr eine gute Behörden-Bürger-Kommunikation erhalten zwar mit einer klaren Gesetzessprache eine solide Grundlage. Darüber hinaus sind aber noch weitere Faktoren zu berücksichtigen. Das Projekt „Aktion Behördenbriefe" der Schweizerischen Bundeskanzlei hat zum Ziel, Angestellte öffentlicher Verwaltungen mit einem Merkblatt einzuladen, sich auf einer Internetseite eingehender mit den Tücken und Chancen dieser Kommunikation auseinanderzusetzen und sich letztlich einem möglichst reibungslosen und kooperativen Zusammenwirken von Behörden und Bürgerinnen und Bürgern zu verschreiben.

Es soll hier nicht verheimlicht werden, dass sich die Bundeskanzlei mit dem Projekt etwas schwertut. Denn der direkte Kontakt zur einzelnen Bürgerin, zum einzelnen Bürger zählt nicht zu ihren Kernaufgaben. Das Anliegen müsste denn auch eigentlich dort aufgegriffen werden, wo der Bürger-Behörden-Kontakt am intensivsten und die Nähe am größten ist: in den Kantonen und noch mehr in den Gemeinden. Somit wäre es wünschenswert, wenn der Ball beispielsweise vom Schweizerischen Städteverband oder vom Schweizerischen Gemeindeverband, von der Schweizerischen Staatsschreiberkonferenz oder von der Schweizerischen Konferenz der Stadt- und Gemeindeschreiber aufgenommen würde. Dieses Vorgehen stünde zudem in vollem Einklang mit dem verfassungsrechtlichen Grundsatz der Subsidiarität – auch dies zwar kein Sonderfall, aber doch immerhin eine wichtige Eigenheit des politischen Systems der Schweiz.

Literatur

Achermann, A. / J. Künzli (2009), „Zum Umgang mit den neuen Sprachminderheiten, Projekt zum Schwerpunkt „Sprache, Recht und Politik" im Rahmen des Nationalen Forschungsprogramms 56 ‚Sprachenvielfalt und Sprachkompetenz in der Schweiz'", (nur online publiziert).
Albrecht, U. / V. Rast (2001), „Konzeption – Produktion – Redaktion – Revision. Kursbuch Deutsch Muttersprache", in: *LeGes* 3, 99–114.
Hauck, W., et al. (2006), „Behördenbriefe – Prüfsteine der Kommunikation zwischen dem Staat und den Bürgerinnen und Bürgern", in: *Bulletin vals-asla, Bulletin suisse de linguistique appliquée*, No 83.
Kolb, R. (2007), *Linguistische Höflichkeit in Behördenbriefen*, Winterthur (unveröffentlicht).
Nussbaumer, M. (2008), „Der Verständlichkeit eine Anwältin! Die Redaktionskommission der schweizerischen Bundesverwaltung und ihre Arbeit an der Gesetzessprache", in: Eichhoff-Cyrus, K.-M. / G. Antos (Hgg.), *Verständlichkeit als Bürgerrecht? Die Rechts- und Verwaltungssprache in der öffentlichen Diskussion*, Mannheim u. a. (Duden Thema Deutsch, Bd. 9).
Ragaz, C. (2009), *Was macht Texte verständlich?* Bern: Hep.
Ramer, A. (2002), *Briefe ohne Floskeln*, Zürich: SKV.
„Redaktionsstab Rechtssprache eingerichtet" (2009), in: *Der Sprachdienst* 2, 71.
Schulz von Thun, F. (1981), *Miteinander reden: Störungen und Klärungen. Psychologie der zwischenmenschlichen Kommunikation*, Reinbek: Rowohlt Verlag.
Schweizerische Bundeskanzlei (Hg.) (2008a), *Rechtschreibung. Leitfaden zur deutschen Rechtschreibung*, Bern (auch online zugänglich).
Schweizerische Bundeskanzlei (Hg.) (2008b), *Schreibweisungen. Weisungen der Bundeskanzlei zur Schreibung und zu Formulierungen in den deutschsprachigen amtlichen Texten des Bundes*, Bern (auch online zugänglich).
Schweizerische Bundeskanzlei (Hg.) (2009a), *Botschaftsleitfaden. Leitfaden zum Verfassen von Botschaften des Bundesrates*, Bern (nur online publiziert).
Schweizerische Bundeskanzlei (Hg.) (2009b), *Geschlechtergerechte Sprache. Leitfaden zum geschlechtergerechten Formulieren im Deutschen*, Bern (auch online zugänglich).
Schweizerische Bundeskanzlei (Hg.) (2010), *Behördenbriefe, persönlich – sachgerecht – verständlich*, Bern (Merkblatt, auch online zugänglich).
Stadt Zürich (Hg.) (2008), *Gesellschaftliche Integration: Dauerauftrag und Herausforderung für die Verwaltung. Bericht 2007 der Beauftragten in Beschwerdesachen (Ombudsfrau) der Stadt Zürich*, Zürich.
Zürcher, M. (2007): *Responsivität in Behördenbriefen*, Winterthur (unveröffentlicht).

Der italienische Weg zu einer verständlichen und bürgernahen Verwaltungssprache[1]

Michele A. Cortelazzo

1. Die Kritik an der Verwaltungssprache in Italien

Zwei Daten sind symbolisch für die Initiativen zur Erneuerung der Verwaltungssprache in Italien: das Jahr 1965, als einer der größten zeitgenössischen Schriftsteller, Italo Calvino, einen Artikel veröffentlichte, in dem er sich ironisch über die Art und Weise äußerte, in der öffentliche Angestellte, im Besonderen Polizeibeamte, schreiben (Calvino: 1965)[2] und das Jahr 1993, in dem der *Ministro della funzione pubblica*, das heißt der Minister, der sich mit dem Funktionieren der öffentlichen Verwaltung befasst, eine Arbeitsgruppe einrichtete, um das Problem der schwierigen Verständlichkeit bürokratischer Texte anzugehen.

Zwischen dem Auftreten von immer lauter werdender Kritik an der Sprache der Verwaltung und dem Start von Initiativen zu deren Behebung sind also ungefähr dreißig Jahre vergangen. Eigentlich besteht das Bewusstsein der Grenzen der italienischen Verwaltungssprache schon deutlich länger: Bereits im 19. Jahrhundert veröffentlichte Giuseppe Dembsher ein *Manuale, o sia la guida per migliorare lo stile di cancelleria [Handbuch oder Anleitung zur Verbesserung des Kanzleistils]* (Dembsher: 1830), das einige Vorschläge enthält, um die Undurchsichtigkeit der Verwaltungssprache zu lindern oder ganz zu vermeiden:

> Se si eviteranno i vocaboli di multiforme significato; se la costruzione sarà la più semplice possibile; se i periodi saranno brevi; se non si adopreranno voci nuove o straniere che in caso di assoluta necessità. (Wenn die mehrdeutigen Worte vermieden werden; wenn die Konstruktion so einfach wie möglich sein wird; wenn die Sätze kurz sein werden; wenn neue oder ausländische Worte nicht verwendet werden, außer im Falle absoluter Notwendigkeit.)

Es handelt sich hierbei um Vorschläge, die denen sehr ähnlich sind, die noch heute in zahlreichen Ländern gemacht werden.

In den 60er Jahren jedoch nimmt das Gefühl der Störung, der Unzufriedenheit und der Empörung in Bezug auf die Sprache, die von den italienischen Verwaltungsorganen benutzt wird, sprunghaft zu. Dieses Gefühl der Störung wurde durch die Schöpfung einiger Neologismen lexikalisiert, um mit einer offensichtlich abwertenden Konnotation „die unnötig komplizierte und hermetische Sprache, die in der öffentlichen Verwaltung benutzt wird" zu bezeichnen: zuerst zwei Begriffe, die von Schriftstellern geprägt wurden und keine große Verwendung hatten, wie *antilingua*, das von Italo Calvino 1965 im oben zitierten Artikel geprägt wurde, und *burolingua*, das im Titel eines Buches von Cesare Garelli verwendet wurde, das allerdings der Journalistensprache gewidmet war

---

[1] Die Übersetzung lieferte der Autor.
[2] In seinem Artikel zeigt Calvino, wie ein einfacher Sachverhalt (das Auffinden einiger Flaschen, die aus einem Diebstahl stammen) von einem normalen Sprecher in wenigen und einfachen Worte erzählt wird, um danach von einem Polizisten in einem langen, weitschweifigen und wenig genauen Text ausgedrückt zu werden.

(Garelli: 1968); in den 70er Jahren dann das erfolgreichere *burocratese*, ein Wort, das heute in den Wörterbüchern verzeichnet ist und viel benutzt wird (ein guter Indikator seiner Verbreitung ist die Tatsache, dass man es auf mehr als 25.000 Webseiten findet).

Die Anzeigen der geringen Verständlichkeit der italienischen Verwaltungssprache entsprechen denjenigen, die sich in denselben Jahren in anderen westlichen Ländern entwickelt haben. Im Fall Italiens weisen diese Kritiken aus zwei Gründen eine besondere Kraft auf: Der erste ist kultureller Natur und bezieht sich auf die Tendenz des öffentlichen Diskurses Italiens, die Erweiterung und Komplexität der Klarheit und Einfachheit vorzuziehen (schon 1873 sprach der große Sprachwissenschaftler G. I. Ascoli vom „antichissimo cancro della retorica", „uralten Krebsgeschwür der Rhetorik"), als dem größten Laster des öffentlichen Diskurses unserer Gesellschaft (Ascoli: 1873, XXVIII). Der zweite Grund ist sozialer Natur und bezieht sich auf den niederen Grad schulischer Bildung der italienischen Bevölkerung, der sich in einem geringen Vermögen niederschlägt, komplexe Texte zu lesen: Noch im Jahre 2001, dem Jahr des letzten Zensus, erwies sich ein Drittel der Bevölkerung als Analphabet oder verfügte über eine Schulbildung, welche den Grundschulabschluss nicht überstieg, während nur gut ein Drittel einen höheren Schulabschluss als den Hauptschulabschluss besaß (Tab. 1).

Bildungsgrad	Absolute Zahlen	Prozentsatz	
Analphabeten	774.525	1,57	
Alphabetisierte ohne Schulabschluss	2.651.083	5,36	31,16
Grundschulabschluss	11.977.087	24,23	
Hauptschulabschluss	16.068.618	32,50	32,50
Abschluss an einer höheren Schule	13.923.366	28,16	
Universitätsdiplom	561.724	1,14	36,34
Universitätsabschluss	3.480.535	7,04	
Gesamt	**49.436.938**	**100,00**	**100,00**

Tab. 1: Bevölkerung über 14 Jahre, nach Bildungsgrad geordnet[3]

2. Die Initiativen zur Reform der Verwaltungssprache

In diesem Zusammenhang, der von der eindeutigen Schwierigkeit für viele Bürger, unnötig komplexe Verwaltungstexte zu verstehen und von den wiederholten Anzeigen der übertriebenen Undurchsichtigkeit der Verwaltungssprache geprägt ist, entschied der Minister Sabino Cassese[4] im Jahre 1993, eine Arbeitsgruppe zu bilden, die die Möglichkeiten herausarbeiten sollte, eine Verbesserung der Qualität des in den Texten der öffentlichen Verwaltung verwendeten Italienisch voranzutreiben. Das erste Ergebnis war die Veröffentlichung des Bandes *Codice di stile* („Stilhandbuch") (1993), eines ersten Leit-

---

[3] XIV Censimento generale della popolazione e delle abitazioni („XIV. Zensus zur Bevölkerung und zu den Wohnungen"), 2001 (Fonte: ISTAT; http://dawinci.istat.it).

[4] Sabino Cassese (geb. in Atripalda, Provinz Avellino, 1935) war Juraprofessor an zahlreichen Universitäten bis zum Jahr 2005, als er zum Richter am Verfassungsgericht ernannt wurde. Er wird als einer der größten Experten des Verwaltungsrechts angesehen. Er hat, in der Rolle des Präsidenten der *European Group of Public Administration* von 1987 bis 1991, einen wichtigen Beitrag zur Verbesserung der europäischen Verwaltung geleistet. Er war von 1993 bis 1994 Minister der öffentlichen Verwaltung.

fadens für das Verfassen vereinfachter Texte. Es handelte sich um ein Heft zum ausschließlich internen Gebrauch innerhalb der öffentlichen Verwaltung, das einige Überlegungen über die Behördensprache, eine Frühform eines Stilhandbuchs und vor allem eine Reihe von Stilbeispielen, das heißt von Texten, die nach den vorgestellten Maßgaben des *Codice di stile* verfasst worden waren, enthielt. Die von Sabino Cassese geförderte Initiative wurde in den folgenden Jahre (1994 bis 1996) mit dem Projekt „Semplificazione del linguaggio amministrativo" („Vereinfachung der Verwaltungssprache") fortgesetzt, das zur Entstehung von Fiorittos *Manuale di stile* („Stilhandbuch", 1997) geführt hat, herausgegeben und in den regulären Handel gebracht mit einem Vorwort des Ministers Franco Bassanini[5]. Dieses Handbuch stellte einen Meilenstein der Initiativen zur Veränderung der Sprachgepflogenheiten der öffentlichen Verwaltung dar. Der wichtigste Teil des *Manuale*, zumindest in Bezug auf die Themen, die uns interessieren, ist eine *Guida alla redazione dei documenti amministrativi* („Anleitung zum Verfassen von Verwaltungsdokumenten"), die von Maria Emanuela Piemontese verfasst wurde und die wichtigsten Techniken zur Vereinfachung von Verwaltungstexten auf textueller, syntaktischer und lexikalischer Ebene darstellt. Jede der Regeln, die in zugleich einfacher und apodiktischer Form dargestellt werden, wird von einer Reihe Negativbeispielen und dem entsprechenden Verbesserungsvorschlag begleitet.

Zu den von oberer Stelle geförderten Initiativen gesellen sich in den gleichen Jahren Initiativen von unten. Einige Gemeinden (die ersten hierbei waren Trient und Padua, gefolgt von Lucca) brachten Initiativen zur Ausbildung des eigenen Personals auf die Wege, die nach demselben Modell durchgeführt wurden (theoretischer Unterricht, der von einer ausführlichen Praxisarbeit begleitet wurde).

Die Initiative wird in den folgenden Jahren hauptsächlich von Ministern fortgeführt, die, im Vergleich zu Cassese und Bassanini, aus dem entgegengesetzten politischen Lager stammen: Franco Frattini[6] erließ im Jahre 2002 zuerst eine Richtlinie zur Verwaltungskommunikation (zur Steuerung der Anwendung eines Gesetzes aus dem Jahre 2000 über die Informations- und Kommunikationsaktivitäten der öffentlichen Verwaltung), die ein der Sprache gewidmetes Kapitel enthielt, später eine Richtlinie zur Vereinfachung der Verwaltungssprache. Außerdem initiierte er das Projekt „Chiaro!", das dazu gedacht war, der öffentlichen Verwaltung Arbeitsmittel und Beratungsdienste zu liefern. Mario Baccini[7] hat im Jahre 2005 seinerseits eine Richtlinie zur Vereinfachung der Sprache herausgegeben.

Nach 2005 gab es keine Initiativen von Seiten des Ministeriums zur Vereinfachung der Verwaltungssprache mehr. Zahlreiche Verwaltungsstellen haben jedoch Fortbildungskurse über die Verwaltungssprache für die eigenen Angestellten organisiert.

---

[5] Franco Bassanini (geb. in Mailand, 1940) war Juraprofessor an zahlreichen Universitäten. In der Legislaturperiode von 1996 bis 2001 war er Minister der öffentlichen Verwaltung und Untersekretär des Ministerrats. Ihm sind wichtige Initiativen zur Verbesserung der Effizienz der öffentlichen Verwaltung zu verdanken. Er setzte auf Transparenz und Vereinfachung der bürokratischen Verfahrensweisen. Im Jahre 2007 wurde er zum Mitglied der von Jacques Attali geleiteten *Commission pour la libération de la croissance française* mit der Aufgabe, ein Projekt zur Erneuerung der französischen Verwaltung vorzubereiten, berufen.

[6] Franco Frattini (geb. in Rom, 1957) ist seit 2008 Außenminister (schon von 2002 bis 2004 hatte er dasselbe Amt bekleidet). Von 2001 bis 2002 war er Minister der öffentlichen Verwaltung und von 2004 bis 2008 Vizepräsident der Europäischen Kommission und Europäischer Kommissar für Justiz, Freiheit und Sicherheit.

[7] Mario Baccini (geb. in Rom, 1957) war von 2004 bis 2006 Minister der öffentlichen Verwaltung.

3. Die Initiativen zur Reform der Gesetzessprache

Auch auf der Ebene der Gesetzgebung und des Verfassens anderer normativer Texte (Regelungen, Verordnungen etc.) gab es zahlreiche Initiativen.

Diesbezüglich war das erste Handbuch (hervorgegangen aus den Diskussionen und offiziellen Dokumenten über die Ineffizienz der öffentlichen Verwaltung, die seit Ende der 1970er aufgetaucht sind) das Handbuch zur Abfassung von Gesetzestexten der Region Toskana aus dem Jahre 1984, der sich in den folgenden Jahren andere Regionen angeschlossen haben.

Im Jahre 1986 haben Abgeordnetenhaus, Senat und Ministerpräsidentenamt drei unterschiedliche Rundschreiben, jedoch mit demselben Inhalt veröffentlicht, die Regeln zur technischen Formulierung von Gesetzestexten enthielten. Am 2. Mai 2001 ist das umfassende Rundschreiben des Ministerpräsidentenamtes *Regole e raccomandazioni per la formulazione tecnica dei testi legislativi* („Regeln und Empfehlungen für die technische Formulierung von Gesetzestexten") erschienen. Die staatlichen Rundschreiben weisen Unterscheidungsmerkmale im Vergleich zum Handbuch auf, das von der Region Toskana angewendet wird, sind aber im Endeffekt an derselben Logik zur Formalisierung der angewendeten Vorgehensweisen orientiert, um die Gleichförmigkeit in der Erstellung der Texte zu garantieren.

Im Jahre 1992 veröffentlichte die Konferenz der Präsidenten der Regionalversammlungen ein vereinheitlichtes Handbuch für die Erstellung von Gesetzestexten der Regionen (*Regole e suggerimenti per la redazione tecnica dei testi normativi*, „Regeln und Empfehlungen für das Verfassen von normativen Texten"), das von einer Arbeitsgruppe herausgegeben wurde, die aus regionalen und staatlichen Funktionären und Angehörigen von Forschungseinrichtungen zusammengesetzt war. Das Handbuch sollte dann ein erstes Mal im Jahre 2002 und ein zweites Mal im Jahre 2007 aktualisiert werden; die letzte Überarbeitung bezieht sich vor allem auf sprachliche Aspekte.

Am 29. März 2007 haben die Regierung, die Regionalregierungen und die örtlichen Einrichtungen (d. h. Kommunen und Provinzen) eine Vereinbarung zur Vereinfachung und Verbesserung der Qualität der Gesetzgebung unterzeichnet, deren Artikel 14 ausdrücklich das normative *drafting* behandelt und vorsieht, die staatlichen und regionalen Handbücher zur Abfassung von normativen Texten zu vereinheitlichen. In der Folge haben auch der Senat der italienischen Republik, das Abgeordnetenhaus und der Regionalrat am 28. Juni 2007 eine Übereinkunft über die Zusammenarbeit und den Erfahrungsaustausch über Themen unterzeichnet, die die Verwaltung betreffen, darunter auch Gesetzestexte für gesetzgebende Versammlungen.

Dem Thema der Abfassung von Gesetzestexten und der Vereinheitlichung der Handbücher wurde die VII. Tagung des „Rete di eccellenza dell'italiano istituzionale" („Europäisches Netz der italienischen Verwaltungssprache") gewidmet (Rom, 24. April 2009).

4. Die Instrumente zur Reform der italienischen Verwaltungssprache

Zur Reform der italienischen Verwaltungssprache hat man verschiedene Mittel angewandt: Vorschlag von Richtlinien und Handbüchern, Fortbildung, Bildung von Arbeitsgruppen für die Überarbeitung von Texten des allgemeinen Gebrauchs und Bereitstellung von Beratungsdiensten. Ich stelle kurz jedes dieser Mittel vor und weise auf die jeweiligen Stärken und Schwächen hin.

Leitfäden und Handbücher

In Bezug auf Leitfäden und Handbücher ist Fioritto (1997) das beste Beispiel; darauf folgten Franceschini / Gigli (2003), Cortelazzo / Pellegrino (2003), Raso (2005), La Spina / Cangemi (2009). Die italienischen Handbücher entsprechen – nicht immer mit den notwendigen Anpassungen – den Beispielen, die auch in anderen Ländern verbreitet sind, zuallererst denjenigen in englischer Sprache. Im Allgemeinen beziehen sich die Anregungen auf Ebenen zur Strukturierung des Textes (Textualität), zur Bildung der Sätze (Syntax), zur Wortwahl (Lexikon) und zur graphischen und drucktechnischen Einrichtung des Textes, beginnend bei der Zeichensetzung. Das Urteil zu den Leitfäden kann zwiespältig ausfallen: Einerseits sind sie äußerst hilfreiche Werkzeuge zur ersten Orientierung des wenig erfahrenen Schreibers, der sich angesichts komplexer Behandlung der Thematik in Schwierigkeiten befinden würde, andererseits stellen sie die Gefahr dar, einen trotz allem kreativen Prozess – denjenigen des Schreibens, wenn auch eines gebundenen Schreibens, wie in der Verwaltungssprache – in den Rahmen zwingender Regeln zu pressen.

Fortbildungen und Arbeitsgruppen

Sinnvoller erscheint eine intensive Fortbildungsaktivität, die einen angemessenen Raum für Übungstätigkeit vorsieht. Öffentlich Angestellte, die sich mit der Textproduktion befassen, können die Grundregeln für klares und einfaches Schreiben so verinnerlichen und die Techniken an realen Texten, die sich auf ihre berufliche Tätigkeit beziehen, anwenden. Als Konsequenz aus den Fortbildungen und der Anwendung der Leitfäden haben einige Verwaltungsstellen Arbeitsgruppen eingerichtet, die weit verbreitete und wiederholt gebrauchte Texte überarbeiten (z. B. der kommunale Aushang für die Bezahlung der Gebäudesteuer, Ausschreibungen, Informationen über die Studiengebühren). Es handelt sich um Initiativen, die die Teilnehmer intensiv beschäftigen und ein gutes Kosten-Nutzen-Verhältnis aufweisen, wenn sie komplexe und wiederholt gebrauchte Texte bearbeiten. Es handelt sich jedoch nicht um ein probates Mittel, um die Masse der Mitteilungen mit eingeschränktem Gebrauch, die wenig verbreitete Themen oder Themen, die in verschiedenen Verwaltungsstellen oder in unterschiedlichen Abteilungen derselben Verwaltungsstellen unterschiedlich bearbeitet werden, zu behandeln.

Beratungsdienst

Für einige Monate hat das Department der öffentlichen Verwaltung im Rahmen des Projekts *Chiaro* (2002)[8] einen Beratungsdienst eingerichtet: Die Verwaltungsstellen konnten Dokumente einschicken, um Vorschläge für die Überarbeitung zu erhalten. Es handelte sich um eine wichtige Initiative, die nach dem Vorbild einer entsprechenden französischen Initiative durchgeführt wurde und zu kurz dauerte, allerdings meiner Meinung nach durch ein Grundproblem beeinträchtigt wird: Um einen Text gut zu schreiben, muss man über das Vermögen verfügen, klar, einfach und für jede Situation angebracht zu schreiben, aber auch über eine profunde Kenntnis der zu vermittelnden Inhalte und der Rahmenbedingungen der spezifischen Kommunikationssituation. Nun hat ein Beratungsdienst sicherlich die erste dieser Eigenschaften, kann aber keine tiefgehende

---

[8] Das Programm läuft nicht mehr. Absichten und Materialien des Projekts sind jedoch immer noch im Internet unter der folgenden Adresse zu finden: http://www.funzionepubblica.it/chiaro/.

Kenntnis aller Inhalte, welche die öffentliche Verwaltung vermitteln muss, besitzen und kann noch weniger die Umstände der spezifischen Kommunikationssituation kennen. Aus diesem Grund kann nur jemand, der innerhalb der einzelnen Verwaltungsstellen arbeitet, in entscheidender Weise die linguistischen Mängel der zu verbreitenden Texte beheben.

5. Die Ergebnisse der Reforminitiativen für die italienische Verwaltungssprache

Es gibt keine Bewertung der Ergebnisse der Reforminitiativen der italienischen Verwaltungssprache. Einige Textbeispiele, die im Rahmen von Fortbildungen verfasst wurden, sind schon veröffentlicht worden;[9] hierbei handelt es sich um interessante Beispiele, auch wenn sie aufgrund der – oft zufälligen – Auswahl, die in den Fortbildungskursen getroffen wurde und nicht aufgrund einer systematischen Erhebung der häufigsten und unverständlichsten Texte. Nach einer betrübten Feststellung von Tullio de Mauro (2008, 25) erscheinen die Resultate jedoch sehr begrenzt:

> Molto lavoro di analisi, elaborazione e proposta è stato fatto a partire da quando Cassese era Ministro della Funzione Pubblica, all'inizio degli anni Novanta. Molto è stato fatto perché le Amministrazioni imparino a comunicare in modo comprensibile. […] Ma il bilancio è più modesto di come le nostre speranze di anni fa ci facevano pensare. (Viel Arbeit in Analyse, Ausarbeitung und Vorschlag ist gemacht worden, seitdem Anfang der 90er Jahre Cassese Minister der öffentlichen Verwaltung war. Es ist viel unternommen worden, damit die Verwaltungsorgane lernten, auf verständliche Weise zu kommunizieren […] Aber die Bilanz ist bescheidener, als unsere Hoffnungen von vor einigen Jahren uns glauben ließen).[10]

Sicherlich wurden die Kurse für eine klare und einfache Sprache, die von vielen Verwaltungsstellen organisiert worden sind, von den öffentlichen Angestellten im Allgemeinen ernsthaft, oft sogar mit Begeisterung besucht, aber für viele von ihnen hat es sich als schwierig herausgestellt, die erworbenen Fertigkeiten in die tägliche Arbeit zu übertragen. Andere sind, nachdem sie eine Zeit lang die erlernten Empfehlungen angewendet haben, Stück für Stück zu den alten Schreibgewohnheiten zurückgekehrt. Dafür gibt es verschiedene Gründe: Das Grundproblem ist die Tatsache, dass bisher in den Reforminitiativen die Angestellten mittleren Ranges einbezogen wurden und nur in Ausnahmefällen höhere Angestellte oder Führungskräfte an den Schulungen teilgenommen haben. Folglich teilen höhere Angestellte die Beweggründe für eine einfache und klare Sprache nicht, da sie die Anstrengungen der Angestellten, die mit der Vereinfachung beschäftigt sind, nicht schätzen oder nicht nachvollziehen können und diese oftmals sogar im Namen des Prestiges der Verwaltung bekämpft haben. Manchmal sind sie auch, selbst wenn sie die Ziele teilen, nicht in der Lage gewesen, den Angestellten die Arbeitsbedingungen zu bieten, die unverzichtbar sind, um klare und freundliche Texte für die Bürger zu ver-

---

[9] *Semplificazione del linguaggio amministrativo* (1998), Cortelazzo (1999, 2005), Fioritto (2002), Cortelazzo / Di Benedetto / Viale (2008); im Internet: http://www.funzionepubblica.it/chiaro die sogenannte *Manuali* von Lucca und der Region Molise. Auch ein Online-Corpus von klaren und einfachen Verwaltungstexten befindet sich im Aufbau (TACS: http://www.maldura.unipd.it/buro/tacs.html).

[10] Tullio De Mauro (geb. in Torre Annunziata, in der Provinz Neapel, 1932), Sprachwissenschaftler, der sich viel damit beschäftigt, die Ergebnisse der sprachwissenschaftlichen Forschung in der Gesellschaft anzuwenden, war von 2000 bis 2001 Bildungsminister.

fassen (z. B. ausreichend verfügbare Zeit, die Möglichkeit, sich zu konzentrieren). Außerdem hat die Verankerung im bürokratischen Umfeld, das hauptsächlich noch immer eine Art der Sprache vertritt, die Desinteresse gegenüber den Adressaten aufweist, die Fortbildungsinitiativen zunichtegemacht, die von einigen lokalen Einrichtungen unternommen wurden, welche der Notwendigkeit einer Reform der Verwaltungssprache aufgeschlossener gegenüberstehen.

In diesem ganzen Zusammenhang verwundert eine Sache: Die Einsparungen, die durch eine ernsthafte Politik der Änderung der Schreibgewohnheiten zu erzielen wären, sind offensichtlich. Man denke an das Experiment der Überarbeitung der *Istruzioni per le operazioni degli uffici elettorali di sezione* („Anweisungen für die Vorgehensweise der Sektionswahlbüros"), ein mehrfach pro Jahr mit Zehntausenden Exemplaren hergestelltes Büchlein, das den Text von 35.819 auf 26.346 Wörter gebracht hat, was einer Verringerung um etwa ein Viertel entspricht. Dies alles gelang, ohne den technischen Inhalt des Dokuments zu verändern, und zwar durch die einfache Neuorganisation der Informationen auf eine effektive und rationale Art und Weise und durch die Vermeidung von unnützen Wiederholungen (Cortelazzo / Di Benedetto / Viale: 2008). Die Ersparnis an Druck- und Papierkosten, die ein aufmerksameres Verfassen der Verwaltungstexte mit sich bringen würde, ist offensichtlich.

6. Entwicklungsperspektiven

Was kann man tun, um aus dieser noch unbefriedigenden Situation herauszukommen? An Ideen fehlt es nicht. Die Tatsache, dass die Ergebnisse geringer sind als erwartet, bedeutet natürlich nicht, dass die bisher durchgeführten Verfahren (Leitfäden, Fortbildung, usw.) falsch wären; es bedeutet vielmehr, dass sie in unzureichender Art angewendet wurden, dass sie von kontraproduktiven Faktoren beeinflusst werden oder dass sie allein nicht ausreichen.

Man kann sich andere Vorgehensweisen vorstellen. Eine davon ist, den öffentlichen Angestellten eine Reihe von Sammlungen von Vorlagen für die am häufigsten von den öffentlichen Einrichtungen verfassten Schreiben zur Verfügung zu stellen. Es ist nicht wirtschaftlich, dass die gleiche Art von Dokument (z. B. die Mitteilung, dass der Wohnsitzwechsel eingetragen wurde; die Mitteilung, dass der Personalausweis demnächst abläuft; eine Zahlungserinnerung usw.) unabhängig von Zehntausenden Angestellten, von denen nicht alle Erfahrungen mit den Techniken der klaren und einfachen Sprache haben, verfasst wird, wodurch die Zeit zur Verfassung der Texte vervielfacht wird, welche, bis auf einige marginale Unterschiede, in allen Verwaltungsstellen die gleichen Inhalte transportieren. Es wäre sehr sinnvoll, eine Reihe von Sammlungen zu besitzen, die Vorlagen mit hoher Lesbarkeit für jede der Standardmitteilungen (Akten, Briefe, Informationsflugblätter etc.) enthalten, welche die verschiedenen öffentlichen Einrichtungen in ihren verschiedenen Aufgabenbereichen abfassen, um die Kontakte und Verfahrensweisen mit den Bürgern und Nutzern, Zulieferern, Firmen bzw. anderen öffentlichen Einrichtungen und Institutionen zu regeln. Systematische Sammlungen, Gebiet für Gebiet, können dazu beitragen, den Stil der Verwaltungssprache zu vereinheitlichen, ihm eine größere Unmittelbarkeit und Klarheit zu geben und dem Adressaten einen einheitlichen Sprachtyp zu liefern, mit welcher spezifischen öffentlichen Einrichtung er auch zu tun hat. Gerade ist eine Erfahrung in diesem Sinne auf den Weg gebracht worden: Das COINFO („Consorzio Interuniversitario sulla formazione", das heißt „Interuniversitäres

Konsortium zur Bildung") hat eine Arbeitsgruppe gebildet, die eine Sammlung mit den häufigsten Mitteilungen der universitären Verwaltungsorgane zusammenstellen wird, die in klarem und einfachem Italienisch verfasst sind.

Außerdem ist es nötig, dem praktischen Vorgehen Forschungstätigkeiten zur Seite zu stellen. Es erscheint vor allem notwendig, im Rahmen von Versuchen die Effizienz der Anregungen, die für das Verfassen von klaren und einfachen Texten im Italienischen gegeben wurden, analog zu dem, was für das Englische unternommen wurde, zu überprüfen (die Notwendigkeit wurde schon von Fortis, 2004, angezeigt). Darüber hinaus ist es nötig, die Effizienz der Fortbildungstätigkeiten zu erheben (z. B. indem erhoben wird, wie lange ein Angestellter, der einen Fortbildungskurs besucht hat, aktiv den erhaltenen Unterricht umsetzt). Die Haltung der Bürger gegenüber einem geschriebenen einfacheren Text im Vergleich zu einem traditionellen kann auch nützlich sein. Dies sind Themen, die ich im Rahmen einiger Abschlussarbeiten an der Universität Padua betreut habe,[11] mit dem Versuch, innovative Methoden anzuwenden; allerdings sind die Ergebnisse noch ungenügend.

7. Eine Initiative mit europäischer Perspektive

Entscheidend für den Erfolg von Initiativen zur Verwurzelung und Ausbreitung der Techniken zur klaren und einfachen Verwaltungssprache ist der Dialog zwischen Angestellten der öffentlichen Verwaltung, Sprachwissenschaftlern und Rechtsexperten sowie Spezialisten anderer Fachrichtungen. Wichtig ist auch die Möglichkeit, fortschrittlichste Erfahrungen auf eine Weise zu verbinden, dass alle interessierten Angestellten einen Vorteil aus den Erfahrungen desjenigen ziehen können, der die besten Lösungen gefunden hat.

Seit 2005 gibt es ein Netzwerk, das sich auf die gerade beschriebenen Prinzipien gründet: Das schon erwähnte „Rete di eccellenza dell'italiano istituzionale" (http://ec.europa.eu/rei), eine Initiative, die aufgrund der Anregung der italienischen Abteilung der „Generaldirektion Übersetzung der Europäischen Kommission" gegründet wurde. Das ursprüngliche Ziel war es, diejenigen, die Verwaltungstexte in europäischem und nationalem Umfeld verfassen, zu vereinen, um Ressourcen, Ergebnisse und Problemlösungen bei der Bildung neuer Terminologien zu teilen. Es ist bekannt, dass Normen und die dazugehörige Sprachregelung nicht mehr auf nationaler Ebene, sondern eher auf europäischer Ebene entstehen. Neue Normen und Prinzipien, die von den Organen der Europäischen Union (in Brüssel, Luxemburg oder Straßburg) angewendet und erfunden werden, bringen neue Konzepte mit sich, zu deren Ausdruck neue Terminologien geschaffen werden, die dann in die Sprache der Texte der Gesetzgebung und der nationalen Verwaltung eindringen und von der Sprache der Politik und der Medien aufgegriffen werden. Es handelt sich um eine immer öfter verbindliche Sprache, die nicht nur außerhalb der italienischen Staatsgrenzen erdacht wird, sondern in der großen Mehrzahl der Fälle auch das Ergebnis von Übersetzungen ist. Genau an diesem Punkt besteht Vergleichs- und Abstimmungsbedarf. Schritt für Schritt hat das REI jedoch sein Interesse auf eine Verwaltungskommunikation in einem klaren, verständlichen, für jeden zu-

---

[11] Vgl. A. Tommasini, *Comprensione e accettazione da parte dei riceventi di testi amministrativi semplificati. Un esperimento*, 2001/02, und L. Bertaglia, *Quindici anni di semplificazione del linguaggio amministrativo. Un bilancio e proposte di verifica*, 2006/07.

gänglichen und vor allem qualitativ angebrachten Italienisch ausgedehnt. Das ehrgeizige Ziel ist, die sprachliche Homogenität aller Verwaltungstexte der Einrichtung aller Ebenen (von der lokalen über die nationale bis hin zu der europäischen Ebene), die auf Italienisch verfasst werden, zu fördern.

Literatur

Ascoli, G. I. (1873), *Proemio*, in: Archivio Glottologico Italiano I, V–XLI.
Calvino, I. (1965), *Per ora sommersi dall'antilingua*, "Il Giorno", 3 febbraio (jetzt in *Una pietra sopra*, Turin: Einaudi, 1980, 122–126).
Codice di stile (1993) = *Codice di stile delle comunicazioni scritte ad uso delle amministrazioni pubbliche. Proposta e materiali di studio*, Rom, Presidenza del Consiglio dei Ministri – Dipartimento per la Funzione Pubblica.
Cortelazzo, M. A. / F. Pellegrino / M. Viale (1999), *Semplificazione del linguaggio amministrativo. Esempi di scrittura per le comunicazioni ai cittadini*, Padua: Comune di Padova.
Cortelazzo, M. A. (Hg.) (2005), *Il comune scrive chiaro. Come semplificare le comunicazioni al cittadino*, Santarcangelo di Romagna, Maggioli.
Cortelazzo, M. A. / C. Di Benedetto / M. Viale (2008), *Le Istruzioni per le operazioni degli uffici elettorali di sezione tradotte in italiano. Omaggio al Ministro dell'Interno*, Padua: Cleup.
Cortelazzo, M. A. / F. Pellegrino (2003), *Guida alla scrittura istituzionale*, Rom-Bari: Laterza.
Dalla legge alla legalità (2008) = *Dalla legge alla legalità: un percorso fatto anche di parole*, Atti del Convegno 13 gennaio 2006, Florenz: Regione Toscana.
De Mauro, T. (2008), *Dalla legge alla legalità: un percorso fatto anche di parole*, Florenz: Regione Toscana, 25.
Dembsher, G. (1830), *Manuale, o sia la guida per migliorare lo stile di cancelleria*, Mailand: Destefanis.
Fioritto, A. (Hg.) (1997), *Manuale di stile. Strumenti per semplificare il linguaggio delle amministrazioni pubbliche*, Bologna: Il Mulino.
Fioritto, A. (Hg.) (2002), *Il progetto per la semplificazione del linguaggio amministrativo* [del Ministero dell'Economia e delle finanze], Rom: Istituto poligrafico e Zecca dello Stato.
Fortis, D. (2004), *Semplificazione del linguaggio amministrativo. Validità e limiti delle linee guida*, in *Rivista italiana di Comunicazione pubblica* VI, 2004, n. 20, 48–83.
Franceschini, F. / S. Gigli (2003), *Manuale di scrittura amministrativa*, Rom: Agenzia delle Entrate.
Garelli C. (1968), *La burolingua quotidiana. Appunti per una indagine sul linguaggio giornalistico*, Genua: Sabatelli.
La Spina, A. / A. Cangemi (2009), *Comunicazione pubblica e burocrazia*, Mailand: Angeli.
Raso, T. (2005), *La scrittura burocratica. La lingua e l'organizzazione del testo*, Rom: Carocci.
Regole e suggerimenti per la redazione dei testi normativi (2007), Handbuch für die Regionen, gefördert von der Conferenza dei Presidenti delle Assemblee legislative delle Regioni e delle Province autonome unter wissenschaftlicher Mithilfe des Osservatorio legislativo interregionale, 3. Ausgabe, (im Internet verfügbar unter: http://www.parlamentiregionali.it/dbdata/documenti/%5B48749bf0f3ef4%5Dmanuale_drafting_12.07.pdf).
Semplificazione del linguaggio amministrativo (1998) = *Semplificazione del linguaggio amministrativo*, Trient: Comune di Trento.

Project of Comprehensive Forms

Ulrich Huser

1. Introduction

The Dutch Council of Ministers (hereafter: the Council) decided in 2007 that customer service for citizens, professionals and enterprises had to be improved.[1] The Council identified ten major pressing obstacles concerning bureaucracy and deregulation for citizens, of which comprehensive language is one.[2] Comprehensive language focuses mainly on forms, because of the direct improvement of customer service for citizens and enterprises. The project concerning the improvement of all governmental forms is called the "Project of Comprehensive Forms" (hereafter: the Project). As laid down in the government policy programme, the Project has been initiated by the Secretary of the Interior and Kingdom Relations, The Kingdom of the Netherlands, Mrs. Ank Bijleveld in 2007. According to its guidelines, from 1 September 2007 all *new* government forms need to be comprehensible. In addition, from 1 January 2009 the 25 *most frequently used* government forms have to be comprehensible. From September 2008 municipalities also have to conform to these goals.

This paper will focus on the Project. It will treat specifically of forms, form process tools, form maker tools and form management within governmental organisations in the Netherlands.

2. Project of Comprehensive Forms

The Project team consists of the project leader, a senior advisor responsible for the ministries and autonomous administrative authorities, a policy advisor responsible for provinces and municipalities and a communication officer and project secretary.

Furthermore, all ministries have appointed a coordinator (coordinating the department efforts on forms) to represent each department in an intergovernmental roundtable discussion group. The project team is also advised by a scientific council of professors specialised in language and forms.

The Project aims to coordinate, enhance and stimulate the improvement of the quality and comprehensiveness of all forms for citizens, professionals and enterprises. The complexity of the Project goal – comprehensive forms – is multiplied by the numerous organisations that take part in the project: namely 13 ministries, autonomous administrative authorities, 12 provinces, and 441 municipalities. All governmental organisations have their own responsibility concerning comprehensive forms.

---

[1] The Dutch House of Representatives: TK 2005-2006, 29362, no 73.
[2] See http://www.lastvandeoverheid.nl/algemene-onderdelen/english.

3. Forms

Forms as meant by the Project "are 'two-sided' documents. They can be seen as a medium for a restricted question and answer dialogue" (Wright: 1980, 151ff.). The initiative is taken by the organisation that needs information. Forms which are incomprehensible are not only a problem for the governmental organisations, but especially for citizens, professionals as well as enterprises.

The practical implications of forms cannot be underestimated. Forms have many functions for example organizational functions:

- Forms are important instruments in the implementations of rules and regulations;
- forms have a data transaction function between citizens / business and the government;
- forms become increasingly important as public relations function.

Furthermore, forms have communicative functions:

- Asking questions about the citizen's situation;
- giving the person filling out the form the opportunity to establish a claim, or to present a request;
- providing support (giving instructions) for filling out the form;
- motivating the person filling out the form to answer the questions accurately and completely, and to submit the form in time;
- providing general background information about the relevant regulations and procedures (Jansen / Steehouder: 2001, 11ff.).

The question is how to improve the comprehensiveness of governmental forms for citizens and enterprises.

4. Form process instrument

The Project has developed the form process instrument for form makers:

The form process instrument[3] provides a process description to create comprehensive forms for form makers to enhance the comprehensiveness of forms for the citizens and enterprises. In ten steps the form makers are guided through a variety of important process issues. The form process instrument can be used for:

- new and existing forms;
- forms with instructions and without instructions;
- paper and electric forms;
- difficult and simple forms.

The form process instrument explains how to gather knowledge about the procedure, the production and the processing of forms. Form makers have to research the target group of the form extensively. The citizens' and enterprises' understanding of the subject has to be taken into account as much as possible. Furthermore, one has to analyse the old

---

[3] See http://waaier.begrijpelijkeformulieren.nl.

form by looking at its surveys, reviews and user panel's reports before creating a new form.

Forms can be seen as a medium for a restricted question and answer dialogue. Taking this into consideration one has to identify with the user, citizens and enterprises. The form makers have to show all the relevant information that is available concerning the subject of the form. This information has to help the user to answer every question correctly. Last but not least, counting processes in forms have to be kept as simple as possible.

Also the design of a form is of major importance for the comprehensiveness of the form. Use a logical hierarchy for the questions to be answered: For example, is this a form? Where is the information that is needed to fill in the form? Is this information placed on the form ideally? Where do I have to fill in the answer? Did I answer all the questions and did I answer the questions correctly? The form maker has to take into account that citizens and enterprises do not always take the time to read all the necessary information.

The next step for the form makers is to test the form for example by a user panel or a review. Is the form structure functional? Is the user capable of understanding the form? The form makers have to make the necessary changes until the form is comprehensible. The best way to know if the form is comprehensible is to check – after a period of time – if the users were capable to answer the questions correctly. Think of a way when and how you will check a specific form. Forms change regularly because of the change of laws and regulations. This makes the maintenance of forms a minimum requirement for all form makers. How to enhance the quality of the work of the form makers? The Project produced form makers tools to support form makers to make comprehensive forms.

5. Form makers tools

The Project has developed numerous tools for form makers such as:

Workshops
The workshops are created to enhance the form maker's practical skills to produce comprehensive forms. One workshop is a starter's workshop of one day. A second workshop is an advanced workshop of three days lectured by a professor of the National Institute of Statistics (CBS). The workshop consists of theory, practise and discussions.

Peer supervision
Form makers who attended the workshop provide peers supervision through critical and supportive feedback on a mutual basis to improve their professional skills. Form makers discuss their specific forms and processes within their own governmental organisations and reflect for example on best practices.

User panels and reviews
User panels (empirical) and reviews (theoretical) are provided for forms to be reviewed by a specialised bureau for administrative communication. These tools we provide strategically to enthusiast the governmental organisation to use user panels and reviews as a best practice to enhance their own forms in general.

Newsletter

The Ministry of the Interior and Kingdom Relations publishes a monthly newsletter[4] distributed by e-mail for form makers and decision makers. The newsletter reflects upon practice and theory, background articles and for example best practices. The circulation of the newsletter is around 400.

Website

The website is created to enhance the knowledge about the Project in general and about comprehensive forms specifically. Furthermore, the website offers the opportunity to download the tools developed by the Project. Last but not least, it offers a platform to publish news articles, refer to academic textbooks and to create an online community.

Online community

An online community is developed to enhance the interaction of governmental form makers. Form makers are usually placed rather independently within their governmental organisation and wish to communicate more with their peers. Within the online community they can communicate about their best practices and enjoy peer supervision.

6. Form management

Governmental organisations' form management is complicated, according to a policy paper of the Ministry of Housing, Spatial Planning and the Environment[5], because a single solution for form management – for all governmental organisations – is not attainable. Every governmental organisation claims to have a unique infrastructure. Form management has to be seen as a kind of change management. All organisational, technical, budgetary and practical aspects within governmental organisations are of importance for the creation of an effective form management.

Complications of form management that might occur at governmental organisations, to name a few, are:

- multiple form owners have responsibility;
- different form systems are used;
- form management is divided;
- paper forms are managed by the communication section and electric forms by the ICT section;
- form directives are not always taken into consideration;
- usability and accessibility criteria are sometimes unknown to form makers or not implemented;
- layout and structure changes regularly, complicating the accessibility for citizens and enterprises;
- existing information, about citizens and enterprises, are not pre-filled.

---

[4] See http://www.begrijpelijkeformulieren.nl.
[5] This paragraph is based on the recommendations of this policy paper written by R. Zonnenberg.

Furthermore, a centralised form management enhances the quality of the forms for citizens and enterprises enormously. The main arguments for a centralised system are:

- form management becomes easier to implement;
- form management is simplified because less people have to acquire the same knowledge;
- superintendence concerning form elements is easier to implement;
- directives of usability are easier to implement;
- directives of accessibility are easier to implement;
- formatting is easier to implement;
- using a form server enhances the quality of forms enormously.

7. Developments

The main achievement of the Project up to now is certainly the coordination and stimulation of all governmental organisations to make all forms comprehensible.

Concretely, many forms have been made comprehensible since 2007 due to the fact that governmental organisations have standing infrastructures to make comprehensive forms. The 25 mostly used forms have been actively improved by the concerned organisations themselves. Furthermore, the project offers these organisations reviews and test panels developing 'best practices' within their organisations. Also, the State Secretary has initiated a second 'top 25' for enterprises. Many municipalities have taken up the challenge and signed a covenant via the VNG (the organisation of municipalities). Some municipalities have a frontrunner status and their 'form management' is an important example for other municipalities. Many departments and autonomous organisations, such as the tax authority, have a very unique form management infrastructure. Furthermore, the interdepartmental cooperation with the coordinators has turned out to be of great importance namely for creating a common base for making comprehensive forms. Within the team of coordinators specific knowledge and best practices are open to all governmental organisations.

The form process tool is of great value, but might be seen as theoretical. The Project has asked an independent bureau therefore to develop a tool for form makers in order to support them in their day to day work. The Project has put into place a form developer which is going to be further improved in order to support organisations with their form management. Many of the above mentioned form tools have had a stimulating effect because they give a sense of community and importance to the form maker. Most of all, they present knowledge not available to all form makers within their organisations. The online community has enhanced a sense of unity between all form makers and given them a platform to ask questions and exchange information and knowledge. Ultimately form management has a significant impact on the quality of the forms for citizens and enterprises because form management would become easier to implement, less people have to acquire the same knowledge. Directives of usability, accessibility and formatting are easier to implement.

The project will continue until the next elections in 2011. Effort will be made to provide governmental organisations with forms related good practices, in order to create a government wide learning effect. Furthermore, commercial organisations will be encouraged to continue the provision of essential instruments like reviews and workshops.

This policy should have made comprehensive forms a permanent element of communication and information strategies of Dutch governmental organisations by 2011.

Literature

Berg, A. van den (1992), "Formulieren in context. Analyse van documentproblemen en aanpak van verbeteringsprojecten" [Forms in Their Context. Analysis of Problems with Documents and the Policy of Optimization Projects], in: *Communicatief* 5 (3), 7–11.

Bergen, P. / J. Scheifes / C. Jansen (1992), "Beeldschermformulieren of papieren formulieren. Een onderzoek naar het verschil in invulgedrag" [Forms on Screen or Forms on Paper. A Study of Differences in Form-Filling Behavior], in: *Communicatief* 5 (3), 2–6.

Blom, M. / B.C.G.M. van Saasse (1989), "Custom made formulieren: optimale afstemming op de gebruikers" [Custom-made Forms: Optimal Orientation toward the Users], in: *Communicatief* 2, 140–151.

Duffy, T.M. (1985), "Readability Formulas: What's the Use?", in: Duffy, T.M. / R. Wailer (Hgg.), *Designing Usable Texts*, Orlando: Academic Press, 113–143.

Edens, K. (1989), "Formulieren, organisatiecultuur en imago" [Forms, Organization Culture and Corporate Image], in: *Communicatief* 2, 179–186.

Frohlich, D. (1986), "On the organization of form-filling behaviour", in: *Information Design Journal* 5, 43–59.

Frohlich, D. (1987), "On the re-organisation of form-filling behaviour in an electronic medium", in: *Information Design Journal* 5, 111–128.

Fulcher, G. (1997), "Text difficulty and accessibility: reading formulae and expert judgement", in: *System*, vol. 25, no. 4, 497–513.

Jansen, C. / J. Mulder (1998), "Blokletters of schuinschrift op formulieren? Zin en onzin van handschriftinstructies" [Block letters or slanting handwriting on forms? Sense and nonsense in instructions for handwriting], in: Steehouder, M. et al. (Hgg.), *Van taaladvies tot tekstontwerp*, Enschede: University of Twente, 61–68.

Jansen, C. / M. Steehouder (1989), *Taalverkeersproblemen tussen overheid en burger. Ben onderzoek naar verbeteringsmogelijkheden van voorlichtingsteksten en formulieren* [Communication problems between government and citizens. A study into techniques for improving the quality of instructional texts and forms], Den Haag: SDU.

Jansen, C. / M. Steehouder (1992a), "Forms as a source of communication problems", *Journal of Technical Writing and Communication* 22, 179–194.

Jansen, C. / M. Steehouder (1992b), "Optimizing the quality of forms", in: Pander Maat, H. / M. Steehouder (Hgg.), *Studies of functional text quality*, Amsterdam: Rodopi Publishers, 159–172.

Jansen, C. / S. Klatter / D. de Vet (1991a), "Formulierenonderzoek bij de Informatiseringsbank" [Form design at the Informatiseringsbank], in: *Communicatief* 4, 189–204.

Jansen, C. / S. Klatter / D. de Vet (1991b), *Gebruikstest van drie versies van het 0- en F-formulier van de Informatiseringsbank te Groningen.* [Usability test of three versions of the 0- and the F-form of the Informatiseringsbank in Groningen], interne publicatie van de Afdeling Taalbeheersing, Utrecht: Rijksuniversiteit Utrecht.

Jansen, C. / M. Steehouder / K. Edens / J. Mulder / H. Pander Maat / P. Slot. (1989), *Formulierenwijzer: handboek formulieren redigeren.* [Form design guide. Textbook for editing forms], Den Haag: Sdu Uitgeverij.

Jansen, C. / M. Steehouder (2001), "How research can lead to better government forms", in: Janssen, D. / R. Neutelings (Hgg.), *Reading and writing government documents*, Amsterdam / Philadelphia: Benjamins (Chapter 2), 11–36.

Lentz, L. / H. Pander Maat (1992), "Evaluating text quality: Reader-focused or text-focused?", in: Pander Maat, H. / M. Steehouder (Hgg.), *Studies of Functional Text Quality,* Amsterdam: Rodopi, 101–114.

Lentz, L. / M .D. T. de Jong (1997), "The evaluation of text quality: Expert-focused and reader-focused methods compared.", in: *IEEE Transactions on Professional Communication* 40, 224–234.
Lentz, L. / H. Pander Maat (1993), *Wat mankeert er aan die tekst? De evaluatie van voorlichtingsteksten over subsidieregelingen.* [What is wrong with that text? Evaluation of public information texts on subsidy regulations], Amsterdam: Thesis.
Liidenbach, N. (1984), *Formulare und Kommunikationsmaximen.* [Forms and conversation maxims], PhD Dissertation, Utrecht: Utrecht University.
Miller, R. B. (1981), "Transaction structures and formats in form design", in: Easterby, R. / H. Zwaga (Hgg.), *Information design. The design and evaluation of printed material*, Chichester etc.: John Wiley and Sons, 529–544.
Oltheten, T. / K. Steenwijk (1979), *Het ontwerpen van formulieren.* [Designing forms], 6e druk, Den Haag: Staatsuitgeverij.
Renkema, J. (1981), *De taal van Den Haag: Een kwantitatief onderzoek naar aanleiding van oordelen over taalgebruik.* [The language of The Hague: A quantitative study as a result of judgements about language use], Gravenhage: Staatsuitgeverij.
Renkema, J. (1989), "Tangconstructies. Experimenteel onderzoek naar leesbaarheid en attentiewaarde", in: *Spektator* 18, 444–462.
Renkema, J. (1989), *Schrijfwijzer.* [Writing instructor], Den Haag: SDU.
Renkema, J. (1993), *Discourse Studies. An introductory textbook,* Amsterdam / Philadelphia: Benjamins.
Renkema, J. (1994), *Taal mag geen belasting zijn. Een onderzoek-in-burger naar brieven van ambtenaren* [Language as a tax for the reader. An undercover research into governmental letters], Den Haag: SDU.
Renkema, J. (1996), "Over smaak valt goed te twisten. Een evaluatiemodel voor tekstkwaliteit" [It is possible to account for tastes. An evaluation model for text quality], in: *Taalbeheersing*, 18, 324–338.
Sless, D. (1998), "Designing and evaluating forms in large organizations", in: Zwaga, H. J. / T. Boersema / H. C. M. Hoonhout (Hgg.), *Visual Information for Everyday Use,* London: Taylor and Francis, 135–153.
Steehouder, M. F. / C. J. M. Jansen (1984), "Technologisch taalbeheersingsonderzoek" [Technological Studies in Communication], in: *Gramma*, 8 (1), 1–22.
Steehouder, M. F. / C. J. M. Jansen (1989), "Raadpleeg eerst de toelichting. Maar hoe krijg je invullers zover?" [Please read the explanatory notes first. But how to get people filling out forms to do so?], in: *Communicatief* 2, 130–139.
Steehouder, M. F. / C. J. M. Jansen (1992), "Optimizing the quality of forms", in: Pander Maat, H. / M. F. Steehouder (Hgg.), *Studies in Functional Text Quality,* Amsterdam, Atlanta GA: Editions Rodopi, 159–172.
Wright, P. (1969),"Transformations and the understanding of sentences", *Language and Speech,* 12, 156–166.
Wright, P. (1980), "Strategy and tactics in the design of forms", in: *Visible Language,* 12, 151–191.
Wright, P. (1987), "Drijfzand en scheepswrakken bij het ontwerpen van formulieren: wat voor soort kaarten hebben we nodig?" [Quicksand, shipwrecks and the design of forms: what kind of navigation maps do we need?], in: Jansen, C. / M. Steehouder (Hgg.), *Formulieren als communicatiemiddel,* Proceedings of a symposium at the University of Twente. Enschede: University of Twente, 65–72.

Administrative language in the UK: 18 months in Pikestaff features

Sarah Carr

Plain language in the UK: introduction

In the UK, there is no dedicated plain language function in central government, although some departments do have employees with some responsibility for plain language. These people's titles vary greatly, and it is hard to know exactly how many there are. For example, the Department of Health has a Head of Health Literacy, and the Forms Unit of HM Revenue & Customs has a Head of Usability. The situation is similar in local government.

In the private sector, a number of businesses provide plain language services. The best known are probably 'Plain Language Commission' (PLC) and 'Plain English Campaign' (PEC).

PLC is run by Martin Cutts, who conceived and co-founded PEC in 1979 and was a partner there until 1988. Being an associate of PLC, I am more familiar with its work, which includes:

– editing and accrediting documents (with the Clear English Standard) and websites (as Winning Websites);
– running courses on writing skills – face-to-face and by distance learning;
– sponsoring Clear English India, Kolkata, and investing in Português Claro;
– acting as an agent for StyleWriter – the Plain English Editor;
– producing a monthly newsletter, *Pikestaff*.

When we launched our newsletter in January 2007, a few readers asked: 'Why *Pikestaff*?' Well, in British English, something is said to be 'as plain as a pikestaff', the pole that pedlars used to carry their pack. So a pikestaff was probably considered plain because it was just a big stick. Another plausible explanation is that pilgrims carried one to announce plainly their devotion.

Pikestaff has a circulation of about 2,000 and is proving popular among customers and others interested in plain language. It is free of charge, and does not kill trees, as we produce it in electronic form only. In this presentation, I am going to use some headlines – covering both good and bad news stories – from *Pikestaff*'s 18-month history to illustrate recent UK developments in national and local government. You can view all back copies of *Pikestaff* on our website (http://www.clearest.co.uk, and click on 'Newsletter'). And you can read about earlier developments, going back to 1979, in our booklet 'Twenty-five years of battling gobbledegook' – it is on our website, under 'Books', and I've brought some copies with me.

National government

We can look at national government language in two categories: the language of politicians and that of administrative bodies.

Politicians

Politicians have a reputation – mostly well deserved – for using long-winded and pompous language. I keep a file of newspaper cuttings as ideas for future issues of *Pikestaff* and the 'politics' section is bulging. Here are three stories we have included:

> **Aural wallpaper** (Pikestaff 10, November 2007)
> One star of the 'Plain English Awards scandal' [more on this later], Harriet Harman MP (Leader of the House of Commons and deputy leader of the Labour Party) featured recently on Radio 4's Today programme. Announcing her wish to review the formal language of parliament and use 'plain English', she read out some traditional rhubarb about 'proroguing parliament' …
>
> Parliament remains wedded to silly language: Lords debates seem to consist almost entirely of people saying, 'My noble Lady will be pleased to hear.' and 'Noble Lords will want to join me in paying tribute …' Commons debates, meanwhile, are littered with such formulas as 'My learned and right honourable friend the member for Yawnsville', and 'Honourable and right honourable members will wish to know that …' The main purpose of these phrases seems to be to give the speaker time to think.
>
> **Twelve lords a-drivelling** (Pikestaff 11, December 2007)
> … Rosemary Behan has now spoken out against MP-speak in The Times: 'Please can we stop "moving forward" and "actively reaching out"? Can we, instead, "resolve to build a consensus" on one thing that really matters? Can we start speaking English?'
>
> Perhaps the 3rd Baron Lord Selsdon can shed some light on the problem. The Daily Mail of 5 December reports that in the House of Lords he announced that, through deep research, he had put his fellow peers into 4 categories: 'Bought their way in, wormed their way in, screwed their way in – and "How did they get in?"
> There may also be a few – just a few – who waffled their way in.
>
> **Which profession prevails in piffle production prowess?** (Pikestaff 14, March 2008)
> … politicians … are commonly associated with long-winded language. For example, the Risk and Regulation Advisory Council's web page reports that Gordon Brown has 'committed to taking the Better Regulation agenda to a new level by focusing upstream at where policy-making engages with risk' …[1]

This is bad enough, but there are times when politicians' unclear language is not a result just of habit or of trying to sound clever: there are some who want to soften or cloak the truth with euphemisms – sometimes called 'doublespeak'.

Sadly, the current Labour government has earned itself a reputation for failing to be straight with the public. The best-known examples are probably the:

---

[1] http://www.berr.gov.uk/about/economics-statistics/rrac/index.html.

- Iraq war – when the government's justification for getting involved depended on the false claim that the regime had weapons of mass reduction;
- Lisbon treaty – which the government claimed was only an amending document and so did not require the referendum they had promised in their manifesto.

Because of this dishonesty – of which there are almost weekly occurrences on a smaller scale – we actually would not want the government to announce it supported plain language, as this would discredit plain language as we see it. In our view, plain language should not be about just the language itself – anyone can lie in short sentences that use familiar words and active verbs. Essential to true plain language is honesty: a commitment to plain dealing as well as plain words. And so until politicians can promise to be straight with the public, we would rather they did not promise to use plain language.

As an aside – but still on the theme of dishonesty – here is a short article that explains where you can read more about the Plain English Awards scandal, and Harman's role in this.

> **Tangled web award** (Pikestaff 10, November 2007)
> So reads a headline to a piece in Private Eye (6 December 2007), based on Martin Cutts' article, 'Plain English Awards scandal', which we announced in Pikestaff 8. The piece reveals the £600,000 worth of commercial connections between the event's promoter and several of the winners.[2]

Administrative bodies

So people often do not understand politicians, but ironically politicians do not always understand their civil servants either, as these two news stories revealed:

> **Scottish English impacted by mandarin dialogue** (Pikestaff 3, March 2007)
> The Scottish Executive's civil servants have baffled and frustrated Members of the Scottish Parliament (MSPs), according to The Scotsman, after a Holyrood committee couldn't understand one of their statements: 'We are also developing a more robust dialogue with key partners around the health of system and the impact of policy and refocusing the approach used to measure improvement locally and related support for benchmarking.'
> Brian Monteith, the independent MSP who convenes the audit committee, said the wording left members puzzled. Margaret Smith, a Liberal Democrat MSP, said she hadn't understood the document and added: 'We should introduce an audit committee award for complete gobbledegook. That doesn't mean anything to me, and I doubt very much to ordinary members of the public.'
> The Scotsman quoted our spokesman as saying: 'There's no reason why they have to write in this fashion. People must be well qualified and highly paid to write like that. We have to persuade them they don't need to use high-flown language. It's as if they have a list of buzz words that it's compulsory to use. They're just trying to impress other people in their department and the ministers who look at their work, but nowadays people are more likely to laugh at them instead.'[3]

---

[2] You can read Martin's article at http://www.clearest.co.uk/files/PlainEnglish AwardsScandal.pdf.
[3] The Scotsman, 14 February 2007: http://news.scotsman.com/scotland.cfm?id=238762007.

Memorandum of misunderstanding (Pikestaff 7, July 2007)

John McFall, MP for West Dunbartonshire and chair of the Treasury Select Committee, has described a memorandum of understanding on the income-tax treatment of venture capital and private equity as a 'memorandum of incomprehensibility'.[4]

We managed to stay awake long enough to work out its readability score. Clocking up a spectacular grade level of 17 (meaning it's roughly for a British reading age of 22 – higher than graduate level), the memo opens with a 50-word sentence:

'This memorandum describes a typical venture capital/private equity ("VC") limited partnership fund structure and sets out guidelines agreed by the BVCA [that's the British Venture Capital Association – but it doesn't tell you this] and Inland Revenue on the application of the provisions introduced by Schedule 22, Finance Act 2003, to a carried interest in a limited partnership fund structured in this way.'

Mr McFall has called for the memorandum, a crucial document, to be explained to him and his committee, preferably before they make their recommendations in October. If his 16-strong committee of MPs can't understand it, who can?[5]

But much worse is when the public misunderstands something really important, like a ballot paper, as this sorry tale of the Scottish elections shows:

Form-design fiasco gives spoils to Scot Nats (Pikestaff 5, May 2007)

The forms used in the recent Scottish elections have been heavily criticized after over 140,000 ballot papers (almost 3.5%) were rejected as 'spoiled' – a higher rate than the 2% in the Palm Beach County debacle that saw George W. Bush elected to the White House in 2000.

Voters had to fill in 2 forms but these were poorly worded and designed. In one form, voters were supposed to put a cross for one candidate in each of 2 columns. The first column was for a proportional representation vote for a party list. The second column was for a first-past-the-post constituency member of parliament. The small-print headings said all this. But many voters either didn't read the headings or misread them. They thought the 2 columns formed one continuous list, and put both their crosses in one column, spoiling their papers.

The other form, for the local council elections, used a different system – a single transferable vote. So voters were supposed to put numbers alongside up to 8 candidates in their chosen order. Many (you guessed it) used the method they were familiar with and that they may have just used on the other form, marking a cross or sometimes several crosses in the boxes. So these papers were also spoiled.[6]

It's not as if the Scottish Executive wasn't warned of the impending disaster. Though it claims to have consumer-tested an early version of the papers, it went ahead with what proved to be a flawed design. The Scotsman said: 'A draft of the paper was circulated to experts who insisted that it was entirely unacceptable. Aberdeen City Council warned that the paper "would lead to confusion". Both Capability Scotland, which represents disabled people, and the Electoral Reform Society said the paper should be increased in size, to avoid confusion. South Ayrshire Council said the paper was "unnecessarily complex" and would "be confusing for voters".'

In The Times, columnist Melanie Reid wrote: 'What is now crystal clear is that the poorer and more ill-educated the voters were, the more likely they were to put the wrong marks in the wrong places, and unwittingly invalidate their forms.' She points to the high rate of spoiled papers in the most deprived areas of Glasgow compared with more affluent

---

[4] You can see this document at http://www.hmrc.gov.uk/shareschemes/bvca_and_fb2003_carried_interest.pdf (warning: could induce drowsiness).
[5] Radio 4's Today programme, 3 July and 30 July 2007: http://www.bbc.co.uk/radio4/today/.
[6] You can see both forms and read about the problems at http://www.telegraph.co.uk/news/main.jhtml?xml=/news/2007/05/05/nfiasco105.xml.

areas. 'The ill-designed ballot papers disgracefully disenfranchised those who are already the most powerless and voiceless in society.'

As the Scottish National party won the election by only a single seat from the Scottish Labour party, the huge number of spoiled papers has almost certainly meant the country will get a government it doesn't want and that in several constituencies the wrong people have been elected. Legal challenges may result.[7]

That poor language and design had contributed to these problems was confirmed by the Electoral Commission's review, published later in 2007:

Scottish voters 'treated as an afterthought' (Pikestaff 10, November 2007)

In Pikestaff 5, we reported that the ballot papers used in the Scottish parliamentary and local government elections on 5 May had been heavily criticized after 147,000 of them were rejected as spoiled. In some constituencies, rejected ballots outstripped the victorious party's majority. The final result gave the Scottish National Party (SNP) a historic but slender (one-seat) lead over Labour.

As a result, the Electoral Commission set up a review, led by Ron Gould (a Canadian elections expert), to independently report on the administration of both elections. Public consultation closed in August, and the final report was published in October, just after Pikestaff 9 was put to bed. The review team found, among other problems, 2 that relate clearly to plain language:

- 4% of parliamentary ballots cast were spoiled because voters were confused by a new ballot paper. The Guardian reports: 'He [Gould] said the Electoral Commission [itself] had been "very much remiss" in ignoring a study of the new ballot paper before the election, which found that 4% of voters – a figure identical to the level of spoilt papers – were too confused to correctly use it.'
- Voters were unfairly influenced by the naming and positioning of candidates on ballot papers. Parties had been allowed to use non-party titles to 'sloganize' their campaigns, for example the SNP put 'Alex Salmond for first minister'. And alphabetical listing of candidates and parties led to bias in favour of names higher up the list. The Zacs and Zaras among Pikestaff readers will be pleased to hear that in future, candidate and party lists will be randomized.

The SNP is now working towards its goal of an independent Scotland. So it's quite possible that the United Kingdom will be broken up because of a bungled official form. Shades of Florida's 'butterfly' ballot paper that handed the 2000 US election to G. W. Bush.[8]

Nor does the public necessarily have a much better chance of understanding primary law or secondary law (regulations), as our research director, Martin Cutts, pointed out in a presentation at Laws for Citizens, a Nordic-Baltic seminar on clear legal language, organized by Sweden's justice ministry:

News from Plain Language Commission (Pikestaff 17, June 2008)

... Martin's paper, 'How to make laws easier to read and understand' (http://www.clearest.co.uk/index.php?id=34), commented on the clarity of recent UK laws and suggested ways of clarifying the law ...

He described a UK statutory instrument designed to restrict farmwork in parts of the Peak Park as 'short but almost entirely in legal jargon: ghastly sub-English like "being satisfied that it is expedient", "hereafter mentioned", "comprised in a national park", "hereby",

---

[7] The Telegraph, 5 May 2007; The Scotsman, 6 May 2007; The Times, 7 May 2007; and the BBC News website: http://news.bbc.co.uk/1/hi/scotland/6637387.stm.

[8] You can read the full report at http://www.electoralcommission.gov.uk/elections/scotelectionsreview.cfm (The Guardian, 24 October 2007).

"said land", "hereto", and "pursuant to".' Martin added: 'I believe that legal writers can do better than this. The UK is making progress with primary law. But all legislators – especially MPs and government ministers – need to think much more about their audience.' He also criticized the sheer volume of law that had been enacted in the last 14 years: 172,000 pages of it, or about 12,200 pages a year. 'Neither the authorities nor the people can cope with such a flood of new regulations.'

With all this bad news, you are probably thinking by now that language is pretty dire in UK administration, with no-one understanding very much of what anyone else says or writes. But *Pikestaff* has covered plenty of good-news stories too. For example, on law, we announced encouraging progress on the citizen's summary project:

Progress for citizen's summary project (Pikestaff 16, May 2008)

In the first edition of Lucid Law in 1994, Martin Cutts called for a citizen's summary to go with every Act of Parliament. In relation to European law, he repeated this in 2001 in Clarifying Eurolaw, and again in 2002 in a follow-up booklet, Clarifying EC Regulations, co-written with Emma Wagner. Emma, who helped start the Fight the FOG campaign (http://europa.eu.int/comm/translation/en/ftfog), has continued to champion the citizen's summary project, with her former colleague Tim Martin.

So we were delighted to hear this month that the Secretary General of the European Commission had written to all directors-general and heads of service announcing that 'for 2008, all submissions to inter-service consultation for strategic and priority initiatives in the Work Programme' should be accompanied by a citizen's summary.

Limited to two pages, the summaries must use language that's 'extremely simple and clear, and the writer should take the standpoint that the reader could be any citizen, without specific knowledge on the subject matter.' All summaries should follow a common structure, based on the '5 W rule':

– why the proposal is needed;
– what the proposal is and its benefits;
– who in the EU will benefit and why;
– where and how the proposal will be applied;
– when the proposal will take effect.

[Thanks to Emma Wagner for sending us this information.]

And in another bid to improve the clarity of law, a tax working party has proposed an Office of Tax Simplification, if the Conservatives win the next general election:

Tory working group proposes tax simplification office (Pikestaff 18, July 2008)

The report of a tax working party headed by former chancellor of the exchequer Lord (Geoffrey) Howe is recommending that the next Conservative government (if ever there is one) should radically change the way that new tax law is drawn up. Making taxes simpler suggests establishing an Office of Tax Simplification, staffed by HM Revenue & Customs (HMRC) and academics, as well as 'individuals from the tax professions to provide expertise and a fresh perspective'.

The working party was set up last year by the shadow chancellor, George Osborne, to take forward the recommendations of the Forsyth Tax Reform Commission on the making of tax law. The Chartered Institute of Taxation (CIOT) has commented that the report has addressed 2 of its major concerns: simplification of the tax system and detailed consultation.[9]

In further uplifting news, we sought help for a Nick Palmer, a Nottinghamshire MP who's trying to tackle small print:

Help needed for Small Print Bill (he's the bloke with the magnifying glass) (Pikestaff 17, July 2008)

Pikestaff 15 reported that Nottinghamshire MP Nick Palmer was putting forward a Small Print Bill in the Commons to 'make requirements regarding the minimum size of print in certain documents, including those relating to advertising and contracts; and for connected purposes'. At its first reading, he said:

'The Bill's objective is simple: it is not to impose any additional regulations on the content of terms and conditions in advertisements or contracts, but to ensure that customers are reasonably able to read what they say. It is easy to say "Let the buyer beware", but if the buyer cannot read the contract, how is he or she supposed to beware?'

The MP has since met a Minister from the Department for Business, Enterprise and Regulatory Reform, to see whether small print could be tackled as part of the new EU directive on consumer protection. Palmer tells us that the Minister expressed sympathy and willingness to look at concrete cases that have eluded the existing rules, to see whether they need to be changed.

Palmer is therefore looking for examples of people losing money through small print and having no legal remedy. If you know of any case studies that would help, please let us know and we'll pass them on to him.[10]

And the same month, we reported a poorly-titled but well-intentioned investigation order that came into effect in Northern Ireland in July this year. It's expected to come to the rest of the UK later:

Northern Ireland Personal Current Account Banking Market Investigation Order (Pikestaff 17, July 2008)

Here in the UK we may not yet have a plain-language law but we're still making progress, if only in breaking records for the number of modifiers: a whopping 8 words describe 'Order' in the title above. (We'd usually recommend no more than 2 or – at a push – 3 modifiers per noun in documents we edit. So we think it'd be clearer to call it: Investigation Order on the Market for Personal Current Bank Accounts in Northern Ireland.)

In May 2005, following a super-complaint, the Office of Fair Trading asked the Competition Commission to investigate and report on the supply by banks of personal current accounts (PCAs) in Northern Ireland. The Commission concluded that there were 3 features of this market that prevented, restricted or distorted competition:

(a) banks have unduly complex charging structures and practices;
(b) banks do not fully or sufficiently explain their charging structures and practices; and
(c) customers generally do not actively search for alternative PCAs or switch bank.

The Commission's report goes on to recommend a range of remedies, including: Remedy (a): Easy-to-understand terminology and descriptions of PCA services.

---

[9] Accounting Web, 4 July 2008: http://www.accountingweb.co.uk/cgi-bin/item.cgi?id=185784&d=1025&h=1019&f=1026.

[10] http://services.parliament.uk/bills/2007-08/smallprint.html.

Banks operating in Northern Ireland must satisfy the BCSB [Banking Code Standards Board] that all information provided to customers when choosing a PCA, when opening a PCA, on statements, and when pre-notified of charges and interest payments, is easy to understand. The banks must ensure that all such communications are:

(i) certified by an independent organization specializing in plain English; or
(ii) otherwise tested with customers and found to be easily understandable.

As a result, the Northern Ireland PCA Banking Market Investigation Order comes into force in Northern Ireland on 1 July this year. It is expected to come to the mainland later. So if you work for a bank, do get in touch – we may be just the independent organization specializing in plain English that you're looking for, and we're already working with several high-street banks to help them comply.[11]

In health, a scheme to accredit organizations producing patient information is being developed:

Health check for patient information (Pikestaff 4, April 2007)

When searching for health and social care information, people can quickly be swamped by booklets, leaflets and website texts of varying quality from many organizations.

A voluntary accreditation scheme to reassure people that such information is from dependable sources is being planned by the Department of Health. The scheme will accredit producers of information in the public, not-for-profit and commercial sectors. Martin Cutts of Plain Language Commission has been invited to join a 15-strong expert working group that will be developing standards for the scheme.

Unlike our Clear English Standard, the scheme will accredit information producers rather than the information itself. So we'll be pleased to work with accredited bodies to offer them and their readers the further assurance that the information itself has passed a rigorous check of clarity, grammar and layout.[12]

We later published an appeal from the Department of Health for organizations to test the draft standard developed. This phase has now started, using 40 organizations spanning the voluntary, commercial and public sectors.

Also in the health field, the Patient Information Forum supports organizations producing information for patients, carers and their families. Martin Cutts was invited to speak at its annual conference earlier this year:

Martin Cutts runs masterclasses for health professionals (Pikestaff 14, March 2008)

The Patient Information Forum recently organized its third annual conference, entitled 'Producing Effective Information for Patients: The Key Issues'. Our research director, Martin Cutts, presented 2 masterclasses on achieving clarity in health information through the written word. They attracted some 90 people. Martin covered 3 topics:

– What do we know about our readers? In this section, Martin looked at reading abilities, and people's familiarity with health words. He used examples from our new Plain English Lexicon, featured as Pikestaff 13's linguistic link, showing that laypeople may not understand many health words, or (worse still) misunderstand some: as Martin notes for 'stool', 'Could be unhappy consequences if confused with what is sat upon.'
– What can help readers' comprehension? For this, Martin drew upon our 15 Tips on Writing Plain English.[13]

---

[11] You can read the original report at http://www.competition-commission.org.uk/rep_pub/reports/2007/fulltext/527.pdf, and the investigation order at http://www.oft.gov.uk/shared_oft/monopolies/NI-PCA-banking-IO.pdf.

[12] Department of Health website: http://www.dh.gov.uk/en/Policyandguidance/PatientChoice/Choice/BetterInformationChoicesHealth/DH_4123086.

[13] You can read them on our website at http://clearest.co.uk/files/15TopTips.pdf.

- What can hinder readers' comprehension? The group looked at examples from 2 patient information leaflets: one whose ailing English had been rewritten clearly and another that was in great need of the same treatment.

Looking at our own customer base gives further cause for celebration, as the:

- Parliamentary and Health Services Ombudsman (PHSO) rewrote the principles with which bodies in its jurisdiction – UK government departments and their agencies, and the NHS in England – should follow to deliver good administration and good customer service;
- Financial Services Authority (the UK's money watchdog), one of our corporate members and the first holder of our gold Winning Website standard (for its Moneymadeclear website), continues to encourage organizations to communicate clearly with their customers.

Ombudsman publishes plainer principles (Pikestaff 5, May 2007)
The Parliamentary and Health Service Ombudsman (PHSO) has just published the Principles of Good Administration. The Principles are broad statements of what the Ombudsman, Ann Abraham, believes that bodies within her jurisdiction should be doing 'to deliver good administration and good customer service'.

Publication follows a 3-month consultation on a draft set of Principles that 58 respondents reviewed. They generally welcomed the Principles but some wanted the document checked for plain English.
Lesley Bainsfair, Policy Adviser for the PHSO, turned to us for help. 'We are really delighted. It's been good to work with Plain Language Commission and we are grateful for their thoughtful suggestions; the document is much better as a result of their involvement.'

We've awarded the final document our Clear English Standard. 'The Standard is awarded only to documents that meet strict criteria including good structure, style, grammar and layout,' said Martin Cutts, research director. 'It's been a pleasure to work with a group of people who are so committed to meeting the needs of their audience.'[14]

Money watchdog studies clarity of pension 'wake-up' packs (Pikestaff 18, July 2008)
The quality of the literature issued to pension customers as they approach retirement age – often called 'wake-up' packs – is under scrutiny by the Financial Services Authority (FSA). In a speech at the Institute of Economic Affairs and Marketforce, Sarah Wilson, FSA Director and Insurance Sector Leader, said:

> Importantly, we found that more than 60% of the 'wake-up' packs sent by 55 insurance companies provide information that complied with our Principles and rules – that is it was clear and enabled customers to make informed decisions about their retirement options. However, a disappointing 40% of the wake-up packs we reviewed failed to meet regulatory requirements.

Combine this with research suggesting a gap of around 20 % between the top and bottom annuity rates (not including enhanced and impaired annuity rates), and the potential for customer detriment is evident.

The FSA, a corporate member of ours, will publish the full results shortly, and we'll be reporting on these in Pikestaff 19.[15]

Showing their commitment to plain language, various government organizations have become corporate members of Plain Language Commission, including national bodies (such as the Information Commissioner's Office, Financial Services Compensation

---

[14] You can see full details of the consultation and the final document at http://www.ombudsman.org.uk/improving_services/good_administration/index.html.
[15] http://www.fsa.gov.uk/pages/Library/Communication/Speeches/2008/0515_sw.shtml. Thanks to Sarah Hunter and Adam Richards-Gray at the FSA for passing us this link.

Scheme, and Department for Work and Pensions) and local councils (Bromley Council and Hampshire County Council).

Local government

In local government, the situation is similar to that in national government – a mixture of good and bad news. Here is an example of a local council showing its commitment to clear communication:

> **Stockport clears up its communications** (Pikestaff 2, February 2007)
>
> Research showed that better council communications made Stockport residents happier with its services. So Stockport Council declared October 2006 'Communications Month' – a campaign aimed at helping all employees to become better communicators. One initiative, Junk the Jargon, invited employees to put forward the senseless phrases, terminology and unexplained abbreviations they would like banished from council publications and websites. A top ten of the most 'popular' suggestions was compiled, featuring classics like 'thinking outside the box' and 'horizon scanning'. The corporate marketing team has since cleared the council's internet and intranet sites of the jargon collected.
>
> Other activities included a Low Email Day, and raising awareness of internal training courses on writing letters and presenting information effectively. The campaign improved employees' communication skills, and the council is now working hard to make sure clearer communications stay at the heart of all it does.[16]

But we also covered the story of a council that seems to have no regrets about its incomprehensible writing:

> **Eh, they don't 'alf talk funny up north** (Pikestaff 1, January 2007)
>
> It takes a peculiar kind of heroism to stand up in a meeting and say a report is 'incomprehensible to any normal person'. But that's what Cllr Alan Wilkinson of Barnard Castle did when his local parish council was discussing Teesdale District Council's 'sustainability appraisal scoping report for the local development framework core strategy'. Cllr Wilkinson pointed out that its reference to 'involuntary exclusion from the world of work' meant nothing more than 'unemployment'.
>
> Cllr Wilkinson, a retired schoolteacher, said: 'Nobody talks like this; nobody reads books written like this. Frankly it's a turn-off, and it's not surprising that we're having trouble attracting new members.'
>
> Cllr David Wright agreed that the problem was widespread: 'It simply isn't plain English, and if nobody tells them [Teesdale Council], then they will keep on publishing reports like this.'
>
> But Cllr Newton Wood, who sits on both councils, stoutly defended the authors: 'This is just the way council reports are written, and if you want to be a councillor then you need to understand that. If you go to France, they speak French. Here in the council, we speak like this.'[17]

Perhaps it was a council like this that inspired the Local Government Association (LGA) to publish its 'non-word' list early this year. This listed 100 words that the LGA suggested public bodies should avoid if they want to communicate effectively:

---

[16] Many thanks to Tim Green, Internal Communications Co-ordinator at Stockport Council, for sending us this news.
[17] Teesdale Mercury, 23 November 2006 http://www.teesdalemercury.co.uk/teesdale-news/story,1182.html.

Call for transparency to supersede coterminosity verbosity (Pikestaff 12, January 2008)

The Local Government Association (LGA), a cross-party organization representing councils in England, has published a 'non-word' list. Sent to councils across the country, the list comprises 100 words that all public-sector bodies should avoid when telling people about the work they do and the services they provide. Words include 'bottom-up', 'cascading', 'coterminosity', 'empowerment', 'incentivising', 'multidisciplinary' and 'visionary'.

LGA chair Sir Simon Milton said: 'Without explaining what a council does in proper English then local people will fail to understand its relevance to them or why they should bother to turn out and vote. Unless information is given to people to explain why their council matters then local democracy will be threatened with extinction.'

The LGA[18] emphasizes that the list is 'a bit of fun that gets people thinking about how they use language'.[19]

The list provoked a range of reactions, as you will see from the website of the Improvement and Development Agency for local government (IDeA), which hosted a discussion on this. In his conclusion, Paul Ireland, Managing Editor of IDeA wrote:

> ... whatever the context, it's important to know who your audience is, know how you want them to respond, and then put yourself in their place when deciding what language to use.

If we can get this message through to all administrative bodies in the UK – and, you never know, even to politicians – then we'll be well on the way to ensuring they communicate clearly with the public they serve.

If you would like to subscribe to *Pikestaff* to follow the progress of these news stories, and to hear about new developments in the UK, please visit our website at http://www.clearest.co.uk and click on 'Newsletter'.

---

[18] LGA news release: http://www.lga.gov.uk/lga/core/page.do?pageId=41517.
[19] You can read all 100 words at http://www.idea.gov.uk/idk/core/page.do?pageId=7701430. If you scroll down, you can read people's comments, and, at the bottom, the LGA's responses. The site also links to the LGA's useful plain-English web resource.

Decades of promoting plain language in administration – the Swedish model

Eva Olovsson

1. What is the Swedish way of promoting plain language in administration?

The short answer is: we started at the top! With modernization and simplification of the language used in legislation. This work started already in the late 1960's. The idea was that if legislation such as acts and ordinaces, bills and commission reports, together with the spending authorization, directives for the governing bodies, were to be written in clear language, it would have an impact in the language used in all administrative documents written in the public agencies and authorities.

Thus for more than 40 years, the Swedish government has been working to make the communication between the administration and the public more effective.

The fact that the plain language work started at the top was also very important for the status of language questions. To raise the status, to point out the importance of a clear and comprehensible language was an important measure. Usually language matters tend to be ignored and estimated as not as important as legal aspects, or technical, or graphical in communication.

Organizational form – at governmental level

At the Ministry of Justice, a group of language experts and legal advisors provide legal and linguistic services to the officials in the Government Offices, ministries. No Government Bill, Act, Government ordinance or Committee terms of reference can be sent to the printers without the language experts and legal advisers' approval. The language experts also offer seminars and training sessions, write handbooks and guidelines, create good prototypes for important texts and take part in the work of commissions.

Organizational form – some milestones

In 1993 the Government, in order to encourage government state authorities all over Sweden to start and carry out their own plain language projects, appointed a Plain Swedish Group, 'Klarspråksgruppen'. The group built a network, with a contact at almost every government authority and the campaigning work carried out was very successful.

In December 2005, riksdagen (the Parliament) decided on a language policy for Sweden, and from 1 July 2006 we also have an official language authority, 'Institutet för språk och folkminnen' (Institut für Sprache und Folklore), where Språkrådet is a department.

Språkrådet was commissioned by the government to take over and continue the plain language work started by Klarspråksgruppen.

Organizational form – a language authority

Sweden thus got a language policy in 2005 and a central language authority in 2006. Why was it necessary to create a language authority?

Sweden of today, a multilingual society

Swedish has long been a stable language. However the language situation in Sweden has changed a lot the last decades:

- Sweden has become a multilingual society, primarily because of immigration. Every tenth Swede has a foreign background, and for many of these the Swedish language is a second language. At least 150 different mother tongues are now spoken in Sweden. Swedish is no longer as self-evident as it was;
- five languages have got the status of national minority languages: Finnish, Meänkieli (a Finnish dialect), Sami, Romani and Yiddish;
- a greater demand in society for an ability to use language well both orally and in writing;
- an increasing use of English in many areas, especially in science, research and in multinational companies.

These were the main reasons for establishing a national language policy and a centrally organized language authority.

Språkrådet – the official language authority

Språkrådet is the primary institution for language planning (Sprachpflege) in Sweden. The mission of Språkrådet is to monitor the development of spoken and written Swedish and to monitor the use and status of all other languages spoken in Sweden. Primarily, that means promoting the use of Swedish sign language and our five official minority languages. Yet another task is to strengthen Nordic language unity.

Språkrådet is also, last but not least, responsible for promoting plain language at the Swedish agencies and authorities.

Tasks carried out by Språkrådet

Språkrådet publishes books and handbooks about language and writing. For example a brand-new Styleguide, a handbook on correct language use and a dictionary of phraseology and collocations.

We published two journals, "Klarspråk" and "Kieliviesti" (plain language in Finnish). We register new words and deal with fields such as terminology and language technology. We offer lectures as well as consultation in linguistic matters.

A lot of our work is done in cooperation with other organisations, for example in The Swedish Academy, The Nordic language council, the joint group for Swedish computer terminology, the group for media language, and The Council for Swedish place-names. (The Swedish language cultivation organisations have no legal powers but fulfil their task through recommendations).

For a plain authority language

And we are also, as mentioned above, responsible for promoting plain language at the Swedish agencies and authorities. Our task is to encourage authorities all over Sweden to start and to carry out language projects. In that matter we shall especially:

- work for that the language of public services is to be cultivated, simple and comprehensible;
- follow and evaluate the plain language work within the public administrations, Government services and the local authorities, the communes, the municipalities (kommuner).

The Plain Swedish Office at Språkrådet:

- supplies knowledge, ideas and experiences from various plain language projects in Sweden and abroad;
- arranges plain language conferences;
- gives lectures on plain language to the authorities;
- participates in international conferences;
- edits a plain language bulletin, Klarspråk;
- awards authorities the Plain Swedish Crystal, Klarspråkskristallen.

To help us and guide us in our plain language work the Government has appointed an advisory committee. The members in this committee are: a Justice from the Supreme Court, the Director-General for Legal Affairs, Ministry of Justice, a professor in Swedish from the Uppsala University, Information Managers from the National Social Insurance Board, from the Swedish Associations of Local Authorities and the Swedish Administrative Development Agency, a senior language expert and the director of Språkrådet, who is the chairman, all in all nine persons.

Every year in February we submit a report to the Government with an account on the plain language work accomplished. The Government is interested in having a continuous control of the plain language work carried out.

By the way, what do we mean with plain language? And why is it important to work with plain language? Plain language is to:

- match your writing to the needs of the readers;
- consider the purpose and message carefully;
- structure the document clearly;
- write informative headings;
- write pithy summaries;
- use "I", "we" and "You" to make the writing more human;
- avoid passive constructions;
- take pride in everyday language;
- explain difficult but necessary words;
- use concrete words;
- read your colleagues' documents and give them advice.

Why is it important to work with plain language?

Plain language

- increases the trust between citizens and authorities;
- leads to democratisation and better legal rights;
- makes work more fun and effective;
- saves time and money;
- is stated in the law.

Handbooks, tests and a Crystal – some of the tools

The Plain Language Bulletin

We initiate events through our newsletter, the Plain language bulletin (Klarspråk – Bulletin från Språkrådet), which is published four times a year and distributed to the agencies and authorities. It is free of charge.

The Plain Swedish Crystal

In May every year the Plain Swedish Crystal is awarded to an authority which has obtained good results in its plain language work. This year the national Social Insurance Board was the winner of the prize. They had been working for several years to improve the communication with the citizens, especially the decision texts, verdicts. Since these letters have been criticised, efforts were made to make them more comprehensible.

Very important for giving them the Crystal was their way of working, worthy of imitation. A group of language experts are working close together with their legal advisers. To cooperate with the lawers, legal advisers, is very important if you want to obtain a succesful plain language work.

The prize was distributed by the Minister for Justice, Ms Beatrice Ask (very important that it is a minister who is distributing the prize) at an annual conference in May that Språkrådet organizes, entitled Språkrådsdagen (der Sprachratstag). The whole conference was broadcasted in television.

Klarspråkstestet

Another tool is Klarspråkstestet (The Plain Language Test) which is an online free of charge tool that allows you to check if a text is well written and understandable. The test helps you to see what increases and what diminishes the text's clarity and understandability and how you can revise the text to make it better.

There are two versions of the test: One is suitable for decisions, verdicts (made by public authorities), but it can also be applied on letters and similar texts. And one test is adapted to reports, longer texts. It is possible to test both drafts and finished texts.[1]

Statutes for clear drafting

In Sweden we have a legal basis for the plain language work, which of course, helps promoting our activities.

---

[1] You find The Plain Language Test on our web site www.sprakradet.se/testet.

And soon we will have a Language Act regulating the position of the Swedish language. The Act will prescribe the status and use of Swedish and minority languages. What concerns the public language the Act stipulates that the public language is to be cultivated, simple and comprehensible. In other words courts of law, administrative agencies and other public bodies carrying out tasks in public services are to be obliged to use clear language in their contacts with the general public. This Act will be voted by the Parliament in spring 2009.

Guidelines and handbooks

To help us in our work we have also published a number of guidelines and handbooks. For example:

- 'Klarspråk lönar sig' (Plain language is worthwhile)
- 'Myndigheternas skrivregler' (a Styleguide for authorities)
- 'Svarta listan' (The Black List – words and phrases to avoid)
- 'Att skriva bättre i jobbet' (To write better at work)
- 'Guidelines for the language of legislation'

2. What are the results of this work?

The society has changed a lot since the sixties and so has the language, even officialese, kanslispråk. This is a general change. We are less formal in aspects of the society in general.

In what extent the Plain Language work has had an impact is difficult to say. Nevertheless we estimate that the impact of the Plain Language work is very good, despite the fact that the resources for this work always have been very limited. More than half of all Swedish government authorities are currently involved in systematic plain language work. And now also the communes, the municipalities, the local authorities, are ready to start, or have started. There is a great demand for lectures and for advice on how to work with plain language.

In 2001 an evaluation of the comprehensibility of texts from Swedish public authorities was made. This evaluation showed that archaic, difficult and obscure words as well as long and complicated sentences have almost disappeared from the bureaucratic language. Instead there remains a lot to be done in other respects to make the documents friendlier for users.

The main problem lies in the lack of adaption to the reader's needs, in contents as well as in structuring and presentation of the contents. For example: the reader's perspective is not taken into account, and the texts often lack meta-comments to guide the reader through the text, such as summaries and informative subheadings.

This evaluation was made 8 years ago, but the result should be approximately the same today, I think. By the way, based on the results of this evaluation, a checklist of questions was created which was developed into the Plain Language test.

Skilled plain language consultants

Very important for the good results of the Swedish plain language campain is the fact that we have around 300 skilled language consultants working on the permanent staff of different public and private organisations or on a free lance basis. There is a special Swedish language consultancy program at the University of Stockholm, which started already in the late 1970's.

3. What are the key challenges that lie ahead?

Even if much has been done it is however not difficult to find examples of Swedish administrative language that do not fulfil the goals for the language policy decided by the riksdag, the Parliament – that is that the language of authorities should be *cultivated*, *simple* and *understandable*.

Three areas have decisive importance for continuous progress. These three are the web (texts and accessibility), the regulations and legislation texts (and translations of these) written within the European Union administration which regulates the work of the Swedish authorities and, most important as we see it, the establishment of regular plain language work within all the public authorities, so that it becomes more than just something that is done as a once for all measure.

The web, the EU Language and the establishment of regular plain language work. Most of the work still remains.

To conclude, I would like to emphazise the importance of having support from executive bodies, managing directors and politicians for a sucessful plain language work. To obtain a good result it is necessary with cooperation between language advisers, lawyers and other experts. And finally, plain language activities must be budgeted in the authorities' activities.

Ansätze zu Untersuchungen der Verwaltungssprache in Polen[1]

Marek Dudek, Piotr Iwan

1. Einleitung

Im Jahre 1989 ist es zum Wechsel des politischen Systems in Polen gekommen und es sind neue demokratische Institutionen entstanden, darunter auch verschiedene Behörden auf zentraler und lokaler Ebene, die es früher nicht gab. Die Verwaltung wurde reorganisiert, infolgedessen ist in den 90er Jahren die neue administrative Gliederung Polens eingeführt worden. Mit dem Fall des Kommunismus ist es aber nicht sofort zur Einführung neuer einwandfreier Instrumente der Verwaltung gekommen. Das wichtigste Instrument der Kommunikation zwischen den Behörden und den Bürgern ist immerhin die Verwaltungssprache, die durch spezifische Merkmale, darunter feste, usuelle Strukturen, und oft mangelnde Verständlichkeit gekennzeichnet ist. Obgleich es heutzutage enorme Veränderungen in der polnischen Verwaltung gibt, vollzieht sich der Wandel der Verwaltungssprache sehr langsam. In unserem Beitrag wollen wir zeigen, welche Faktoren für die polnische Verwaltungssprache besonders relevant sind, welche Untersuchungen dieser Sprache durchgeführt werden und welche Veränderungen sich in den letzten Jahren auf dem Gebiet Verwaltungssprache vollzogen haben.

2. Erforschung der juristischen und offiziellen (amtlichen) Texte in Polen

Die Erforschung juristischer Texte kann aus der Perspektive und mit Forschungsinstrumenten der Rechtswissenschaft einerseits und der Sprachwissenschaft andererseits erfolgen (vgl. Gajda: 2004). In Polen gibt es keine längere Tradition sprachwissenschaftlicher Forschung über juristische Texte (vgl. Gajda: 2004, 27), obwohl von Rechtswissenschaftlern schon gewisse Versuche unternommen wurden, die Rechtssprache (normative Akte: Gesetze, Verordnungen, Anordnungen) und die juristische Sprache unter die Lupe zu nehmen (vgl. Zieliński: 2000, 50 ff.). Schon im Jahre 1948 wurde von Bronisław Wróblewski der Begriff *Rechtssprache* definiert (vgl. Zieliński: 2004, 11) und später hatte man einerseits die Sprache der Rechtsbildung (normative Akte) und andererseits die Sprache der Rechtsanwendung (darunter auch die Verwaltungssprache) ausgesondert (vgl. Zieliński: 2004, 13–15). Gajda (2004, 28) unterscheidet folgende Gattungen im Bereich der rechtlichen und juristischen Texte:

1. Texte mit normativem Charakter (z. B. Verfassung, Gesetz, Verordnung);
2. Texte, die normative Texte kommentieren (z. B. Auslegung, Begründung, Randbemerkung);
3. Gerichtstexte (z. B. Klageschrift, Aussage, Gerichtsgutachten, Ladung, Schlusswort des Staatsanwalts und des Rechtsanwalts, Urteil, Bescheid, Beschluss, Eid, Berufung, Protokoll);

---

[1] Die Übersetzung lieferten die Autoren.

4. Texte, die Rechtsansprüche zum Ausdruck bringen (z. B. Klage, Berufung, Appellation);
5. Texte, die mit einem Rechtsvollzug verbunden sind (z. B. Anzeige, Beschluss, Haftbefehl, Durchsuchungsbefehl, Zahlungsbefehl, Bescheid, Vergleich);
6. Texte der Verträge und Kontrakte (z. B. Vertrag, Satzung, Hausordnung);
7. Texte, die amtliche Bestätigungen sind (z. B. Bescheinigung, Sterbeurkunde, Vermächtnis, Grundbuch);
8. Wissenschaftliche und didaktische rechtswissenschaftliche Texte (Artikel, Monographie, Lehrbuch, Wörterbuch, Rezension, Enzyklopädie).

Heutzutage gibt es in Polen die ersten Versuche, die Textgattungen von offiziellen Sprachen zu untersuchen, wobei das genealogische Schema der Amtssprache erstellt wurde. Wilkoń (2002, 244) schlägt folgende Einteilung der offiziellen Texte vor und versieht sie mit Beispielen, wie in folgender Tabelle:

Arten	Direktive Texte		Dokumentarische Texte		Juristische Texte	
Gattungen	Ladung	Verordnung	Personalfragebogen	Urkunde	Verfassung	Vertrag
Gattungsarten	polizeilich, gerichtlich			Geburtsurkunde, Heiratsurkunde		Mietvertrag, Publikationsvertrag

Als amtssprachliche Texte werden folgende Dokumente betrachtet und untersucht (vgl. Wilkoń: 2002, 244 f.): Fragebogen, Lebenslauf, Bescheinigung, Geburtsurkunde, Heiratsurkunde, Sterbeurkunde, Schulzeugnis, Studiendiplom, Führerschein, Lizenzen, Diplome der wissenschaftlichen Grade, Diplome der Militär- und Polizeigrade, Dienstausweis, Personalausweis, Invalidenausweis, notarielle Akte des Kaufs und Verkaufs, Verträge und Eigentumsakte, Vermächtnis, Nominierung, Arbeitsbescheinigung, Steuerfragebogen, Steuererklärung.

Die amtlichen Textgattungen besitzen nach Wilkoń (2002, 246) folgende konstitutive Eigenschaften: Vereinheitlichung, Anforderung der echten Daten, Befolgen des Prinzips des Ausfüllens, Bezugnahme auf bestimmte Gesetzesartikel, Datierung, Signieren (Signatur) des Textes, vorgeschriebene Ordnung entsprechender Textelemente und ihre räumliche Situierung auf dem Papier.

Eine besondere Art der Verwaltungssprache ist die sogenannte Amtssprache, die solche Aussagen umfasst, die im Prozess der Verwaltung von staatlichen Institutionen Anwendung finden (Zieliński: 2004, 15). Besondere Eigenschaften des amtlichen Sprachstils sind nach Zieliński (2000, 50): Direktivität, Unpersönlichkeit, Streben nach Präzision und Standardisierung. Der Direktivität und den Formen ihres Ausdrucks ist die Monographie von Ziembiński und Zieliński (1992) gewidmet, worin im ersten Teil die möglichen Muster der Direktiva und im zweiten Teil ihre tatsächliche Umsetzung in konkreter Sprachpraxis dargestellt werden. Malinowska (2001) hat der ausführlichen Beschreibung der Spezifik der Verwaltungssprache aus dem linguistischen Blickwinkel ihre Monographie unter dem Titel *Verwaltungsaussagen – Struktur und Pragmatik* [Übersetzung der Autoren] gewidmet, worauf wir näher im Kapitel 3 eingehen werden.

Mit der Erforschung der Rechtstexte und der juristischen Texte ist die Entstehung der Jurislinguistik untrennbar verbunden, die als eine Synthese des Rechts und der Sprachwissenschaft, besonders der angewandten Sprachwissenschaft aufzufassen ist (vgl. Pieńkos: 1999). Diese junge Disziplin beschäftigt sich mit der Beschreibung der Rechtssprache und der juristischen Sprache, untersucht ihre Relationen zueinander und forscht über die sprachlichen Aspekte der rechtlichen Phänomene. Weiterhin werden hierin unter anderem Funktionen, Fragen der Bildung und Qualität der Sprache des Rechts sowie die Realisierung rechtlicher Aussagen und lexikographische Probleme analysiert. Wichtig sind auch translatorische Aspekte, die mit den breit verstandenen Texten des Rechts zusammenhängen, denen der zweite Teil der Monographie von Pieńkos (1999) unter dem Titel *Grundlagen der Jurislinguistik. Recht in der Sprache – Sprache im Recht* [Übersetzung der Autoren] gewidmet ist. Pieńkos (2003) ist bekannt geworden als Autor der für die Translationswissenschaft repräsentativen Monographie *Grundlagen der Translationswissenschaft von der Theorie in die Praxis* [Übersetzung der Autoren], worin auch Rechtssprache und Verwaltungssprache entsprechend berücksichtigt wurden. Neben den rein rechtswissenschaftlichen und jurislinguistischen Untersuchungen von Rechts- und Verwaltungstexten gibt es Normierungen in diesem Bereich, die als *Prinzipien der rechtsgebenden Technik* [Übersetzung der Autoren] kraft der Verordnung des Ministerrates der Republik Polen ins Leben gerufen wurden und in Gesetzesentwürfen und anderen normativen Akten niedrigeren Ranges berücksichtigt werden sollten.

3. Ansätze der Normierung und Optimierung von Rechts- und Verwaltungstexten in Polen

Schon vor dem Ausbruch des Zweiten Weltkrieges, im Jahre 1939, hatte man in Polen die erste Regelung der Prinzipien der rechtsgebenden Technik formuliert, es folgten dann entsprechende Regelungen in den Jahren 1961, 1991, 2002 (vgl. Zieliński: 2004, 10). In der letzten Fassung dieser Prinzipien (herausgegeben als Verordnung des Ministerrates der Republik Polen im Jahre 2002) kommt die Notwendigkeit der Zusammenarbeit der legislativen Dienste mit Sprachwissenschaftlern zum Vorschein, wenn die Rede von optimalen und verständlichen Rechtstexten sein sollte (vgl. Zieliński: 2004, 11). Im *Kommentar zu Prinzipien der rechtsgebenden Technik* [Übersetzung der Autoren] von Wronkowska und Zieliński (2004) kommt es zur detaillierten und ausführlichen Auslegung einzelner Vorschriften dieser Prinzipien, die sowohl von der gesetzgebenden Gewalt (Sejm, Senat) als auch von Verfassern der Gesetzentwürfe und normativer Akte niedrigeren Ranges beachtet werden sollten, damit sachlich und sprachlich einwandfreies Recht geschrieben wird.

Eine Plattform der Zusammenarbeit zwischen den Rechtswissenschaftlern und den Sprachwissenschaftlern kann die *Kommission für Rechtssprache des Rates für Polnische Sprache beim Präsidium der Polnischen Akademie der Wissenschaften* sein, wenn es nur der Kommission gelingen würde, eine inspirierend-organisatorische Rolle diesbezüglich zu erfüllen (vgl. Gajda: 2004, 29 f.). Dies würde aber einer Koordination von präskriptiven (normativen) und von deskriptiven (beschreibenden) Vorgehensweisen im Bereich Rechtssprache (darunter auch Verwaltungssprache) bedürfen.

Ein Beispiel für die Normierung der Sprache in Verwaltungsdokumenten können die Richtlinien der *Kulturkommission der Sprache des Komitees für Sprachwissenschaft der*

Polnischen Akademie der Wissenschaften bezüglich der Vornamen sein[2], worin unter anderem folgende Direktiven formuliert wurden [Auswahl und Übersetzung der Autoren]:

> Es wird empfohlen, die Vornamen in polnischer und nicht in fremder Lautung zu vergeben und zwar: *Jan,* nicht *John* oder *Johann; Katarzyna,* nicht *Catherine; Klara,* nicht lateinisches *Clara* oder italienisches *Chiara; Małgorzata,* nicht *Margareta; Marcin,* nicht *Martin; Piotr,* nicht *Peter* usw.
>
> Es soll keine veraltete und keine den Regeln des gegenwärtigen Polnisch widersprechende Rechtschreibung benutzt werden:
>
> – Man schreibt *ks,* nicht *x* (der Buchstabe *x* existiert im heutigen polnischen Alphabet nicht), zum Beispiel *Aleksandra, Ksenia, Ksymena,* auch am Wortende, zum Beispiel *Aleks, Aleksa, Aleksowi,* nicht: *Alexandra, Xenia, Xymena, Alex.*
> – Man schreibt *w,* nicht *v,* zum Beispiel bei *Wirginia, Wioleta.*
> – Man schreibt *-j-,* nicht *-i-,* in Zusammensetzungen: Vokal + *j-*, zum Beispiel *Rajmund,* nicht *Raimund.* Eine Ausnahme bildet der Vorname *Aida* (ausgesprochen auch *A-i-da*).
> – Man schreibt *k,* nicht *c* in Vornamen lateinischer Herkunft und zwar *Benedykt,* nicht *Benedict; Klaudia,* nicht *Claudia; Klemens,* nicht *Clemens.*
>
> Der Vorname sollte es ermöglichen, aus sprachlicher Hinsicht das Geschlecht des Kindes zu erkennen, zum Beispiel *Zuzanna Nowak, Karolina Sobczyk.*
>
> Es sollten keine Diminutiva als Vornamen verliehen werden, die allgemein nicht offiziell benutzt werden, wie zum Beispiel *Jaś, Kasia, Lonia, Wiesiek.* Es können aber selbstständige Vornamen verliehen werden wie zum Beispiel *Betina, Lena, Nina, Rita.*
>
> In neueren Entlehnungen der Vornamen werden folgende Gruppen zugelassen: *di-, ri-, si-, ti-,* zum Beispiel *Dina, Rita, Simona, Tina.*
>
> Bei der Verleihung von neuen Vornamen, die schnell aus der Mode geraten, wird empfohlen, die Originalrechtschreibung zu benutzen, zum Beispiel *Dustin, Jessica* und nicht *Dastin, Dżesika.*
>
> Es wird das Verbot der Verleihung von mehr als zwei getrennt geschriebenen Vornamen (ohne Bindestrich) aufrechterhalten. Als Ausnahme darf der weibliche Vorname *Maria* – gemäß der Tradition – einem Jungen als zweiter Vorname, zum Beispiel *Artur Maria, Tadeusz Maria,* verliehen werden.

Die oben angeführten Regeln der Vergabe von Vornamen sind ein Beispiel der Empfehlungen der Sprachwissenschaftler für die Standesämter, die bindenden Charakter haben und die auf der Autorität der *Kulturkommission der Sprache des Komitees für Sprachwissenschaft der Polnischen Akademie der Wissenschaften* fußen. Es ist nicht allgemein bekannt, ob es breit gefächerte Optimierungsversuche für Verwaltungstexte auf der Ebene zentraler und kommunaler Ämter in Polen gibt; zumindest wurden solche Informationen bisher nicht veröffentlicht. Die Beamten haben sich beim Erlassen von Bescheiden und Beschlüssen nach *Dem Europäischen Kodex für gute Verwaltungspraxis [Europejski Kodeks Dobrej Administracji]* zu richten. Ein Beispiel für die Regelung der sprachlichen Verständlichkeit der Verwaltungstexte finden wir im § 15 der *Verordnung Nr. 429/05 des Oberbürgermeisters der Stadt Szczecin*[3], worin Folgendes steht:

1. Den Beschluss soll man gründlich und verständlich für die Adressaten redigieren.
2. Die Sätze soll man gemäß den Regeln der Syntax des Polnischen bauen, wobei lange mehrgliedrige zusammengesetzte Sätze vermieden werden sollten.

---

[2] Vgl. http://rjp.pan.pl/index.php?option=com_content&task=view&id=177&Itemid=121.
[3] Vgl. http://83.168.91.102/prawo/prezydent/2005/429_05.htm.

3. Die sprachlichen Aussagen soll man in ihrer grundlegenden und allgemein anerkannten Bedeutung verwenden.
4. Der Text sollte mit besonderer Sorgfalt bearbeitet werden, kurz, bündig und klar sein sowie den Prinzipien der Korrektheit und Reinheit der polnischen Sprache entsprechen.

Die obigen Versuche der sprachlichen Normierung der Verwaltungstexte haben zwar präskriptiven Charakter, sind aber eher allgemein und enthalten keine präzisen Richtlinien, diese könnten nur im Rahmen der Zusammenarbeit der Ämter und Behörden mit Sprachwissenschaftlern erarbeitet werden. Die Sprachwissenschaftler alleine arbeiten lediglich mit deskriptiven Mitteln, die es ihnen ermöglichen, die schon existierenden Erscheinungen in der Rechtssprache, auch in der Verwaltungssprache, zu fixieren, was in den unten stehenden Ausführungen genauer beschrieben wird.

4. Linguistische Untersuchungen von Verwaltungstexten in Polen

In der Zeit des Bestehens der Volksrepublik Polen hatte man die Verwaltungssprache als Instrument der Macht der kommunistischen Obrigkeiten den Bürgern gegenüber betrachtet (vgl. Wilkoń: 2002, 243 ff.) und es gab damals keine Versuche, die Verwaltungsdokumente (sowohl auf der zentralen als auch auf der lokalen Ebene) wissenschaftlich zu untersuchen, zu optimieren und somit den Bürgern näherzubringen und verständlicher zu machen. Diese Tatsache spiegelte sich zum Beispiel in unpersönlicher und instrumenteller Betrachtung der Bürger und somit in Verwendung von Anredeformeln in Dokumenten wider wie etwa:

– *Bürger / Bürgerin* statt *Herr / Frau*;
– Formeln: *Es wird der Bürger X zum Termin Y vor die Behörde Z geladen* statt *Wir bitten Herrn X zum Termin Y bei der Behörde Z zu erscheinen* (vgl. Malinowska: 2001, 36 ff.).

Heutzutage ist es relevant geworden, die Veränderungen in der Verwaltungs- und Beamtensprache zu untersuchen und die Verwaltungstexte zu optimieren, damit die Ämter und ihre Sprache von den Bürgern verstanden werden.

Bei Malinowska (2001, 43 ff.) finden wir die Darstellung der Verwaltungsaussage als Makrosprechakt, wobei den direktiven Akten besondere Aufmerksamkeit geschenkt wird. Es wird unter anderem zwischen folgenden Direktiven unterschieden (vgl. Malinowska: 2001, 57): Pflicht, Verbot, Gebot, Einwilligung, Erlaubnis, Warnung, Empfehlung, Beipflichtung, Befugnis. Es wurden dabei auch die sprachlichen Merkmale von direktiven Aussagen und direktive Formen beschrieben (vgl. Malinowska: 2001, 58 ff.).

Den wesentlichsten Teil ihrer Monographie hat Malinowska der Beschreibung der Gattungsmuster administrativer Textsorten (mit historischem und pragmatischem Hintergrund) und ihrer Realisierung in der polnischen Verwaltungspraxis gewidmet. Es wurden folgende Textgattungen der Verwaltung einer ausführlichen sprachlichen Analyse unterzogen (vgl. Malinowska: 2001, 63 ff.): Verordnung und Verfügung, Hausordnung, Verwaltungsentscheidung, Vertrag, Gesuch, Lebenslauf. Es wurden grundlegende Textmuster dieser Dokumente mit ihren sprachlichen und außersprachlichen Konstanten dargestellt sowie variable Bestandteile und Abarten von jeweiligen Dokumenten mit zahlreichen Beispielen angeführt. Im letzten Kapitel der Monographie (vgl. Malinowska:

2001, 143 ff.) wurde die Umsetzung der Textmuster der Verwaltungssprache in der Praxis gezeigt. Dabei wurden zahlreiche Beispiele von authentischen Dokumenten präsentiert, die einerseits optimal die Textmuster realisieren und andererseits viele Verstöße gegen die Textkonventionen aufweisen, die aus der Unkenntnis administrativer Textmuster seitens der Bürger oder aus der mangelnden Sorgfalt beim Verfassen der Dokumente seitens der Beamten resultieren.

Einen wesentlichen Beitrag zur Erforschung administrativer Textgattungen hat auch Wojtak (2004) geleistet, indem sie die Gattungsmuster der Amtstexte denen der Rechtstexte gegenübergestellt und die philologische Sicht auf die Texte mit ihrer rechtswissenschaftlichen Betrachtung verglichen hat. Wojtak hat auch die Merkmale der amtlichen Textgattungen charakterisiert, zu denen gehören (vgl. Wojtak: 2004, 139): Standardisierung der Aussage (darunter auch Schablonen- und Klischeehaftigkeit), Präzision (als Resultat der Kohäsion, der Kohärenz und der Anwendung von Sonderregeln), Bestehen der Sphäre der Paradoxie (Deskriptivität neben der Direktivität; Unpersönlichkeit versus Personalisierung), Stabilität und stilistische Homogenität (wogegen oft in der Sphäre der administrativ-juristischen Kommunikation verstoßen wird).

Zum Zeitpunkt des Verfassens des vorliegenden Beitrags sind ausführlichere Angaben über weitere Forschungen zu Verwaltungstexten und Bestrebungen, sie zu optimieren, nicht bekannt; dieser Zweig der Wissenschaft befindet sich mit Sicherheit noch im Entwicklungsstadium, was in naher Zukunft (angeregt z. B. durch Untersuchungen zur Optimierung dieser Texte aus anderen europäischen Ländern) dazu führen kann, dass sich die Sprachwissenschaftler an der Erforschung administrativer Texte mit größerer Intensität und Vehemenz beteiligen würden.

5. Ausblick und Perspektiven der Erforschung von Verwaltungstexten

Wenn es um fortlaufende und künftige Forschungen über die Texte der rechtlich-administrativen Sphäre geht, sieht Gajda (2004, 27) darin folgende primäre Aufgaben (Ziele):

- Bestimmung des Status dieser Sprachsphäre (ihrer Stellung im Ethnolekt und ihrer inneren Differenzierung) und die damit verbundene terminologische Frage;
- Untersuchungen von verschiedenen Unterarten dieser Kommunikationssphäre;
- Fortsetzung der Forschungen über die Textgattungen;
- Aufnahme von verschiedenen Untersuchungen im Bereich der Linguistik und der angewandten Rechtswissenschaft (unter anderem Politik und Sprachkultur, Lexikographie, Translatorik, Bildung).

Der polnische Bürgerbeauftragte (Ombudsmann) hat sich für die Erarbeitung von Regeln der guten Verwaltungspraxis eingesetzt und den *Gesetzentwurf – Vorschriften des allgemeinen Verwaltungsrechts* vorgelegt. Dem Recht des Bürgers auf gute Verwaltung ist das Heft Nr. 60 (2008) des Büros des polnischen Bürgerbeauftragten gewidmet, worin Fragen der Optimierung der polnischen Verwaltung erörtert wurden.[4] Das Recht des Bürgers auf optimale Verwaltung bedeutet sein Recht auf Optimierung der Verwaltungssprache, was in Polen langsam in Gang gesetzt wird. Die planmäßige und durch zuständige Behörden zielgerichtet gesteuerte Zusammenarbeit der polnischen Rechts- und

---

[4] Vgl. http://www.rpo.gov.pl/pliki/12124042030.pdf.

Sprachwissenschaftler über die Verständlichkeit und bürgerfreundliche Optimierung der Verwaltungssprache bleibt aber immer noch Zukunftsmusik.

Zusammenfassung

In dem Beitrag wurde der Stand der Forschung über die Verwaltungssprache in Polen umrissen. Ausgegangen wurde von der Erforschung juristischer Texte im Allgemeinen, dann wurden Probleme der Normierung und Optimierung der Rechtssprache erörtert und anschließend die linguistischen Untersuchungen der Verwaltungssprache präsentiert. Besondere Aufmerksamkeit galt der Forschung über die Textgattungen in der Verwaltung, darunter der Umsetzung von Textmustern in der Praxis der Kommunikation zwischen verschiedenen Ämtern und Behörden sowie zwischen den Ämtern und den Bürgern. Es wurden dabei sprachliche Phänomene mit Beispielen illustriert sowie Perspektiven und Aufgaben für künftige Untersuchungen gezeigt.

Literatur

Der Europäische Kodex für gute Verwaltungspraxis, in: http://www.ombudsman.europa.eu/code/pdf/de/code2005_de.pdf (22.03.2009).
Europejski Kodeks Dobrej Administracji, in: http://www.wrotamalopolski.pl/NR/rdonlyres/846F0 483-5236-40FD-8E24-F805441933EA/4393/europejski_kodeks_dobrej_administracji.pdf (22.03.2009).
Gajda, S. (2004), „Język administracyjno-prawny w perspektywie językoznawczej i prawoznawczej" [Verwaltungs- und Jurasprache aus linguistischer und juristischer Sicht], in: Malinowska, E. (Hg.), *Język – prawo-społeczeństwo, redakcja naukowa*, Opole, 19–32.
Malinowska, E. (2000), „Język w urzędach" [Sprache in den Ämtern], in: Pisarek, W. (Hg.), *Polszczyzna 2000. Orędzie o stanie języka na przełomie tysiącleci*, Kraków, 75–96.
Malinowska, E. (2001), *Wypowiedzi administracyjne – struktura i pragmatyka* [Verwaltungsaussagen – Struktur und Pragmatik], Opole.
Malinowska, E. (2004), „Wzorce wypowiedzi urzędowych a ich realizacja" [Mustervorlagen der Verwaltungsaussagen und ihre Umsetzung], in: Malinowska, E. (Hg.), *Język – prawo-społeczeństwo, redakcja naukowa*, Opole, 143–150.
Malinowska, E. (2005), „Współczesny dyskurs administracyjny" [Gegenwärtiger administrativer Diskurs], in: Gajda, S. / A. Markowski / J. Porayski-Pomsta (Hgg.), *Polska polityka komunikacyjnojęzykowa wobec wyzwań XXI wieku*, Warszawa, 166–176.
Pieńkos, J. (1999), *Podstawy juryslingwistyki. Język w prawie- Prawo w języku* [Grundlagen der Jurislinguistik. Recht in der Sprache – Sprache im Recht], Warszawa.
Pieńkos, J. (2003), *Podstawy przekładoznawstawa od teorii do praktyki* [Grundlagen der Translationswissenschaft von der Theorie in die Praxis], Zakamycze.
Prawo do dobrej administracji Projekt ustawy – Przepisy ogólne prawa administracyjnego [Recht auf gute Verwaltung, Gesetzentwurf – Vorschriften des allgemeinen Verwaltungsrechts], in: http://www.rpo.gov.pl/pliki/12124042030.pdf (11.03.2009).
Rozporządzenie Prezesa Rady Ministrów z dnia 20 czerwca 2002 r. w sprawie „Zasad techniki prawodawczej", Dz. U. 2002 nr 100 poz. 908 [Verordnung des Vorsitzenden des Ministerrates vom 20. Juni 2002 in der Sache der „Prinzipien der rechtsgebenden Technik". Gesetzesblatt Nr. 100 Pos. 908], in: http://isip.sejm.gov.pl/prawo/index.html (11.03.2009).
Wilkoń, A. (2002), *Spójność i struktura tekstu* [Kohärenz und Struktur des Textes], Kraków.

Wojtak, M. (2004), „Gatunki urzędowe na tle innych typów piśmiennictwa użytkowego – zarys problematyki" [Amtsgattungen vor dem Hintergrund anderer Typen von Gebrauchstexten – Umriss der Problematik], in: Malinowska, E. (Hg.), *Język – prawo-społeczeństwo, redakcja naukowa*, Opole, 131–142.

Wronkowska, S. / M. Zieliński (2004), *Komentarz do zasad techniki prawodawczej* [Kommentar zu den Prinzipien der rechtsgebenden Technik], Warszawa.

Zalecenia dla urzędów stanu cywilnego dotyczące nadawania imion dzieciom osób obywatelstwa polskiego i narodowości polskiej [Richtlinien für Standesämter bezüglich der Vergabe von Vornamen an die Kinder der Personen mit polnischer Staatsbürgerschaft und polnischer Nationalität], opublikowane w „Komunikatach Komisji Kultury Języka Komitetu Językoznawstwa PAN", nr 1 (4) 1996, in: http://rjp.pan.pl/index.php?option=com_content&task=view&id=177&Itemid=121 (15.12.2008).

Zarządzenie nr 429/05 Prezydenta Miasta Szczecin z dnia 5 sierpnia 2005 r. w sprawie zasad redagowania i przygotowywania projektów uchwał Rady Miasta oraz zarządzeń Prezydenta Miasta [Verordnung Nr. 429/05 des Oberbürgermeisters der Stadt Szczecin vom 5. August 2005 in der Sache der Prinzipien des Redigierens und Vorbereitens der Entwürfe von Magistratsbeschlüssen und der Verordnungen des Oberbürgermeisters], in: http://83.168.91.102/prawo/prezydent/2005/429_05.htm (16.03.2009).

Zgółka, T. / M. Zieliński, (2003), „Perswazja w języku prawnym i prawniczym" [Persuasion in rechtlicher und juristischer Sprache], in: Mosiołek-Kłosińska, K. / T. Zgółka (Hgg.), *Język perswazji publicznej*, Poznań, 183–189.

Ziembiński, Z. / M. Zieliński (1992), *Dyrektywy i sposób ich wypowiadania* [Direktiva und die Art und Weise ihres Ausdrucks], Warszawa.

Zieliński, M., (2000), „Języki prawne i prawnicze" [Rechtliche und juristische Sprachen], in: Pisarek, W. (Hg.), *Polszczyzna 2000. Orędzie o stanie języka na przełomie tysiącleci*, Kraków, 51–72.

Zieliński, M. (2004), „Język prawny, język administracyjny, język urzędowy" [Jurasprache, Verwaltungssprache, Amtssprache], in: Malinowska, E. (Hg.), *Język – prawo-społeczeństwo, redakcja naukowa*, Opole, 9–18.

IV. Überblick und Ausblick

Schwer verständliche Verwaltungssprache – ein europäisches Problem und Ansätze zu seiner Lösung in den Ländern Belgien, Frankreich, Italien, Österreich, Polen und Spanien

Hans-R. Fluck

1. Verwaltungssprache und Verwaltungskultur

Überblickt man die themenrelevante Literatur, so zeigt sich, dass in Europa die Probleme mit der Verwaltungssprache und die gewählten Optimierungsansätze in Vielem übereinstimmen müssen. Denn allen Ländern ist das Hauptziel gemeinsam, das sich mit Einfachheit, Klarheit und Demokratisierung der Bürger-Verwaltungs-Kommunikation beschreiben lässt.

Verwaltungstexte, die jüngste Umfrage in Deutschland hat es wieder bestätigt[1], sind meist keine einfachen Texte. Man erkennt Verwaltungstexte sofort. Sie zeigen – und das gilt aufgrund vorliegender Untersuchungen zumindest europaweit – im Allgemeinen in den häufig gebrauchten Textsorten wie Bescheid, Verfügung oder Merkblatt bestimmte Merkmale und Schwachstellen:

- Die Texte sind insgesamt zu fachsprachlich, zu stark komprimiert und enthalten zu viel ungebräuchliche Lexik; dies hat deutliche Verständlichkeitsprobleme zur Folge;
- die Texte sind zu einem großen Teil unpersönlich und dazu manchmal noch autoritär gestaltet, so dass man annehmen darf, dass sie keine große Akzeptanz hervorrufen;
- die Struktur der Texte lässt meistens einen „roten Faden" vermissen, so dass die Übersichtlichkeit und die Verständlichkeit von Behördenschreiben unnötig erschwert werden.

Insgesamt tragen diese Gegebenheiten – mit etlichen anderen – dazu bei, dass Verwaltungstexte als Kommunikationsmittel zwischen Bürger und Verwaltung meist nicht so effizient und verständlich sind, wie sie es sein könnten.

Ein Grund für diesen Sachverhalt besteht sicher darin, dass sich Büro- und Verwaltungskultur in Europa in vielen Punkten gleichen. Beamte sind und fühlen sich als Vertreter des Staates, ihrer Region oder Lokalbehörde. Es ist zwar nicht mehr so, dass der Ausspruch Ludwigs XIV. „L'Etat, c'est moi", also „Der Staat bin ich", für jeden Beamten Leitbild wäre, aber dieses Stereotyp der staatlichen Repräsentationsfigur haftet ihm vielfach dennoch an.

Nach Max Weber (1972, 124 ff.) ist Verwaltung eine moderne Form von legaler Herrschaft, die unter anderem durch Amtshierarchie, Fachqualifikation und Aktenmäßigkeit gekennzeichnet ist. Verwaltungen sorgen für möglichst klare Verhältnisse, für

---

[1] Die Umfrage „Wie denken die Deutschen über die Rechts- und Verwaltungssprache?" (2008) wurde von der Gesellschaft für deutsche Sprache in Auftrag gegeben und vom Institut für Demoskopie in Allensbach durchgeführt. 86 % der Befragten gaben an, Schwierigkeiten beim Lesen und Verstehen amtlicher und juristischer Texte zu haben.

konkrete Regelungen und Ordnungen, wie sie ihnen der jeweilige Gesetzgeber vorschreibt. Da wir in ganz Europa aber nicht mehr in den Obrigkeitsstaaten früherer Jahrhunderte leben, wandelt sich das Bild allmählich. Überall werden Verwaltungen modernisiert und zum Dienstleister umfunktioniert. Das ist sicher als eine Reaktion auf das Demokratiegebot in unseren Gesellschaften und die Forderung nach Transparenz und Begründungen anzusehen.[2] Die Asymmetrie der Kommunikation – es geht dabei um Fachwissen, Macht und Sprache – wird dadurch aufgebrochen. Und in diesem Zusammenhang der Bürger-Verwaltungs-Kommunikation spielt die Sprache als Verständigungsmittel auch außerhalb Deutschlands eine zunehmend beachtete Rolle.

Entsprechend dem Slogan „Un langage clair, ça simplifie la vie!" („Eine klare Sprache macht unser Leben einfacher") der 2001 gegründeten französischen Initiative COSLA (Comité d'orientation pour la simplification du langage administratif) geht es dabei durchweg darum, durch verschiedene Maßnahmen wie Textoptimierungen, verwaltungsinterne Schulungen, Erarbeitung von Redaktionsleitfäden oder die lexikalische Aufbereitung des Fachwortschatzes Bürgerinnen und Bürgern den Zugang zur Verwaltungssprache und Umgang mit ihr zu erleichtern. Das gilt auch über Europa hinaus.[3]

Ein moderner Staat, der auf Bürokratieabbau setzt und für mehr Transparenz steht, muss sich einer möglichst verständlichen Sprache bedienen. Denn Verständlichkeit institutioneller Texte ist in vielen Bereichen unseres Lebens von Bedeutung. Diese Verständlichkeit wird zunehmend, auch von Seiten der Gesetzgeber, eingefordert. Gebrauchsanweisungen, Patienteninformationen, Versicherungsbedingungen sind einige Beispiele, deren Schwerverständlichkeit uns immer wieder begegnet. Und in diesen Bereich der sogenannten Experten-Laien-Kommunikation gehört auch die Verwaltungssprache.

Viele dieser „traditionellen" Strukturen finden sich in der heutigen europäischen Verwaltungssprache wieder, wenn auch mit veränderten Gebrauchsfrequenzen und in teilweise stark abgewandelter Form. So wurde etwa seit Ende des 19. Jahrhunderts in Deutschland der Einfluss des Lateinischen stark zurückgedrängt und formelhafte lateinische Wendungen wurden durch landessprachige ersetzt (z. B. *zu Händen, eigenhändig* für lat. *ad manum, ad manus*). In Italien und Spanien dagegen sind noch viele Latinismen geblieben (z. B. *quorum, in situ*) und zusätzlich Gallizismen in die Verwaltungssprache aufgenommen worden (z. B. *carnet, affaire,* Calvo Ramos: 1980, 57 ff.).

Geblieben sind aber bis heute bestimmte allgemeine Merkmale und Sprachstrukturen, die als behördentypisch gelten. Sie werden, mit negativer semantischer Komponente europaweit zum Beispiel als *bürokratisch* oder *Verwaltungschinesisch* bezeichnet:

- Deutsch: *Amtssprache, Verwaltungssprache* (*Verwaltungschinesisch*);
- Französisch: *langue de l'administration, style administratif; style officiel;*
- Italienisch: *linguaggio administrativo, linguaggui burocratico* (*burocratese*);
- Polnisch: *urzedowy* – „Behördensprache", *oficjalny* – „offizielle Sprache";
- Spanisch: *lenguaje administrativo* (Ziel: *lenguaje ciudadano* – "bürgerorientierte Sprache").

Zu den die Einzelsprachen übergreifenden Strukturen der Verwaltungssprache[4] gehören zum Beispiel:

---

[2] Vgl. zu diesem Komplex die Beiträge in: Eichhoff-Cyrus / Antos (2008).
[3] Vergleichbare Aktivitäten findet man u. a. in Australien, Mexiko, den USA und Kanada. Beispielhaft genannt sei der Redaktionsleitfaden aus dem französischsprachigen Kanada, erarbeitet vom Unterkomitee für die Qualität der französischen Sprache in der Öffentlichen Verwaltung (2006).
[4] Zu typischen Strukturen der Verwaltungssprache siehe u. a. Fluck (2004).

Unpersönlichkeit:

- Deutsch: *Die obige Person ist verstorben*;
- Französisch: *il convient de me fournir* ...;
- Italienisch: *Il Quirinial, si rende noto che* ...;
- Spanisch: *esta gobierno civil, examinado el recurso de* ...

Obrigkeitsstil und belehrender Charakter:

- Deutsch: *Rechtsbehelfsbelehrung*; *weise ich vorsorglich darauf hin*;
- Französisch: *vous êtes tenue de m'informer*;
- Italienisch: *denuncia dei redditi, forza pubblica*;
- Spanisch: *mi autoridad; los usarios se obligarán a* ...

Einschränkung des Handlungsspielraums der Rezipienten:

- Deutsch: *unverzüglich, glaubhaft*;
- Französisch: *sous huit jours, autant que possible*;
- Italienisch: *ostativo, adempimento*;
- Spanisch: *hasta tanto que, en obervancia de* ...

häufige Nominalisierungen (Hauptwortstil):

- Deutsch: *Glaubhaftmachung*;
- Französisch: *la quote-part, la non production des documents* ...;
- Italienisch: *impossidenza, discrezionalità*;
- Spanisch: *planificacinó, adquicisión y titularidad*.

Solche Erscheinungen wären kaum zu beanstanden, wenn man Verwaltungssprache als reine Fachsprache betrachten würde. Verwaltungssprache als Fachsprache heißt, dass es sich um eine für die Verwaltung spezifische Auswahl und Verwendung sprachlicher Mittel handelt. Zu unterscheiden sind aber der bürgerferne fachinterne, also verwaltungsinnere Bereich, mit der Festlegung abstrakter Prinzipien und speziellen fachsprachlichen Äußerungen, vom fachexternen Bereich mit konkreten Äußerungen eines an die Öffentlichkeit gerichteten Verwaltungshandelns. Und dieser institutions- bzw. fachexterne Bereich ist es, der das öffentliche Interesse an der Verwaltungssprache vornehmlich bestimmt und immer wieder zu Kritik geführt hat und auch weiterhin führt.

Ein Hauptpunkt der Kritik, neben der Einzelkritik an stilistischen Merkmalen, ist der Vorwurf der Unverständlichkeit. Dieser Punkt gewann an Bedeutung, da heute Verständlichkeit von öffentlichkeitszugewandten Rechts- und Verwaltungstexten durch verschiedene Vorschriften – und nicht unbeeinflusst von der Plain English-Bewegung seit den 1970er Jahren[5] – vermehrt eingefordert wird. Denn für ein Laienpublikum sind fachliche Inhalte in der Regel nur dann nachvollziehbar, wenn sie hinreichend verständlich und adressatenorientiert dargestellt werden.[6] Es gibt daher verschiedene gesetzliche Regelungen, die Textverständlichkeit bei amtlichen Schreiben einfordern.[7]

So forderte schon 1995 die Europäische Union in einer Bekanntmachung dazu auf, eine „klare und einfache Sprache" in Gesetzesdokumenten und Verordnungen zu verwenden.[8]

---

[5] Vgl. Cutts (1996) sowie den Beitrag von Sarah Carr in diesem Band.
[6] Vgl. zu dieser Problematik u. a. Deppert (2001), Osolnik Kunc (2006), Kaizer (2007).
[7] Vgl. dazu u. a. Hondius / Kummeling (2008, 178, 181, 186 ff.) sowie Gottschalk (2006).
[8] „Avis sur une langue simple et claire", 95/C 256/03, Journal officiel des Communautés européennes, 2 octobre 1995.

Und eine neuere Dienstleistungsrichtlinie legt für Behörden der Europäischen Union fest, dass sie Informationen „in einfacher und verständlicher Sprache" bereithalten müssen.[9] Die Mitgliedstaaten müssen entsprechende Rechts- und Verwaltungsvorschriften bis Ende 2009 in Kraft setzen.

Auch Verwaltungen sollten möglichst verständlich formulieren. Ein Verstoß dagegen kann dazu führen, dass Bescheide für nichtig erklärt werden. Zum Beispiel darf nach einem Urteil des Landessozialgerichts Nordrhein-Westfalen vom 24. Mai 2006 Arbeitslosengeld nur dann gekürzt werden, wenn die Rechtsfolgenbelehrung verständlich formuliert ist (AZ: L 12 AL 87/05).

Doch lange bevor es solche offiziellen Regelungen und bürgerfreundliche Urteile gab, hat man in Europa umfassendere Anstrengungen unternommen, um Verwaltungssprache nicht nur zu analysieren und wissenschaftlich zu beschreiben, sondern auch um sie konkret zu verbessern. In vielen europäischen Ländern gibt es engagierte Politiker, Verwaltungsfachleute und Wissenschaftler, die es mit dem heute überall propagierten Transparenzgebot für amtliche Texte ernst meinen. Nachhaltige und länderbezogene Projekte zur Modernisierung der Verwaltungssprache und zur Überwindung von Verständnisbarrieren werden hier meist an zentraler Stelle von Amts wegen gefördert, anders als derzeit in Deutschland.

2. Konzepte jenseits der Landesgrenze

In Deutschland und über die jeweiligen Ländergrenzen hinaus sind die regionalen Bemühungen um eine moderne Verwaltungssprache meist kaum bekannt geworden. Die folgende Darstellung beschränkt sich auf eine Übersicht zum Umgang mit verwaltungssprachlichen Problemen in den Ländern Belgien, Frankreich, Italien, Österreich, Polen und Spanien, in Ergänzung zu den speziellen Beiträgen in diesem Sammelband. Darüber hinaus gibt es in den meisten EU-Ländern beachtenswerte und auch länger dauernde Anstrengungen im Hinblick auf eine Reform der Verwaltungssprache, wie unter anderem die Beiträge zur Situation in der Schweiz, England, Schweden und den Niederlanden zeigen.

Ich beginne mit dem Nachbarland Österreich, das eine lange Tradition der Verwaltungssprache aufzuweisen hat, die mit der deutschen Amtssprache in sehr vielen Merkmalen übereinstimmt. Es folgen Situationsbeschreibungen zur Bürger-Verwaltungs-Kommunikation romanischer Länder sowie zu Belgien und Polen.

Österreich

Die Kanzlei- und Verwaltungssprache in Österreich ist relativ gut erforscht (Wiesinger: 1988). Im Jahr 1996 wurde von Ehn / Strouhal (1996) die Textsorte „Bescheid" in den Mittelpunkt einer umfassenden, korpusbasierten Analyse gestellt, die elektronisch verfügbare Bescheidtexte der Jahre 1980 bis 1990 untersucht. Im Vordergrund stand dabei die Frage nach Verstehbarkeit und Verständlichkeit von Bescheidtexten, die im Ergebnis der textlinguistischen Analysen von den Autoren als „Untexte" eingeordnet wurden (Ehn / Strouhal: 1996, 107). Grund für diese Einordnung waren vor allem ihre mangelnde oder nur extrem schwach ausgeprägte Kohäsion und Kohärenz, also fehlende Textzu-

---

[9] Richtlinie 2006/123/EG, Artikel 6 Absatz 2.

sammenhänge und Textverknüpfungen. Untersucht wurden auch elektronisch verfügbare Textbausteine, bei denen unter anderem eine weitgehende Redundanzlosigkeit und „unharmonische" innere und äußere Strukturen festgestellt wurden (Ehn / Strouhal: 1996, 175). Didaktisch umgesetzt wurden solche Ergebnisse in redaktionelle Leitfäden und Schulungskonzepte für einzelne Verwaltungsinstitutionen.

Zurzeit laufen in Österreich verschiedene Projekte, über die ein eigener Beitrag in diesem Band berichtet. Darüber hinaus gab es jedoch früher bereits verschiedene Bemühungen, die Amtssprache zu modernisieren. „Amtsdeutsch a. D." nannte sich ein Projekt der Stadt Linz, Hauptstadt des österreichischen Bundeslandes Oberösterreich, das in den Jahren 2001 bis 2002 durchgeführt wurde. Über ein Jahr lang hatten sich dort 21 Mitarbeiter der Stadtverwaltung damit beschäftigt, ein Handbuch für „prägnanten und kundenorientierten Schriftverkehr" des Magistrats (Verwaltung) zu erarbeiten. Seither müssen dort die Bürgerinnen und Bürger nicht mehr Formulierungen lesen wie *in obiger Sache, unter Bedachtnahme auf, möglichst umgehend* oder *zur Eintragung bringen*. Stattdessen soll das Handbuch (inzwischen auch als CD-Version erhältlich) dazu beitragen, dass Mitarbeiter ein zeitgemäßes Sprachverständnis entwickeln.

Umfassender angelegt war das Projekt „Wien spricht anders", das auf eine kundenfreundliche Sprache in der Verwaltung zielte (Auftraggeber: Presse- und Informationsdienst der Stadt Wien). Das Projekt begann im Sommer 2003 und dauerte ein gutes Jahr. Rund 120 Mitarbeiter entwickelten in dieser Zeit einen Leitfaden, der zu verständlichen Formulierungen und einer modernen, freundlichen, klaren, kompetenten Sprache mit den Kunden führen soll. Bürgerinnen und Bürger unterzogen im Rahmen dieses Projekts verschiedenste Schreiben und Formulare einer strengen Prüfung. „Wien spricht anders" ist also kein von oben verordnetes Konzept, sondern ein Projekt aus der Mitte der Behörde heraus. Dieser Ansatz ist deshalb vorbildlich, da nur auf diese Weise die Praxis erreicht und Nachhaltigkeit erzielt werden kann.

Die Verbesserungsmöglichkeiten und Ratschläge für die einzelnen Bereiche wurden im Leitfaden „Wien spricht anders" zusammengefasst, der als Richtlinie für die weitere Arbeit dient. Dadurch sollen in Zukunft amtsdeutsche Begriffe (wie *hieramts*), nicht mehr zeitgemäße Redewendungen (wie *Sehr geehrte gnädige Frau!*) oder ungebräuchliche und schwer verständliche Fremdwörter (wie *akquirieren*) vermieden werden.

In einem Bericht über das Projekt heißt es, „Einfach ist nicht primitiv. Lang ist nicht automatisch inhaltsreich. Kompliziert ist nicht gleich intelligent."[10]

Diese Feststellungen betreffen die Einstellungen der Textproduzenten, die oft unsicher in ihrem Schreibverhalten sind und gerade deshalb auf die tradierten Formen zurückgreifen. In dem Wiener Leitfaden finden daher Mitarbeiter und Mitarbeiterinnen der Stadt Tipps für einen angemesseneren Umgang mit geschriebener Sprache in der Bürger-Verwaltungs-Kommunikation. Der hölzerne Kanzleistil soll einer lebendigen Sprache weichen. Also zum Beispiel kein Funktionsverbgefüge wie *zur Auslieferung bringen* verwenden, wo ein einfaches Verb wie *ausliefern* den Satz kürzer und verständlicher macht.

---

[10] kobinet-nachrichten vom 13.09.2004: http://www.kobinet-nachrichten.org/cipp/kobinet/custom/pub/content, lang,1/oid,5476/ticket,g_a_s_t, 22.06.2009.

> Die Stadt Wien ist ein Dienstleistungsunternehmen. Dienstleistung drückt sich vor allem in Sprache aus. Sprache ist unser wichtigstes Kommunikationsmittel. Sie kann verbinden, aber auch ausgrenzen. Die Wiener Stadtverwaltung will verstanden werden,

lautet daher das vom Presse- und Informationsdienst der Stadt verkündete Motto.[11]

Auch in der Stadt Graz gibt es Anstrengungen, um die Verwaltungssprache zu modernisieren.[12]

Italien

Aus Italien ist bekannt, dass der Alltag stark durch das *burocratese* der Ämter geprägt ist und es Stoff für unzählige Literaten und Filmemacher geliefert hat. Kritik an der Verwaltung ist daher fast Volkssport und die Verbesserung der Verwaltungssprache ein geradezu nationales Anliegen.[13] So entstand ab 1993 aus der Erarbeitung eines Leitfadens für eine verständlichere Verwaltungssprache[14] eine Art nationales Großprojekt zur Modernisierung der Verwaltungssprache.

Dieses Projekt vereinte Politiker, Verwaltungsfachleute und Wissenschaftler. Unter dem Logo „Chiaro" (i. e. Klarheit) organisierte und koordinierte das *Dipartimento della Funzione Pubblica per l'efficienza delle amministrazioni* verschiedene Maßnahmen, um eine sachgerechte, klare und respektvolle Bürger-Verwaltungs-Kommunikation zu erreichen.

Wie in den anderen Ländern wird interdisziplinär gearbeitet und es werden ähnliche Instrumente zur Verfügung gestellt. In Italien verwendete Instrumente sind folgende:

– Direktiven zur Gestaltung der Sprache der öffentlichen Verwaltung;
– Ein Glossar zur Sprache der öffentlichen Verwaltung;
– Eine Neufassung des 1997 veröffentlichten redaktionellen Leitfadens und der Hinweise zur Drucktechnik;
– Eine Sammlung von Mustertexten bzw. überarbeiteten Texten;
– Allgemeine Informationen zur Verwaltung und zur Verwaltungssprache;
– Eine Hotline zur Beantwortung von Einzelfragen für Verwaltungsfachleute (mit Passwort);
– Eine Software („errata corrige – pubblica amministrazione") zur Kennzeichnung;
– Korrektur typischer Formulierungsfehler in Verwaltungstexten.

---

[11] Zitiert nach kobinet-nachrichten (wie vorangehende Anm.).
[12] In Bochum bereitet Frank Poerschke eine vergleichende Dissertation zur Verwaltungssprache vor (Deutschland, England, Österreich), die näher auf die Grazer Situation eingehen wird.
[13] Vgl. den Überblick zur italienischen Verwaltungssprache und zu Bemühungen um ihre Vereinfachung von Cortellazo in diesem Band sowie die Beiträge von Martínez Bargueño (1995), Cortelazzo / Viale (2003, 2116 ff.), Fortis (2005) und Tessuto (2006).
[14] Dipartimento per la funzione pubblica. Codice di Stile delle comunicazione scritte ad usa delle amministrazioni pubbliche. Proposta e materiali di studio. Roma 1993. Der Leitfaden wurde 1994 unter dem Titel *Simplificazione del Linguaggio Amministrativo* nochmals aufgelegt und 1997 von Alfredo Fioritto neu herausgegeben.

An diesem Projekt und verschiedenen anderen Einzelprojekten waren und sind insbesondere Kommunen und Universitäten beteiligt. Sie haben verschiedene Materialien entwickelt[15] wie zum Beispiel Regeln für einfaches und verständliches Schreiben, eine Aufsatzsammlung zum Thema, eine kommentierte Sammlung von überarbeiteten Texten, Ratschläge zur Normierung und eine Bibliographie.

Im Jahr 2002 wurde vom zuständigen Ministerium in Rom ein weiterer Leitfaden veröffentlicht, der auch im Internet einsehbar ist: *Direttiva sulla semplificazione del linguaggio dei testi amministrativi.*[16]

Auch die darin enthaltenen acht Vorschläge decken sich zum großen Teil mit den Erfahrungen der anderen hier beschriebenen Länder, wenngleich es im Detail Abweichungen gibt. So spielen etwa die in italienischen Amtstexten noch sehr häufigen Latinismen und Gräzismen, denen ein eigener Punkt gewidmet ist, im Deutschen nahezu keine Rolle mehr:

Evitare neologismi, parole straniere e latinismi

Non si deve essere ostili, a priori, ai neologismi. Ma è consigliabile usarli solo se sono effettivamente insostituibili e non usarli se sono effimeri fenomeni di moda. Analogamente le parole straniere e i latinismi vanno evitati ove sia in uso l'equivalente termine in lingua italiana.

È ormai frequente il ricorso a termini tecnici propri della società dell'informazione e dell'elettronica: da evitare se ve ne siano di equivalenti nella lingua italiana.

Testo originale	Testo riscritto
Tale servizio, come è noto, dovrà essere esternalizzato.	La gestione di questo servizio sarà affidata a un soggetto esterno.
Bisogna porre particolare attenzione alla *policy implementation*.	Bisogna curare con attenzione le fasi di attuazione delle politiche.
Le agevolazioni saranno concesse anche ai conviventi *more uxorio*.	Le agevolazioni saranno concesse anche alle coppie conviventi.

Verwaltungssprachliche Neologismen stehen dagegen europaweit in der Kritik.

Schließlich erschien 2003 ein Ratgeber für institutionelles Schreiben, von den Erfahrungen der verschiedenen Projekte ausgehend, erarbeitet von zwei Linguisten (Cortelazzo / Pellegrino: 2003). Damit wurden Instrumente zur Verfügung gestellt, die auf mehr reflexiver Basis eine Änderung der Schreibgewohnheiten erreichen sollen.

---

[15] Siehe URL: www.maldura.unipd.it/buro/, 22.06.2009.
[16] Veröffentlicht in der Gazzetta Ufficiale n. 141 del 18 giugno 2002, im Internet einsehbar unter http://www.maldura.unipd.it/buro/dir8mag2002.html, 22.06.2009; eine Bilanz der ministeriellen Aktivitäten gibt es jetzt von Patrizia Galvano (2008).

Spanien

In Spanien wurden ebenfalls seit Jahrzehnten große Anstrengungen unternommen, um Verwaltung und Verwaltungssprache zu modernisieren.[17] Am Anfang standen linguistische Einzelanalysen (z. B. Calvo Ramos: 1980), bevor die Politik das Thema aufgriff. Das *Ministerio para las Administraciones Públicas* (MAP) hat 1990 die Reformansätze durch die Publikation einer Stilfibel gefördert und propagiert, ausgehend von Untersuchungen einer Forschergruppe an der Universidad Autónoma de Madrid, Departamento de Lengua Española (*Manual de estilo del lenguaje administrativo*: 1997). Darin werden acht Stileigenheiten aufgeführt, die gleichermaßen in anderen europäischen Verwaltungstexten anzutreffen sind:

1. Un léxico especial: dejación, dación, meritado [spezielles Lexikon];
2. Acepciones propias y particulares de la lengua común, incluso no recogidas en los diccionarios: significar, library [spezielle, in der Gemeinsprache und in Wörterbüchern nicht geläufige Begriffe];
3. Uso reiterado de determinadas formas gramaticales [Wiederholung von bestimmten grammatischen Formen];
4. Repetición de estructuras sintácticas [Wiederholung bestimmter syntaktischer Strukturen];
5. Mantenimiento de formas anacrónicas poco habituales en la lengua actual: no lo hiciere [Beibehaltung und Gebrauch wenig gebräuchlicher und veralteter Sprachformen];
6. Uso y abuso de circunloquios: para la debida constancia, para general conocimiento y cumplimiento [Gebrauch und Missbrauch von Umstandswörtern];
7. Abundancia de locuciones prepositivas: en lo referente a, en la medida de, en función de, en orden a [Überhäufung mit Präpositionalgefügen];
8. Abuso de clichés, fórmulas y muletillas: sin más aviso, hallar conforme [zu häufiger Gebrauch von formelhaften Wendungen und Clichés].

Die ministeriellen und universitären Bemühungen um eine bessere Verwaltungssprache gehen bis heute weiter und äußern sich in diversen Einzelprojekten und Veröffentlichungen. Gut dokumentiert sind diese Eigenheiten der spanischen Verwaltungssprache in neueren Monographien und Aufsätzen, die auch auf die Auseinandersetzung mit ihren Kritikern eingehen (z. B. Castellon: 2000, 2003; Miguel: 2000; Sarmiento: 2004).

Spezielle Arbeiten sind dem Katalanischen gewidmet (Duarte u. a.: 1991; Duarte: 1993), für das bereits seit 1980 ein eigener Sprachkurs von Duarte Monserrat vorliegt.

Wie in Deutschland hat man sich auch mit der Problematik einer geschlechtergerechten Sprache in Verwaltungstexten beschäftigt und sprachliche Neuerungen eingeführt; in der Praxis gibt es auf diesem Gebiet offenbar aber noch Defizite.[18]

---

[17] Einen Überblick bietet Marcos Marín (2003).
[18] Siehe „Libro de estilo de lenguaje administrativo municipal no sexista. El peródico feminista", URL: http://www.nodo50,org/xarxa feministapv/ breve.php3?id_breve =399, 15.11.2005.

Frankreich

Besonders intensiv wird in Frankreich an der Modernisierung der Verwaltungssprache gearbeitet.[19] Dort wurde im Jahr 2001 vom „Ministère de la Fonction publique et de la Réforme de l'Etat et celui de la Culture" ein Großprojekt gestartet, das flächendeckend die Optimierung von Formularen und Verwaltungsschreiben anstrebt. Es zielt primär auf eine „langue claire, simple et concrète"[20] nach dem Motto: „Un langage clair, ça simplifie la vie" („Eine klare Sprache macht das Leben einfacher").

Mit COSLA[21] (Comité d'orientation pour la simplification du langage administratif) wurde ein interdisziplinäres Team gebildet, dessen Hauptaufgabe darin bestand „à mettre l'administration au service des usagers, tout particulièrement des usagers en situation vulnérable" (Rapport au Parlement 2002, „Langue, citoyenneté et cohésion sociale"). Mit diesem emanzipatorischen Ansatz wurden in relativ kurzer Zeit die meistbenutzten Formulare überarbeitet und teilweise auch auf ihre Verständlichkeit und Akzeptanz hin bei den Zielgruppen getestet. Ergänzend wurde ein Lexikon zur Verwaltungssprache mit rund 3.000 Einträgen (schwer verständliche Termini mit Erläuterungen und vereinfachten Alternativformulierungen) erarbeitet und veröffentlicht.[22] Ein Lexikoneintrag kann so aussehen:

cumulativement adverbe
▶ essayez de reformuler :
ex. : *les peines s'exécutent cumulativement*
→ *les deux peines sont exécutées, l'une à la suite de l'autre*
ex. : *les entreprises peuvent être exonérées soit de la taxe professionnelle, soit de la taxe foncière, soit cumulativement de ces deux taxes* → *les entreprises peuvent être exonérées soit de la taxe professionnelle, soit de la taxe foncière, soit de ces deux taxes en même temps*

Als weiteres Instrument wurde in Zusammenarbeit mit dem Zentrum für Angewandte Linguistik, Besançon, 2002 ein Schreibratgeber (*Guide pratique*) verfasst und ins Netz gestellt. Darauf aufbauend wurde schließlich das Softwareprogramm LARA (Logiciel d'aide à la rédaction administrative) entwickelt. Dieses Programm markiert während des

---

[19] Detailliert über die Modernisierungsbestrebungen in Frankreich informieren Kahn (2000) und Suspene (2006); vgl. dazu jetzt auch den Schreibratgeber von Gilder (2009).
[20] Siehe zu dieser Zielvorstellung URL: http://www.dusa.gouv.fr./cosla/questions.htm, 15.11.2005, und vgl. dazu jetzt auch den Schreibratgebert von Gilder (2009).
[21] Siehe detailliert zu COSLA den Bericht von Suspene (2006).
[22] Neben der Veröffentlichung als „Lexique administratif" erschien eine weitere beim Verlag Le Robert, Paris, unter dem Titel *Le petit décodeur : les mots de l'administration en clair, 3000 traductions pour vous simplifier la vie*. 2005 (réimpr. 2006). [Autoren: Dominique Le Fur (dir.), Yaël Freund, Géraldine Sourdot, Ghislain Geitner et al.] Dieses Lexikon umfasst mehr als 1.000 Seiten.

Schreibens von Verwaltungstexten problematische Formulierungen und bietet alternative Formulierungen an.

Parallel zu COSLA arbeiten seit 1966 die Vorläufer COSIFORM (Commission pour la simplification des Formalités) und CERFA (Centre d'Enregistrement et de Révision des Formulaires Administratifs), die vor allem die Zahl der Verwaltungsformulare erheblich reduzierten und Formulare elektronisch zur Verfügung stellen.

Durch diese Projekte wurden schon viele Verbesserungen in der Bürger-Verwaltungs-Kommunikation erzielt, vor allem im Bereich des Formularwesens. Eine Untersuchung (Kahn: 2000, 296 ff.) hat allerdings auch gezeigt, dass es aufgrund der Funktionsaufteilung zwischen Verwaltung und Öffentlichkeit grundsätzliche Umsetzungsprobleme gibt und die traditionellen Strukturen (Catherine: 1947) nicht so leicht zu verdrängen sind.

Belgien

In Belgien gilt neben Niederländisch und Deutsch vor allem Französisch als Rechts- und Verwaltungssprache.[23] Die Nähe zu Frankreich führte dazu, dass zum großen Teil in Frankreich gebräuchliche Verwaltungstermini übernommen wurden, „allerdings werden gleichzeitig auch einige Archaismen beibehalten" (Wolf: 1992, 123). Dies führt zusätzlich zu Verstehensschwierigkeiten der französischen Verwaltungssprache in Belgien, die unter anderem der „Service de la langue française" in Zusammenarbeit mit dem „Conseil supérieur de la langue française" abzumildern versucht hat. Es wurde ein Schreibratgeber herausgebracht mit dem programmatischen Titel: *Écrire pour être lu: comment rédiger des textes administratifs faciles à comprendre* (Leys: 2000) [„Schreiben, um gelesen zu werden: wie man Verwaltungstexte redigiert, damit sie leicht verständlich sind"].

Ziel dieses Leitfadens ist es, wie in den anderen Ländern, Verwaltungsfachleuten Hilfestellung für das Formulieren leichtverständlicher Texte zu geben. Angeboten werden 32 Ratschläge, die auf verschiedene Textsorten anwendbar sind. Sie beinhalten allgemein bekannte Stilempfehlungen wie Leserinteresse wecken, einfache Sätze bilden, Texte strukturieren („Accrochez votre lecteur. Choisissez bien vos mots. Construisez bien vos phrases. Faites ressortir la structure de votre texte. Facilitez la lecture par la mise en page.").

Bemerkenswert ist das ministerielle Vorwort dieses Leitfadens, da es einmal mehr die politische Notwendigkeit einer Reform der Verwaltungssprache mit Blick auf stärkere Adressatenorientierung, Verständlichkeit und Demokratisierung der Verwaltungssprache betont. Mit Sicherheit ist dazu zwar mehr notwendig als ein einzelner Sprachratgeber, als erster Schritt (dem weitere Schritte folgen müssen) ist solch ein Ratgeber aber durchaus sinnvoll.

---

[23] Zur Sprachensituation in Belgien und zu ihrer Geschichte vgl. Willemyns / Bister-Broosen (1998).

Polen

Die Entstehung der Verwaltungssprache in Polen wurde im Mittelalter durch fremdsprachliche Einflüsse aus dem Lateinischen und auch Deutschen beeinflusst, doch wird seit dem 16. Jahrhundert immer mehr Polnisch benutzt. Die heutige Verwaltungssprache wird stark durch den Übergang von einem sozialistischen zu einem demokratischen Regierungssystem geprägt. Wurden zum Beispiel vor 1989 unpersönliche Anredeweisen verwendet, so werden heute persönlichere und höflichere Kommunikationsformen benutzt. Zudem wurde die Verwaltungssprache internationalisiert, wodurch viele englischsprachige Wörter in die Verwaltungssprache eingedrungen sind (z. B. PIT – Personal Income Tax – Lohnsteuererklärung).

Als wichtigste Merkmale gelten auch in Polen Direktivität, Unpersönlichkeit, Streben nach Präzision und weitgehende Standardisierung.[24] Entsprechend finden sich etwa zahlreiche direktive Begriffe und Formulierungen wie Pflicht, Anweisung, Verbot oder Erlaubnis. Einschränkungen des Handlungsspielraums durch Lexeme mit der Bedeutung „unbedingt", „ausschließlich" oder „unverzüglich" sind ebenfalls häufig anzutreffen. Zahlreich sind auch die unpesönlichen Formen mit dem entsprechenden Pronomen für „man" wie „man ordnet an" oder „man stellt fest". Wie in den anderen europäischen Ländern auch, findet man zahlreiche unerklärte Abkürzungen und Verweise auf Gesetze, dazu sehr lange und weitschweifige Sätze, Nominalisierungen und viele andere aus den Nachbarländern bekannte Eigenheiten. Alle diese Gegebenheiten tragen dazu bei, dass auch in Polen viele Verwaltungstexte schwer oder unverständlich sind und die Formen der Verwaltungssprache in der öffentlichen Kritik stehen.

Abhilfe schaffen sollen Sprachratgeber und Leitlinien zum Verwaltungshandeln, wie sie der polnische Ministerrat 2002 herausgegeben hat.[25] Die dort gegebenen allgemeinen Ratschläge decken sich mit denjenigen anderer Leitfäden aus Europa und Übersee:

– Möglichst Wörter der Allgemeinsprache verwenden;
– Rechtssprachliche Termini nur begrenzt anwenden;
– Auf Synonyme und unterschiedliche Formulierungen für ein und denselben Sachverhalt verzichten;
– Kurz und präzise formulieren;
– Lange Sätze und unnötig komplizierte Formulierungen sowie Neologismen vermeiden.

Neue Anstrengungen zu einer Verbesserung der Verwaltungssprache erbrachte das Projekt „Städte im Internet", das auf eine bürgerfreundliche und effektivere Verwaltungsarbeit abzielt.

Außer dem polnischen Ministerrat hat auch der polnische Sprachverein „Rada Jezyka Polskiego" im Jahre 2003 Untersuchungen zur öffentlichen Sprache vorgenommen und mit Hilfe von Linguisten zahlreiche Texte auf Korrektheit und Verständlichkeit hin analysiert. Die Ergebnisse zeigen, dass eine Schulung der Sprachkompetenz von Verwaltungsfachleuten auch in Polen dringend geboten ist.

Im Februar / März 2007 hat eine meiner Studentinnen in der Stadt Rawicz eine Bürgerbefragung durchgeführt, an der 32 Personen teilnahmen. Im Vergleich mit einer Befragung in Bochum kommt sie zu ähnlichen Ergebnissen (vgl.: Kemna: 2007). Die Ergebnisse beider Befragungen zeigen deutlich, dass die Verständlichkeit von Verwal-

---

[24] Vgl. hierzu z. B. die Arbeiten von Ewa Malinowska (1995, 2001).
[25] URL: http://www.abc.com.pl/serwis/du/2002/0908.htm, 17.06.2009.

tungsschreiben verbessert werden sollte. Für die polnische Seite heißt das vor allem: keine Abkürzungen verwenden, die nicht erklärt sind; weitschweifige Sätze sowie lange Verweise auf Gesetze innerhalb eines Satzes möglichst vermeiden; auf den sogenannten „Amtston", das heißt auf einen zu funktionalen und auch herablassenden Stil, verzichten.

3. Zusammenfassung

Verwaltungssprache stimmt europaweit in vielen Merkmalen strukturell und funktional überein. Vergleicht man die hier und in diesem Themenband vorgestellten Länder Europas, so wird deutlich, dass sie in den Zielsetzungen, den eingeschlagenen Wegen und den eingesetzten Mitteln in wesentlichen Punkten übereinstimmen. Als oberstes Ziel gilt, Verwaltungssprache klarer, einfacher und verständlicher zu machen. Dazu kommt die Absicht, auf veraltete und autoritäre, undemokratische Sprachstrukturen zu verzichten und damit auch Zugangsbarrieren zu amtlichen Texten abzubauen. Denn in allen diesen Ländern wurde durch Befragungen festgestellt, dass viele Bürgerinnen und Bürger immer wieder auf ihnen zustehende Rechte und Ansprüche verzichten, weil sie Probleme mit dem amtlichen Schriftverkehr haben (z. B. korrektes Ausfüllen von Formularen, Formulierung von Eingaben).[26]

Wo Linguisten an einer Veränderung der Bürger-Verwaltungs-Kommunikation beteiligt sind, und das ist fast überall der Fall, führt der Weg heute von textkritischen Analysen hin zur Textoptimierung. Die Analysen zeigen überall ein ähnliches Bild: Vorherrschend sind relativ abstrakte, anonyme, funktionsorientierte, schwer verständliche, komplexe Texte, die nicht immer zufriedenstellend strukturiert sind und auch vielfach noch einen autoritären Charakter zeigen. Mit Blick auf ihre Lexik und Syntax sind diese Texte meist weit von der Alltagssprache entfernt.

Um diese Situation zu ändern, wurden verschiedene Instrumente zum Schreiben und zur Neuformulierung entwickelt und bereitgestellt. An erster Stelle findet man redaktionelle Sprachratgeber und Leitfäden für die Textgestaltung, oft mit Vorher-/Nachher-Beispielen oder Mustertexten. Neueren Datums sind die Einrichtung lexikalischer Datenbanken und die Erarbeitung spezieller Softwareprogramme, die auf problematische

---

[26] Diese Kontroll- und Ausschlussfunktion verwaltungssprachlicher Texte hat z. B. für Spanien Elena de Miguel (2000) genauer dargestellt und dabei auch auf die Schwierigkeit aufmerksam gemacht, die zugehörigen Faktoren zu „neutralisieren" (S. 9): „En principio, el objetivo del texto jurídico-administrativo es legislar, regular la actividad social e informar de esa labor a través sobre todo de su publicación en el BOE, lo que puede obligar a responder sobre determinadas actuaciones por parte de los ciudadanos. En cambio, los trabajos ya citados de Whittaker y Martín Rojo (sobre la Orden que establece el procedimiento de reclamación de las notas de los estudiantes de selectividad) han puesto de relieve de forma muy sugerente cómo ciertos textos administrativos, elaborados para regular un derecho de los ciudadanos, lo que consiguen es desanimarlos en su intento de reclamar la aplicación de ese derecho y ponerlos en una situación de subordinado débil que se ha de conformar. Según las autoras, en este tipo de textos el emisor impone -por medio de sus elecciones léxicas, gramaticales y de construcción del texto- una variedad lingüística ajena al receptor: un discurso muy protegido que impide el intercambio y procura evitar la intervención de los administrados en el funcionamiento del sistema.

Efectivamente, son muchos los textos en los que la impresión que se recibe es la de que el emisor pretende restringir el acceso de los receptores del texto al control del discurso (y, por tanto, limitar su acción social). No parece difícil argumentar que existe un componente de control y de mantenimiento al margen del administrado, que se materializa no sólo en el léxico específico (arcaico, elevado, técnico) sino en otros aspectos menos evidentes, como la excesiva subordinación e impersonalización del texto. Este factor es muy difícil de neutralizar. por parte del administrado pero últimamente los lingüistas sí están trabajando en esa dirección de 'derribar el muro' ante ue el ciudadano parece enfrentarse."

Formulierungen beim Schreiben amtlicher Texte aufmerksam machen und Alternativformulierungen anbieten.

Dennoch bleibt die Optimierungsaufgabe schwierig, da den Ansprüchen nach Klarheit und Einfachheit lange gewachsene traditionelle Strukturen und die Forderungen nach Rechtssicherheit entgegenstehen. Die Übersicht hat außerdem gezeigt, dass es einfache, schnelle und vor allem flächendeckende praxisrelevante Lösungen für Sprach- und Kommunikations-Probleme im Verwaltungsraum Europa bisher nicht gibt. Am weitesten scheint die Modernisierung der Bürger-Verwaltungs-Kommunikation in Frankreich fortgeschritten zu sein, wo das Engagement zur Veränderung auf eine zentralistische Verwaltungsstruktur trifft, die Textveränderungen begünstigt.

Es gibt aber auch in den anderen Ländern (und darüber hinaus) durchaus erfolgreiche Ansätze und engagierte Projekte mit dem Ziel, die tradierte und komplexe Verwaltungssprache und ihre Texte einfacher und verständlicher zu machen. Stärkere Adressatenorientierung, größere Verständlichkeit sowie sachgerechtes und respektvolles Schreiben sind überall als Leitziele auszumachen, um bestehende Kommunikationsbarrieren abzubauen. Damit geht es letztlich auch darum, eine durchgreifende demokratische Sprachkultur in der Verwaltung zu entwickeln und zu etablieren. Der Aufbau eines europäischen Netzwerks zur Bürger-Verwaltungs-Kommunikation könnte die Annäherung an diese Ziele sicher wirkungsvoll unterstützen und weiter voranbringen – auch wenn Verständlichkeit mit Blick auf komplexe Sachverhalte und unterschiedliche Adressaten immer nur begrenzt erreichbar sein wird.

Literatur

Becker, M. (2006), „Geschichte der Sprache der Politik, des Rechts und der Verwaltung in der Romania: Französisch und Okzitanisch [Histoire des langages politique, juridique et administratif dans la Romania: français et occitan]", in: Ernst, G. u. a. (Hgg.), *Romanische Sprachgeschichte [Histoire Linguistique de La Romania]*, Bd. 2, Berlin, New York: de Gruyter, 2123–2137.

Calvo Ramos, L. (1980), *Introducción al estudio del lenguaje administrativo. Gramaticá y textos*. Madrid: Gredos.

Castellón Alcalá, H. (1998), „Análisis normativo del lenguaje administrative", in: *Revista de Llengua i Dret*, No 30, 7–45.

Castellón Alcalá, H. (2000), *Los textos administrativos*. Madrid: Arco / Libros.

Castellón Alcalá, H. (2001), „Un Aspecto Pragmático Del Lenguaje Administrativo: La Cortesía", in: *Revista de Investigación Lingüística*, Vol 4, No 2. 5–20.

Castellón Alcalá, H. (2003), *El Lenguaje Administrativo*. Granada: Ed. Comares.

Catherine, Robert (1947), Le style administratif, Paris: Albin Michel [nouvelle édition revue et augmentée par Jean-Michel Jarry, 2005].

Centre De Linguistique Appliquée De Besançon (Hg.) (2002), *Guide pratique de la redaction administrative,* Paris, Ministère de la Fonction publique et de la réforme de l'État, Comité d'orientation pour la simplification du langage administrative.

Cortelazzo, M. A. / F. Pellegrino (2003), *Guida alla scrittura istituzionale*. Roma: Bari.

Cortelazzo, M. A. / M. Viale (2006), „Storia del linguaggio politico, giuridico e amministrativo nella Romania: italiano [Geschichte der Sprache der Politik, des Rechts und der Verwaltung in der Romania: Italienisch]", in: Ernst, G. / u. a. (Hgg.), *Romanische Sprachgeschichte [Histoire Linguistique de La Romania]*, Bd. 2, Berlin, New York: de Gruyter, 2112–2123.

Cutts, M. (1996), *The Plain English Guide*. Oxford, New York: Oxford University Press.

Duarte Montserrat, C. (1997), „Lenguaje administrativo y lenguaje jurídico", in: *Lenguaje Judicial*, 41–85.
Duarte Montserrat, C. (1980), *Curs de llenguatge administratiu catalá*, Barcelona: Ed. Teide.
Duarte Montserrat, C. (1993), *Llengua i administració*. Barcelona: Columna.
Duarte, C. / A. Alsina / S. Sibina (1991), *Manual de llenguatge administratiu*. Barcelona: Scola d'Administració Pública.
Ehn, M. / E. Strouhal (1996): „Die ‚rationale Maschine': Sprache und Verständlichkeit österreichischer Bescheide", in: *S – European Journal for Semiotic Studies* 1996, Volume 8.1, 71–192.
Eichhoff-Cyrus, K. M. / G. Antos (Hgg.) (2008): *Verständlichkeit als Bürgerrecht? Die Rechts- und Verwaltungssprache in der öffentlichen Diskussion*. Mannheim: Bibliographisches Institut.
Fioritto A. (Hg.) (1997), *Manuale di stile. Strumenti per semplificare il linguaggio delle amministrazione pubbliche*, Bologna: il Mulina.
Fluck, H.-R. (2004), „Sprachliche Aspekte der Bürger-Verwaltungs-Kommunikation – Situationsbeschreibung und Forschungsperspektiven", in: *Muttersprache*, Heft 3, 193–205.
Fortis, D. (2005), „Il linguaggio amministrativo italiano", in: *Revista de Llengua i Dret*, 43, 47–116.
Fuchs-Khakhar, C. (1987), *Die Verwaltungssprache zwischen dem Anspruch auf Fachsprachlichkeit und Verständlichkeit*, Tübingen: Stauffenburg.
Galvano, P (2008), „L'azione di Governo in tema di semplificazione del linguaggio amministrativo. Bilancio in chiaro scuro", in: *Rivista Italiana Di Comunicazione Pubblica* 2008, No. 35, 212–217.
Gandouin, J. (1986), *Correspondance et rédaction administratives*, Paris: Armand Colin [7e édition 1998].
García Cancela, G. / C. L. Díaz Abraira (1991), *Manual de linguaxe administrativa*, Santiago: Xunta de Galicia.
Gilder, A. (2009), *Le Français Administratif. Écrire pour être lu*. 2e édition revue et augmentée, Paris: Éditions Glyphe.
Gottschalk, E. (2006), „Das Transparenzgebot und allgemeine Geschäftsbedingungen", in: *Archiv für die civilistische Praxis* 2006, 555–597.
Hondius, E. H. / H. R. B. M. Kummeling (2008), „Klare taal in het staats- en bestuursrecht", in: Adding, G. H. / H. B. J. M. ten Berge, *Grensverleggend bestuursrecht: opstellen voor prof. mr. J. B. J. M. ten Berge ter gelegenheid van zijn afscheid als hoogleraar staats- en bestuurskunde aan de Universiteit Utrecht*. Utrecht: Kluwer, 175–190.
Kahn, G. (2000), „La langue de l'administration", in: Gérard, A. / C. Bernard (Hgg.), *Histoire de la langue française*, Bd. 3, Paris: CNRS-Editions, 284–311.
Kaizer, N. (2007), *Verständlichkeit in Texten der öffentlichen Verwaltung. Eine kontrastive Untersuchung von Formularen der öffentlichen Verwaltung in Deutschland und Russland*. Hamburg: Dr. Kovac.
Kemna, A. (2007), *Verwaltungssprache in Deutschland und Polen unter dem Aspekt der Verständlichkeit*. Magisterarbeit, Bochum.
Leys, M. et al. (2000), *Écrire pour être lu: comment rédiger des textes administratifs faciles à comprendre* (Bruxelles: Ministère de la Communauté française de Belgique, Service de la langue française et Ministère de la Fonction publique, Service d'information [Neuauflage 2005]).
Le Fur, D. (Hg.) (2005), *Le petit décodeur: les mots de l'administration en clair, 3000 traductions pour vous simplifier la vie*. Paris: Ed. Le Robert [Neuauflage 2008].
Malinowska, E. (1995), „Styl urzedowy", in: Gajda, S. (Hg.), *Przewodnik po stylistyce polskie*, Opole: Uniwersytet Opolski, 431–438.
Malinowska, E. (2001), *Wypowiedzi administracyjne – struktura i pragmatyka*. Opole: Uniwersytet Oplolski.
Manual de estilo del lenguaje administrativo, Madrid, Instituto Nacional de Administración Pública 1990 [1997 6[a]reimpresión].

Marcos Marin, F. A. (2006), „Historia de la lengua de la política, del derecho y de la administración: Península Ibérica [Geschichte der Sprache der Politik, des Rechts und der Verwaltung in der Romania: Italienisch auf der Iberischen Halbinsel]", in: Ernst, G. / u. a. (Hgg.), *Romanische Sprachgeschichte [Histoire Linguistique de La Romania]*, Bd. 2, Berlin, New York: de Gruyter, 2138–2148.

Martínez Bargueño, M. (1991), *La modernización del lenguaje administrativo. Revista Estudios de la Administración Local y autonómica*. No. 250, 217–233.

Martínez Bargueño, M. (1995), „La simplificación del lenguaje administrativo en Italia", in: *En Revista Llengua i Dret*. 25, 31–58.

Miguel, E. de: (2000), „El texto jurídico-administrativo: Análisis de una Orden Ministerial", in: *En Revista de Lengua y Literatura Españolas* 2, 6–31.

Ministerio para las Administraciones Públicas (MAP) (1990): *Manual de estilo del lenguaje administrativo*. Madrid [5. Nachdruck 1994].

Náñez, E. / Sarmiento, R. (1990), *Manual de lenguaje administrativo*. Madrid: INAP.

Osolnik Kunc, V. (2006), *Fachkommunikative Verständlichkeit in der Verwaltungssprache. Dargestellt am Deutschen und Slowenischen*. Hamburg: Dr. Kovac.

Ruiz de Zarobe, L. (1998), „La modernización del lenguaje administrativo: hacia una mayor personalización del discurso administrative", in: *Revista de Llengua i Dret* 29, 147–157.

Sarmiento, R. (2005), „El lenguaje de la Administración", in: *Revista de Llengua i Dret* 43, 13–45.

Sous-comité sur la qualité du français dans l'administration publique (Hg.) (2006), *Rédiger ... simplement. Principes et recommandations pour une langue administrative de qualité*. Québec.

Suspene, A. (2000): „Clarification et simplification du langage administratif en France. L'experience de COSLA: un aspect de la réforme de l'Etat", in: Wagner, A. / S. Cacciaguidi-Fahy, (Hgg.), *Legal Language and the search for clarity. Practise and tools*. Linguistic Insights Series 37, Bern: P. Lang, 391–411.

Tessuto, G. (2006), „Simplifiying Italian administrative language: an overview", in: Wagner, A. / S. Cacciaguidi-Fahy (Hgg.), *Legal Language and the search for clarity. Practise and tools*. Linguistic Insights Series 37, Bern: P. Lang, 413–430.

Wagner, A. / S. Cacciaguidi-Fahy (Hgg.) (2006): *Legal Language and the search for clarity. Practise and tools*. Linguistic Insights Series 37, Bern: P. Lang.

Wiesinger, P. (1988), „Das österreichische Amtsdeutsch der Gegenwart. Eine Studie zu Syntax, Stil und Lexik der österreichischen Rechts- und Verwaltungssprache der Gegenwart", in: Stein, P. K. u. a. (Hgg.), *Festschrift für Ingo Reiffenstein zum 60. Geburtstag*, (GAG 478), Göppingen: Kümmerle, 183–214.

Willemyns, R. / H. Bister-Broosen (1998), „Deutsch in Belgien im 19. Jahrhundert", in: Cherubim, D. / S. Grosse / K. J. Mattheier (Hgg.), *Sprache und bürgerliche Nation*, Berlin: de Gruyter, 71–86.

Wolf, H. J. (1992), „Das Französische in Belgien", in: Dahmen, W. u. a. (Hgg.), *Germanisch und Romanisch in Belgien und Luxemburg*, Romanistisches Kolloquium VI. Tübingen: Gunter Narr, 101–129.

Autorenverzeichnis

Michaela Blaha, Germanistin und Anglistin mit den Schwerpunkten Rechts- und Verwaltungssprache, Übersetzungen und Öffentlichkeitsarbeit. Lehrbeauftragte an der Ruhr-Universität Bochum und an der Deutschen Hochschule für Verwaltungswissenschaften in Speyer, Dozentin der Fortbildungsakademie des Innenministeriums Nordrhein-Westfalen und der Fachhochschule für öffentliche Verwaltung. Leiterin der Dienstleistungen zur verständlichen Sprache der NOVATEC GmbH.

Sarah Carr, B. A. (Hons) und Master of Business Administration (MBA), Mitarbeiterin in der Plain Language Commission (Kommission für verständliche Sprache) in Warrington, England. Zuvor freiberufliche Tätigkeit als Sprachberaterin, Forschungsstipendiatin am Institut für Medizin, Recht und Bioethik sowie Gaststipendiatin am Institut für Staats- und Unternehmensführung der Universität Manchester. Arbeitsschwerpunkte: Publikationen zur verständlichen Sprache.

Michele A. Cortelazzo, Prof. Dr., ordentlicher Professor für italienische Linguistik an der Philosophischen Fakultät der Universität Padua. Zuvor Professor an den Universitäten Triest, Venedig, Ferrara und Innsbruck sowie wissenschaftlicher Mitarbeiter an der Universität des Saarlandes. Arbeitsschwerpunkte: Italienisch der Gegenwart, Fachsprachen, Korpuslinguistik.

Marek Dudek, Dr. phil., wissenschaftlicher Mitarbeiter am Lehrstuhl für Didaktik und Deutsch als Fremdsprache (DaF) an der Schlesischen Universität Kattowitz, Polen. Arbeits- und Forschungsschwerpunkte: Werbesprache, Lehrwerkanalysen DaF, Verwaltungssprache.

Helmut R. Ebert, Prof. Dr. phil., Leiter der Abteilung „Deutsche Sprache und Kultur" und Direktor des Zentrums für Deutschlandstudien an der Radboud Universiteit Nijmegen (NL). Gast- und Vertretungsprofessuren an den Universitäten Osnabrück, Innsbruck und Aachen. Außerplanmäßiger Professor für Germanistische Linguistik an der Rheinischen Friedrich-Wilhelms-Universität Bonn. Arbeitsschwerpunkt: deutsche Sprache und Kommunikation in Wirtschaft, Politik und Verwaltung.

Hans-R. Fluck, Prof. Dr. Dr. h. c., Professor für Germanistik, Schwerpunkt Angewandte Linguistik, an der Ruhr-Universität Bochum. Zudem Honorarprofessor an der Technischen Universität Darmstadt. Arbeits- und Forschungsschwerpunkte: deutsche Gegenwartssprache, Fachsprachen, Deutsch als Fremdsprache (DaF).

Ulrich Huser, Magister Juris (Oxford), politischer Berater am Innenministerium der Niederlande. Zuvor Dozent an der Universität Leiden und juristischer Berater beim Galileo-Projekt der Europäischen Union. Arbeitsschwerpunkte: Europäisches Recht und Völkerrecht.

Piotr Iwan, Dr. phil., wissenschaftlicher Mitarbeiter am Lehrstuhl für Didaktik und Deutsch als Fremdsprache (DaF) an der Schlesischen Universität Kattowitz, Polen. Arbeits- und Forschungsschwerpunkte: Lehrwerkanalysen DaF, Textlinguistik, Landeskunde, Verwaltungssprache.

Annette Lenz Liebl, Direktorin des Amtes für Sprachangelegenheiten der Südtiroler Landesverwaltung. Arbeitsschwerpunkte: Rechts- und Verwaltungsterminologie im Deutschen, Italienischen und Ladinischen sowie verständliche Rechtsvorschriften und Verwaltungstexte.

Eva Olovsson, Linguistin und Sprachberaterin beim Schwedischen Sprachenrat (Språkrådet) in Stockholm. Zuvor war sie als Dozentin an der Universität Stockholm tätig sowie als Sprachexpertin im Schwedischen Justizministerium. Arbeitsschwerpunkte: Öffentlichkeitsarbeit für verständliche Sprache in der Verwaltung, Analyse der Sprachsituation in Schweden sowie das 2009 in Kraft getretene schwedische Sprachengesetz.

Johannes Rund, Mag. phil., Bundeskanzleramt Österreich, Abteilung I/13 E-Government, Programm- und Projektmanagement. Frühere Tätigkeit als freier Journalist. Arbeitsschwerpunkt: Marketing und Kommunikation für „HELP.gv.at" – den elektronischen Amtshelfer.

Nurşen Şahin, Leiterin der Rechtsabteilung bei IDEMA – Internet-Dienst für eine moderne Amtssprache. Nach dem Studium der Rechtswissenschaften an der Universität Bielefeld mit den Schwerpunkten Staats- und Verwaltungsrecht mehrjährige Tätigkeit als Anwältin in Aachen und Bielefeld, hier war sie Partnerin der Kanzlei Schade und Partner.

Ole Schröder, Dr. iur., seit 2002 Mitglied des Deutschen Bundestages. Er hat einen Sitz im Haushaltsausschuss sowie im Ausschuss für Wahlprüfung, Immunität und Geschäftsordnung. Zudem ist er als Rechtsanwalt in der internationalen Kanzlei White & Case tätig. Ein Arbeitsschwerpunkt ist die verständliche Gesetzessprache.

Alfred Zangger, Dr. phil., Gesetzesredakteur in der Schweizerischen Bundeskanzlei, Zentrale Sprachdienste, Sektion Deutsch. Zuvor Redakteur des Historischen Lexikons der Schweiz und Mitautor der St. Galler Kantonsgeschichte. Arbeitsschwerpunkt: Rechts- und Verwaltungssprache.